제 2 판

START-UP TREND in INDUSTRY 4.0

4차 산업과 스타트업 트렌드

최은정 · 최영근 · 이승용 · 윤영진 · 이의철 · 유태종

O2O(Online To Offline), MCN(Multi Channel Network), VR, AR, MR(Virtual Reality, Augmented Reality, Mixed Reality), 3D Printing, IOT(Internet of Things), Big data, AI and Autonomous Car(Big data, Artificial Intelligence and Autonomous Car)

마인드탭
MIND TAP

2판 머리말

기원전 3500년 전 고대 사람들이 무거운 물건을 쉽게 옮기기 위해 나무 조각 3개를 엮은 바퀴가 만들지 않았다면, 지금의 자동차는 존재하지 않았을지도 모른다. 벨(Alexander Graham Bell)이 최초의 실용적인 전화기를 발명하지 않았다면 오늘날의 스마트폰은 존재하지 않고 여전히 파발마나 횃불을 통해 장거리 의사소통을 했을지도 모른다. 이렇게 인류 역사 변화의 중심에는 새로운 기술의 등장과 기술적 혁신이 자리하고 있었고, 새로운 기술의 등장은 단순히 기술적 변화에 그치지 않고 전 세계의 사회 및 경제구조에 큰 변화를 일으켰다. 기술적 혁신과 이로 인해 일어난 사회·경제적 큰 변화가 나타난 시기를 우리는 '산업혁명'이라고 부르고 있다.

이세돌과 알파고의 격전이 벌어져 최고의 지성이라 불리었던 바둑에서도 인간이 기계에게 자리를 물려 줄 수밖에 없었던 충격의 시간이 있기 얼마 전인 2016년 1월 스위스 다보스에서는 세계경제 포럼의 클라우스 슈밥(Klaus Schwab) 회장에 의하여 2016 다보스 포럼이 열렸다. 이 포럼은 "4차 산업혁명의 이해(Mastering the Fourth Industrial Revolution)"란 주제로 개최되었고, 4차 산업혁명으로 인한 여러 글로벌 경제적 위기 상황을 극복할 수 있는 대안을 논의할 뿐만 아니라, 4차 산업 혁명의 특이점을 통과하며 발생하게 될 사회구조의 혁명적 변화에 대하여 논의하였다. 4차 산업 혁명이 일자리에 미칠 영향에 대한 미래고용 보고서에 의하면, 향후 5년 동안 "4차 산업혁명"으로 선진국 및 신흥시장 15개국에서 710만 개의 일자리가 사라지게 될 것이며, 반복적 업무를 수행하는 사무직 475만 개가 없어질 것이며, 산업혁명에 의해 만들어지는 일자리는 210만 개에 불과한 것으로 전망했다. 사무직 및 관리 직종에 집중되어 있을 것이라 전망했다.

이렇게 4차 산업혁명은 일자리를 창출을 위한 새로운 사업 창출이라는 과제를 인류사회에 요구하고 있다. 이러한 관점에서 4차 산업혁명 과정에서 창업의 활성화는 4차 산업혁명을 성공적으로 수행하는데 필수불가결한 동인으로서 그 어느 때보다 강조될 수밖에 없다. 그러나 4차 산업혁명에서의 새로운 사업을 창출하는 창업은 '기계', '에너지', '디지털'의 키워드로 출현하였던 그간의 산업혁명과는 달리 '기술융합'이라는 키워드로 우리에게 성큼 다가오고 있다. 본 책은 이러한 키워드를 중심으로 최근 급격히 출현하고 있는 창업 이슈들인 'O2O'비즈니스, '사물인터넷', 'MCN', 'AI와 자율자동차', '3D프린팅', 'VR/AR'을 알기 쉽게 설명하고 이러한 분야에서 어떠한 사업들이 새롭게 출현하는지 그리고 향후 사업기회가 어떻게 전개될 것인지를 소개하고자 한다. 본 책은 4차 산업혁명 과정에서 창업하려는 예비 창업자뿐만 아니라 새로운 사업을 탐색하려는 벤처기업가, 중소기업,

대기업의 사업개발 담당자들에게 실무적인 시사점을 제공할 것이며, 4차 산업혁명하에서 벤처창업을 활성화하기 위해 정책을 기획하는 정부 정책담당자에게도 정책적인 시각을 제공하고 있다. 특히, 초판 발행 이후에 1년도 채 되지 않아 세종도서 우수학술도서로 선정되고 개정판을 발행하게 된 것도 4차 산업혁명과 벤처 사업 기회의 출현에 대한 독자들의 관심이 뜨거움을 반증하는 것 같다.

머리말

인류 역사는 새로운 기술의 등장과 기술적 혁신을 통해 발전되어 왔으며, 새로운 기술의 등장은 단순히 기술적 변화에 그치지 않고 전 세계의 사회 및 경제구조에 큰 변화를 일으켰으며, 이러한 사회·경제적 큰 변화가 나타난 시기를 우리는 '산업혁명'이라고 부르고 있다. 우리는 지금까지 2차례의 산업혁명으로 인한 변화를 경험하였고, 현재 제3차 산업혁명 시대를 살고 있다. 1차 산업혁명은 18세기 중반 증기기관의 등장으로 가내수공업 중심의 생산체제가 공장생산체제로 변화된 '기계 혁명'의 시기를 말한다. 제2차 산업혁명에서는 전기동력의 등장으로 대량생산체제가 가능하게 된 '에너지 혁명'의 시기이다. 그리고 우리는 '디지털 혁명'이라는 제3차 산업혁명의 시대를 지내고 있으며, 이로 인해 정보화·자동화 체제가 구축되었다. 그리고 지금 새로운 기술의 등장과 기술적 혁신은 계속 진행 중에 있으며 또 다른 산업혁명을 야기하고 있다.

지난 2016년 1월 다보스 포럼(WEF; World Economic Forum)에서는 제4차 산업혁명이라는 화두가 세상에 던져졌다. WEF는 『The Future of Jobs』 보고서를 통해 제4차 산업혁명이 근 미래에 도래할 것이고, 이로 인해 일자리 지형 변화라는 사회 구조적 변화가 나타날 것이라고 전망하고 있다. 또한 제4차 산업혁명을 '디지털 혁명(제3차 산업혁명)에 기반하여 물리적 공간, 디지털적 공간 및 생물학적 공간의 경계가 희석되는 기술융합의 시대'라고 정의하면서, 사이버물리 시스템(CPS; Cyber-Physical System)에 기반한 제4차 산업혁명은 전 세계의 산업구조 및 시장경제 모델에 커다란 영향을 미칠 것으로 전망하고 있다. 우리가 인지하고 있지 못하는 사이에 제3차 산업혁명 시대를 살고 있는 것과 같이, 제4차 산업혁명 또한 알지 못하는 사이에 우리를 둘러쌀 것이다. 지금까지 새로운 기술의 등장과 기술적 혁신에 따른 사회적 변화는 생활 편의성, 생산성 향상 및 새로운 일자리 창출 등의 긍정적인 변화가 주를 이루었다. 그러나 제4차 산업혁명에서는 생산성 향상이라는 긍정적인 측면과 더불어 일자리 감소라는 부정적 변화가 급격하게 나타날 것으로 전망되고 있다.

그러므로 4차 산업혁명은 일자리를 창출을 위한 새로운 사업 창출이라는 과제를 인류사회에 요구하고 있다. 이러한 관점에서 4차 산업혁명 과정에서 창업의 활성화는 4차 산업혁명을 성공적으로 수행하는 데 필수불가결한 동인으로서 그 어느 때보다 강조될 수밖에 없다. 그러나 4차 산업혁명에서의 새로운 사업을 창출하는 창업은 '기계', '에너지', '디지털'의 키워드로 출현하였던 그간의 산업혁명과는 달리 '기술융합'이라는 키워드로 우리에게 성큼 다가오고 있다. 본 책은 이러한 키워드를 중심으로 최근 급격히 출현하고 있는 창업 이슈들인 'O2O' 비즈니스, '사물인터넷', 'MCN', '빅데이터, AI와 자율자동차', '3D프린팅', 'VR/AR'을 알기 쉽게 설명하고 이러한 분야에서 어떠한 사업들이 새롭게 출현하는지 그리고 향후 사업기회가 어떻게 전개될 것인지를 소개하고자 한다. 본 책은 4차 산업혁명 과정에서 창업하려는 예비 창업자뿐만 아니라 새로운 사업을 탐색하려는 벤처기업가, 중소기업, 대기업의 사업개발 담당자들에게 실무적인 시사점을 제공할 것이다. 또한 4차 산업혁명하에서 벤처창업을 활성화하기 위해 정책을 기획하는 정부 정책담당자에게도 정책적인 시각을 제공할 것이다.

차 례

제 1 장

O2O Online To Offline _ 최은정

제 2 장

MCN Multi Channel Network _ 최영근

제 3 장

VR, AR, MR Virtual Reality, Augmented Reality, Mixed Reality _ 이승용

제 4 장

3D 프린팅 3D Printing _ 윤영진

제 5 장

Human IoT Internet of Things _ 이의철

제 6 장

빅데이터, AI와 자율 주행차 Artificial Intelligence and Autonomous Car _ 유태종

O2O

Online
To
Offline

제1장

O2O

최은정

은정이는 어젯밤에 배달앱에서 주문한 신선한 식자재들과 유기농 아침 도시락이 정해진 시각에 배달되면서 눈을 떴다. 아침 배달이 모닝콜인 셈. 아침 출근 준비가 늦어져서 집에서 늦게 출발한 은정, 카카오택시로 택시를 불러 지하철 러쉬아워를 피해 편한 출근길을 가졌다. 오전 근무 후 점심시간, 푸드코트 키오스크에서 식사를 주문하여 빠르게 점심을 해결했다. 커피 주문하랴 주문한 커피 픽업하랴 긴 줄로 아수라장인 스타벅스 매장에 들어 선 은정. 스타벅스 사이렌오더를 통해 미리 주문한 덕분에 긴 줄에 서 있는 사람들의 부러움을 뒤로하고 여유 있게 커피를 픽업하고 여의도공원에서 산책하면서 나만의 시간을 즐겼다. 공원 벤치에 앉아 여름휴가를 위해 여행지를 정하고 소셜커머스에서 항공권을 구매했다. 그리고 에어비앤비가 제안하는 해외에서 살아보는 경험을 꿈꾸며 호텔이 아닌 쉐어 하우스로 숙소를 정했다. 퇴근 후, 식당 예약앱을 통해 장소 예약 및 선결제까지 마친 모임 장소에서 친구들과 즐거운 시간을 보냈다. 집으로 돌아가는 늦은 밤, 며칠 전에 롯데백화점 온라인사이트에서 주문한 한정판 제품을 스마트픽 픽업센터에서 들려 픽업했다.

001

O2O로의 진화는 피할 수 없는 대세 흐름

이렇듯 생활 속을 파고드는 O2O는 상품의 탐색과 구매, 대금 결제까지는 온라인에서 이루어지고, 소비는 오프라인에서 이루어진다. O2O 서비스는 스마트폰의 등장 이후 비약적으로 영역이 확대되고 있는 상황이다. 인터넷 서비스의 진화 관점에서 볼 때, 인터넷 포털 중심의 1단계, 메신저/SNS 중심의 2단계를 지나서, O2O 서비스 중심의 3단계에 진입하고 있는 것이다. 인터넷서비스 2단계는 인터넷의 핵심 플랫폼이 PC에서 모바일로 진화 및 이동하면서 기존의 포털 사업자들이 메신저나 SNS의 등의 모바일 환경에 최적화된 서비스를 제

〈표 1-1〉 인터넷서비스의 진화형태

	1단계	2단계	3단계
서비스 형태	인터넷 포털	메신저/SNS	O2O서비스
주요 서비스들(예시)	NAVER Google Yahoo DAUM	Facebook Instagram KaKaotalk Line	Uber AirBnB 카카오택시 배달앱
트래픽 확보 여부	○	○	×
수익모델	광고	광고	수수료/광고
수익창출 여부	○	△	×

출처: 유진투자증권

공한다는 점이 산업 내 경쟁력이었다. 반면, 인터넷서비스 3단계는 온라인과 오프라인을 연계시키는 서비스로서, 이를 적용한 우버나 에어비앤비, 카카오택시, 배달앱 등과 같은 다양한 산업모델과 인터넷서비스들이 새로이 등장하고 있는 것이다.

인터넷서비스 3단계는 근원적으로 과거 PC시대에서 온·오프라인 융합은 언제 어디서든 누구에게나 존재하는 가치를 추구했던 반면, 모바일 시대의 온·오프라인 융합은 자신이 원하는 시간과 장소에 나만을 위한 서비스를 요구한다는 점에서 차이가 있다. 모바일 서비스를 손쉽게 이용할 수 있게 됨에 따라 구매, 결제, 위치 서비스 등이 연동되어, '"Now, Right Here, Only for Me"가 구현된 셈이다. 즉, 모바일 기반에서 ICT 산업의 기술적 진화는 모바일 환경 기반의 산업구조로 개편시키고 있다. ICT 산업의 기술적 진화가 물리적으로 제약된 상황에서도 다양한 서비스들을 구현할 수 있게 한 것이다.

O2O 서비스는 커머스 확장과 플랫폼 비즈니스 고도화의 크게 두 축으로 진화하고 있다. 커머스 확장은 온라인에서 오프라인으로의 비

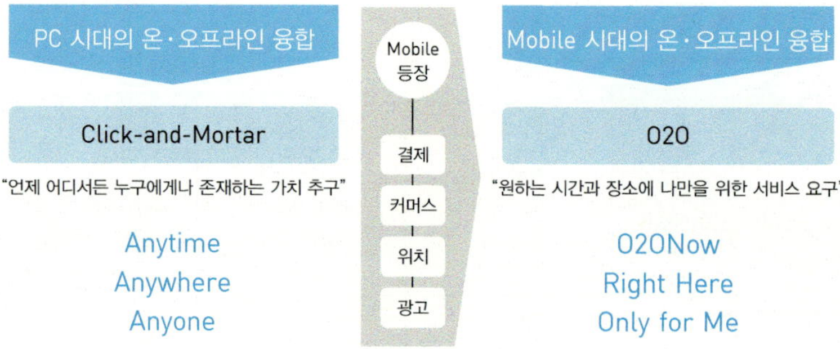

[그림 1-1] PC와 Mobile 시대의 온·오프라인 융합

출처: KT경제연구소, LIG투자증권

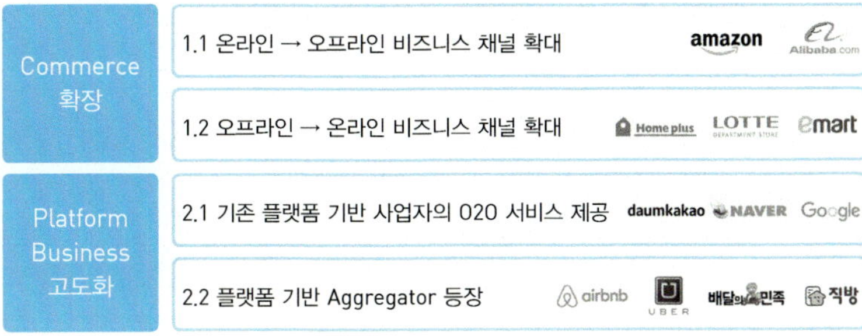

[그림 1-2] O2O 서비스 유형화 주요 사업자

출처: KT경제연구소, LIG투자증권

즈니스 확장 방향과, 오프라인에서 온라인으로의 비즈니스 확장 방향을 가지고 있다. 또한 기존의 플랫폼 사업자가 소비자에게 O2O 서비스 제공하게 되었고, 플랫폼 기반의 Aggregator가 등장하며 O2O 서비스가 진화하면서 플랫폼 비즈니스 고도화를 이루고 있다. 각각의 주요 사업자는 [그림 1-2]의 예시와 같다.

002

O2O의 모호한 경계, 딱 잘라 말하기 어려운 O2O의 정의

O2O를 딱 잘라 정의하기는 매우 어렵다. 일반적으로는 "Online to Offline"이라는 O2O의 개념에서 Online 중심의 IT 기업이 Offline 비즈니스로 확장하는 의미로서 협의적 정의를 내린다. 또 한편으로는 "옴니채널"이라 하여 Offline과 Online에 IT 기술을 접목하여 유통 채널의 혁신성을 구현하는 것이라고 광의적인 의미로 정의하기도 한다. O2O는 인터넷이 최초로 산업에 소개되면서 인터넷 기반의 신 유통과 기존의 전통 오프라인 유통 간의 교차쇼핑cross shopping이 가능하도록 했던 하이브리드 접근hybrid approach과 유사하기도 하다.

명확한 O2O의 정의를 이해하기 위해서는 O2O와 옴니채널과 비교

〈표 1-2〉 O2O와 옴니채널의 비교

구분	O2O	옴니채널
주체	기업 중심	고객 중심
전략	신규 사업 및 비즈니스 전략	채널 통합 연계 전략
분야	전 사업 분야	유통 및 금융 분야 중심
기반	플랫폼 기반	고객 채널 기반
기술	고객 인식 및 결제 기술 중심	고객 경험 및 관리 기술 중심
중요 산업	IT 산업	유통, 제조 산업

출처: 김형택(2015), 옴니채널 & O2O 어떻게 할 것인가?, e비즈북스

해서 살펴볼 필요가 있다. 〈표 1 - 2〉와 같이 O2O는 사업의 주체, 전략, 분야, 기반 등 전 영역에 있어서 기업의 신규 사업 혹은 사업전략의 도메인 및 관리 전반의 영역에 대한 것이라면, 옴니채널은 이미 보유한 고객을 기반으로 기존 혹은 신규 유통을 효과적으로 연결하여 혁신적 고객경험을 제공하는 서비스라 할 수 있다. 따라서 관점의 차이와 이를 구현하는 과정의 차이는 명확히 있으나, O2O와 옴니채널의 경우 실제 본 서비스를 구현하기 위한 방법론이나 사용되는 주요 기술, 그리고 혁신적 프로세스 및 기술을 통한 새로운 서비스 창출이라는 점에서 유사성도 매우 높다.

사례 1

완벽한 옴니채널 구현하기 위해 노력 중인 롯데백화점

롯데백화점과 같은 오프라인 유통을 주로 하는 업체의 경우, 온라인으로 채널을 확장하면서 O2O를 추진하고 있다. 이들은 온라인 창구를 개방해 다수의 채널을 확보하는 '멀티 채널' 전략에서 한 단계 나아가, 고객의 쇼핑 경험을 향상시키기 위해 모든 채널을 유기적으로 연결하는 '옴니채널' 전략을 구현하기 위해 노력 중에 있는 것이다.

고객의 매장 안내를 도와주는 '스마트 비콘' 서비스와 사은행사·쿠폰 등의 각종 쇼핑 정보를 제공하는 '스마트 쿠폰북' 앱 서비스는 고객에게 최적화된 오프라인 쇼핑 경험을 제공하기 위한 온라인 채널 전략이다.

'스마트픽' 서비스는 온라인으로 상품을 주문한 뒤에 오프라인 점포나 편의점 내 설치된 24시 이용 가능한 락커에서 상품을 수령할 수 있게 해주는 서비스다. 이는 온라인 주문 후 상품 수령까지의 대기 시간을 해소하며 오프라인 채널을 통해 온라인 쇼핑 경험을 보완하는 역할을 하고 있다.

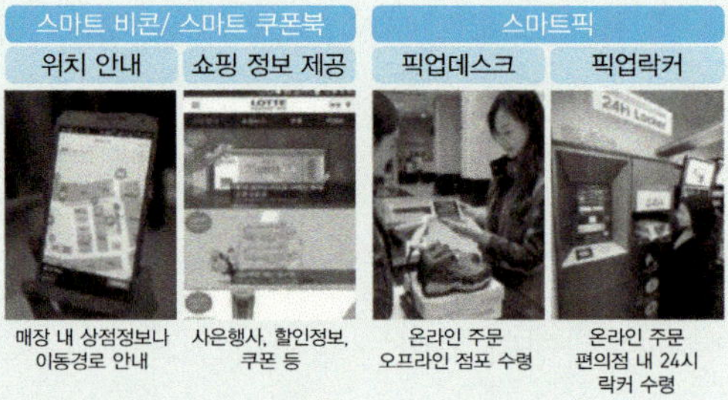

[그림 1-3] 롯데백화점의 옴니채널 전략

출처: KT경제연구소, LIG투자증권

003

급성장하고 있는 O2O의 시장 규모

O2O 시장 규모는 기관별로 다소 상이하나 2015년 기준 약 17조원 시장으로 추정된다. 이는 약 46조로 추정되는 국내 전자상거래의 성장을 배경으로 한 것으로써, 최근 전자상거래의 세분화 가속화에 의해 세부시장별로 급성장과 함께 O2O의 시도가 동시에 일어나면서 함께 편승 성장하고 있는 것으로 해석된다.

국내 순수 O2O 시장의 규모는 2014년 기준으로 4조원 수준이나,

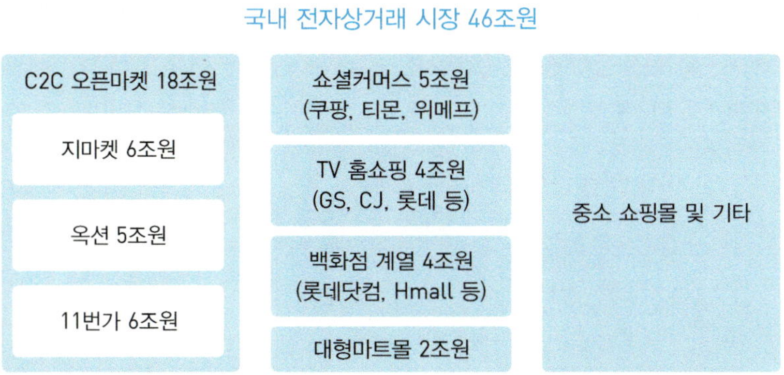

* 2014년 거래액 기준

[그림 1-4] 국내 전자상거래 시장 규모

출처: 한국온라인쇼핑협회, 삼성증권

O2O 시장의 영역이 음식점, 카페, 숙박, 교통 등 생활 영역 전반으로 빠르게 퍼지고 있음에 따라 괄목한 성장을 하고 있다. 광의적인 의미에서 O2O 시장 규모를 추정한다면, 약 44조원의 온라인상거래 시장이 O2O 시장에 포함될 수 있는 가능성을 가지고 있다. 뿐만 아니라 O2O 시장이 앞으로는 400조원에 달하는 오프라인 상거래 시장 전반으로 확대될 것으로 전망되고 있어 높은 성장 잠재력을 가진 시장이라 볼 수 있다.

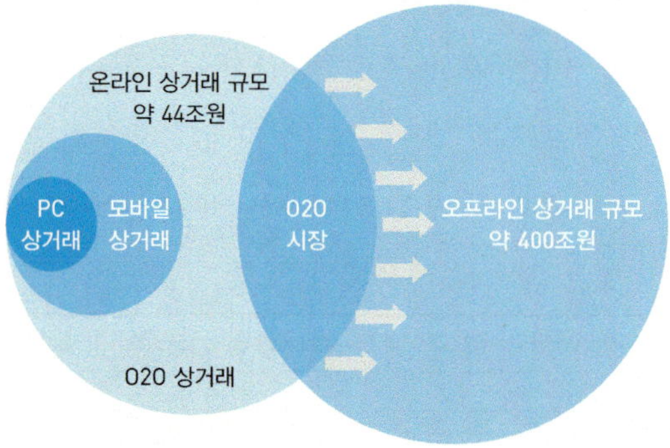

* 오프라인 상거래 시장 2013년 소매업 시장 및 숙박 , 음식점업 시장 포함

[그림 1-5] 성장 잠재력 높은 O2O 시장

출처: 통계청, KT, 경제연구소

〈표 1-3〉 O2O 접목이 용이한 시장규모 예측 (단위: 조원)

		O2O 침투율									
		5%	10%	15%	20%	25%	30%	35%	40%	45%	50%
거래수수료	5%	0.9	1.9	2.8	3.8	4.7	5.6	6.6	7.5	8.5	9.4
	10%	1.9	3.8	5.6	7.5	9.4	11.3	13.2	15.0	16.9	18.8
	15%	2.8	5.6	8.5	11.3	14.1	**16.9**	19.7	22.5	25.4	**28.2**
	20%	3.8	7.5	11.3	15.0	18.8	22.5	26.3	30.1	33.8	37.6
	30%	5.6	11.3	16.9	22.5	28.2	33.8	39.5	45.1	50.7	56.4

* O2O 접목이 용이한 시장 카테고리 총 시장의 규모를 375조원이고, 시장 내 O2O 침투율 30%와 거래수수료 15%로 가정

출처: BNK 투자증권보고서(2015.12.7.)

004

가격 경쟁에서 서비스 중심의 가치 개발 경쟁으로 진화 중

국내 서비스 시장의 규모는 도·소매를 제외하고 약 500조 이상의 시장 규모로 형성되어 있는 것으로 추정된다. 서비스 시장에서 운수업의 경우 140조원의 가장 큰 비중으로 시장을 형성하고 있으며, 음식

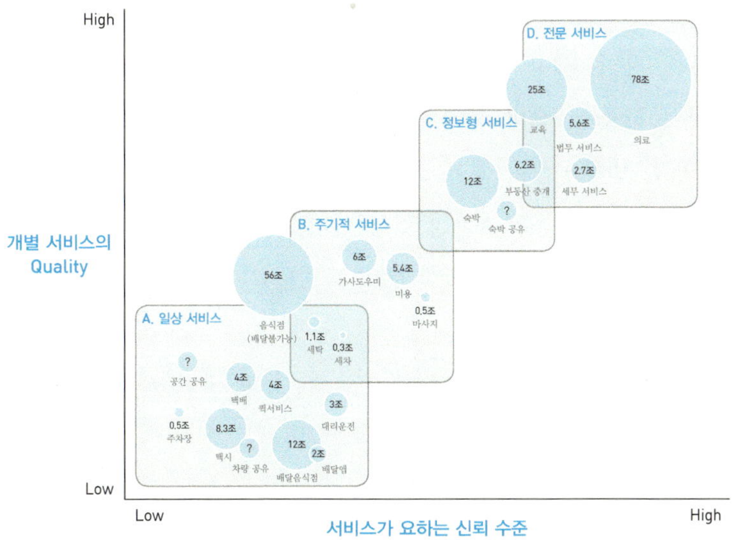

[그림 1-6] 국내 서비스 업종 시장 구분

출처: 통계청, KTB 투자증권

〈표 1-4〉 각 서비스의 특징 및 O2O 서비스 적합성

	서비스 이용 빈도	개별 서비스의 Quality 차이	서비스가 요하는 신뢰 수준	기존 플랫폼 형태	O2O 서비스 적합성	O2O 서비스 수익 모델
일상 서비스	높음	낮음	낮음	파편화	매우 적합	수수료
주기적 서비스	중간	중간	중간	파편화	적합	수수료 or 광고
정보형 서비스	낮음	중간	높음	파편화	적합	수수료 or 광고
전문 서비스	매우 낮음	높음	매우 높음	없음	부적합	-

출처: KTB 투자증권

점업 및 주점업이 84조원, 부동산업 및 임대업이 62조원, 수리 및 기타 개인 서비스업이 33조원을 차지하고 있다.

서비스 시장은 크게, 4개의 사업도메인으로 세분화된다([그림 1-6] 참조). 첫째, 일상서비스 영역(A존)으로 배달, 택배, 퀵서비스, 공간공유 등이 포함된다. 둘째, 주기적 서비스 영역(B존)으로 가사도우미, 미용, 세탁, 세차 등이 포함된다. 셋째, 정보형 서비스 영역(C존)으로 부동산중개, 숙박 등이 포함된다. 넷째, 전문서비스 영역(D존)으로 의료, 법무, 세무, 교육 등이 포함된다. 이 중 소비자의 이용 빈도가 높고 수요가 높은 A존의 일상 서비스 영역에서 O2O에 대한 요구가 가장 높으며, 또한 적합한 수익 모델을 가지고 있다.

[그림 1-7] 숙박 O2O 시장은 이미 오래전에 개화

출처: 업계 자료, KTB투자증권

[그림 1-8] 부동산 중개시장도 다르지 않음

출처: 업계 자료, KTB투자증권

일상 서비스 영역에서 활용되고 있는 O2O 서비스로서는 현재 콜택시, 음식 배달 등에서 활발히 진행되고 있으며, 향후에는 일상 서비스 영역 외에 대리운전, 퀵서비스 등을 비롯한 운수업과 미용업, 가사도우미업, 숙박업 및 부동산 중개업 등 다양한 영역으로 계속 확장될 것으로 기대된다.

005

중요한 배달, 큰 시장 규모

최근 음식과 관련된 소비가 확대됨에 따라 음식 배달 서비스와 관련한 O2O 서비스가 가장 큰 시장 규모를 차지하고 있다. 2014년 기준 약 12조원으로 파악되는 국내 배달음식 산업시장에서 O2O 배달앱 서비스가 20%의 M/S를 차지하고 있는 것으로 추정된다. 음식과 기술의 만남인 '푸드테크food tech'는 음식점에서나 먹을 수 있는 음식을 앱을 통해 구매할 수 있게 해주며, 가정으로 배달해 줄 뿐 아니라 음식점 예약, 맛집 정보 소개, 음식점에 대한 평판까지 다양한 정보들을 제공받을 수 있다. 이는 B2C의 소비자 영역을 넘어서 기업의 식자재 판매 및 배달 등 B2B의 다양한 분야들로 확대되고 있는 상황이다. 이에 따라 배달앱 사업의 경우는 다양한 경쟁 업체가 진입함에 따라 치열한 치킨게임이 이어지고 있는 상황이다. 국내 주요 푸드테크 업체들은 마켓컬리, 마트플라이, 배민프레시, 헬로네이처 등이 있고 이들은 주로 식자재 판매 및 배달을 주로 하고 있다. 이와 달리, 주문중개 및 배달대행 서비스 업체로는 배달의 민족, 요기요, 배달통, 푸드플라이, 배민라이더스 등이 있다.

그러나 배달앱은 최근 과도한 경쟁으로 인한 어려움을 겪고 있다. 주문수수료를 약 6%에서 최대 16%까지도 받았었으나 주문수수료가

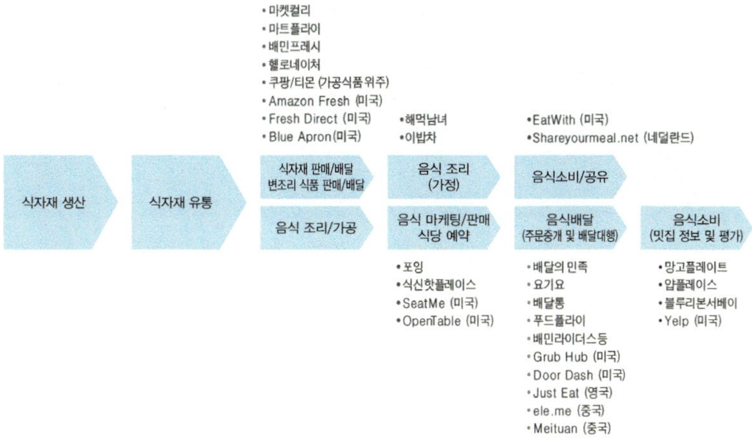

[그림 1-9] 국내외 푸드테크 업체들

출처: LG경제연구원, KTB 투자증권

과도하다는 업계의 반발과 악화된 여론으로 현재는 주문 수수료를 폐지하고 일부 광고비만 받는 상황이다. 배달의 민족을 운영하는 우아한형제들은 이러한 수익모델의 문제점을 개선하기 위해 2015년 6월 '배민라이더스' 서비스를 런칭하였다. 정규직 배달기사를 직접 고용하여 배달 대행함으로써 10%의 수수료를 수취하여 음식점들의 배달기사 고용의 문제점을 해결하고 있다. 이러한 상황 속에서 배달대행 O2O 서비스의 경우, 현재까지 배달을 시행하지 않고 있는 음식점을 대상으로 서비스 영역 확대를 통해 꾸준한 성장을 도모하고 있다.

006

증가하고 있는 정보형 서비스, 그러나 크지 않는 신규 진입자의 기회 요인

숙박, 부동산 중개업 등 이용자의 정보가 현저히 부족한 정보형 서비스의 경우는 O2O 광고 플랫폼 서비스가 적합하다. 그러나 방대한 정보 데이터를 통해 유입된 트래픽이 실제 거래로 이어지는 경우는 현저히 낮기 때문에 이를 보안할 방법이 필요한 상황이다. 즉, 높은 트래픽 확보가 필요하면서도 실제 거래율을 높이기 위한 노력이 필요한 것이다. 이러한 가운데에서도 국내 중소형 호텔 정보 제공 앱인 '야놀자', '여기 어때'와 원룸 매물만을 전문으로 중개하는 '직방', '다방'과 같은 서비스들은 기존 사업자들이 제공하지 않던 정보를 제공함으로써 차별화에 성공한 경우이다.

'야놀자'의 경우, 현재 국내 중소형 숙박 시설의 75%에 해당하는 25,000여 개의 숙박 시설들과 제휴를 맺고, 소비자들에게 예약 및 마케팅 서비스를 제공하고 있다. '야놀자'의 연간 매출액은 200억원 규모로써 대부분의 매출은 제휴사들의 월 40~300만원에 달하는 광고료에서 발생한다. '직방'과 '다방'은 원룸 매물 중심의 부동산 중개 플랫폼으로써, 광고수익을 통해 매출을 올리는 비즈니스 모델이다. 이들은 '안심녹취 서비스', '매물광고 실명제' 등을 통해 허위매물을 근절하고 서비스 질을 높이는 것으로 기존 부동산 중개 플랫폼과 차별

구분	야놀자	여기어때	여기야
출시 시기	2007년	2014년	2013년
누적 다운로드	135만	146만	11만
MAU	59만	76만	7만
제휴점 수	25,000개	3,600여 개	2,000여 개
이용 후기 수	16만여 개	33만여 개	–
가입비	없음	없음	3개월 미만 약정 20만원 (3개월 이상 무료)
광고비	월 40~300만원	–	월 15~45만원

[그림 1-10] 중소형 호텔 예약 O2O 서비스

출처: 업계 자료, KTB투자증권

구분	직방	다방	방콜
출시 시기	2012년	2013년	2014년
제공 서비스	중개	직거래-중개	중개
누적 다운로드	1,200만	610만	90만
제휴점 수	7,000개	7,000개	4,000개
누적 매물 수	300만 건	50만 건	-
광고비	월 10건당 12만원	월 50건당 11만원	월 10건당 9만원
특징	안심중개사 시스템	허위매물 방지 시스템	월 15~45만원

[그림 1-11] 원룸, 1인 가구 부동산 매물 전용 O2O 서비스

출처: 업계 자료, KTB투자증권

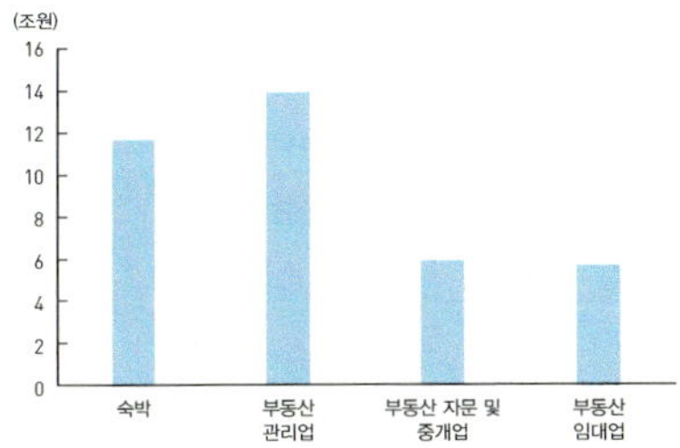

[그림 1-12] 국내 숙박 및 부동산 관련업 시장 규모

출처: 업계 자료, KTB투자증권

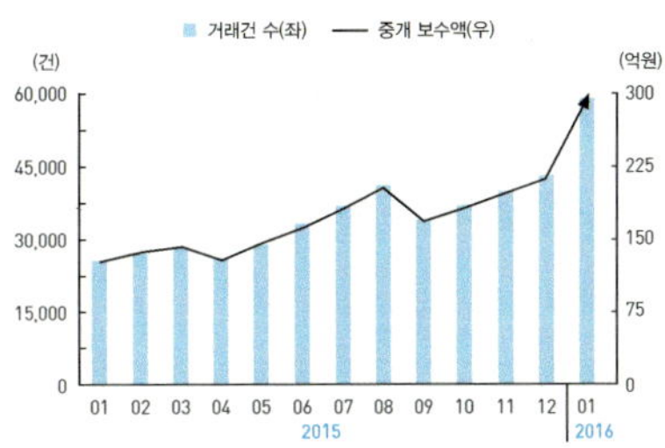

[그림 1-13] 직방을 통한 중개 거래 규모 추이

출처: 업계 자료, KTB투자증권

을 꾀하고 있다. 직방은 14년 중개보수액이 무려 1,840억원에 달했고 15년 중개보수액은 5,140억원으로 성장한 것으로 추정된다. 또한 이를 통해 발생한 광고 매출은 2014년 33억원에서 2015년 100억원대로 증가했을 것으로 추정되고 있다.

007

국내 O2O는 어떻게 진화하고 있는가?

국내 O2O 사례 — 카카오

카카오는 O2O로의 진화 중

카카오톡 플랫폼은 꾸준한 성장세를 기록하고 있다. 카카오톡은 채팅 서비스뿐 아니라 여기서 서비스를 확대하여, 숍 검색, 채널 서비스를 제공하고 있다. 숍 검색이나 채널 서비스를 통해 오픈시점 대비 일평균 이용자 수가 50% 이상 증가하였고, 일평균 쿼리는 2배 이상 증가, 채널의 콘텐츠 클릭수는 3.5배 이상 증가하였다. 카카오톡은 이용자가 편리하게 검색서비스를 사용할 수 있고, 이를 통해 다양한 콘텐츠 소비를 증가시킬 수 있도록 지속적인 파트너와의 협력을 꾀하고 있다. 이를 위해 다양한 비즈니스 기반의 플랫폼으로 확대한 O2O 서비스를 운영하고 있다.

대한민국의 O2O 대표서비스 카카오택시

대한민국의 대표적인 O2O 서비스로는 카카오택시가 있다. 카카오택시는 택시 호출 서비스로써 2016년 3월 출시 이후 호출비 무료 정책과 최대 4만원의 택시기사 격려금 제공 등 적극적인 마케팅으로 기사와 승객에게 높은 호응을 받으며 빠르게 확대되고 있다. 8월 기준,

카카오택시 가입 기사는 15만 명으로 전국 택시 수의 60%까지 확대되었으며, 이는 카카오택시 등장 이전 전국 콜택시 수인 6만 4천 대를 뛰어넘는 수치이다. 기존의 오프라인에서 최대 콜택시 업체의 등록 택시 수는 9천 대에 불과한 것에 비해 높은 등록 수를 자랑하고 있다. 카카오택시는 단일 업체로써는 압도적인 점유율을 이미 확보하였으며 유사 앱서비스가 있으나 매우 미비한 시장점유율을 차지하고 있기 때문에, 현재 대표적인 차량 O2O 서비스로 자리 잡았다고 볼 수 있다. 카카오택시는 이용자에게도 카카오톡으로 생긴 높은 인지도를 바탕으로, 빠른 배차 서비스, 안심문자 서비스 등을 강점으로 내세우며 빠르게 확산되고 있다. 일 평균 호출 수는 현재 25만 건으로 상승하였으며, 경쟁 앱 대비 압도적인 이용자를 확보하고 있다. 또한 카카오택시는 APIApplication Programming Interface 공개를 통해 SoCar, 리멤버 등과 다양한 스타트업과 연계들을 모색하고 있다.

카카오택시는 실질적으로 2015년 택시기사 및 이용자에게 많은 변화를 주었다. 실제 카카오택시 가입 기사들의 수입이 13.4% 증가했고, 택시 탑승 승객수도 9%가량 증가하여 7,500억원의 경제효용을 창출한 것으로 추정된다. 그러나, 카카오택시는 O2O 서비스로서 큰

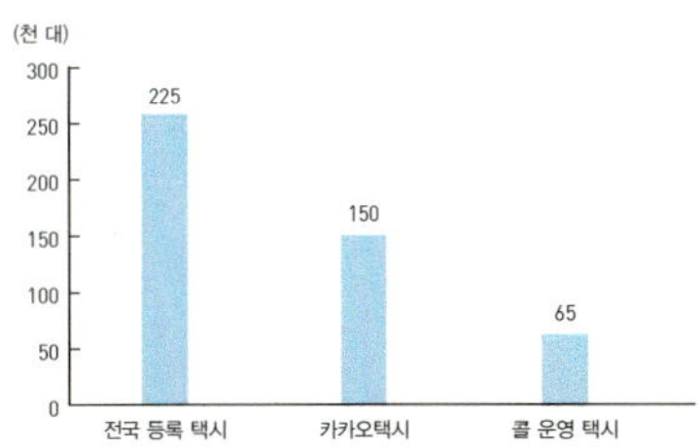

[그림 1-14] 카카오택시 점유율 50% 이상
출처: 전국택시운송사업연합회, 카카오

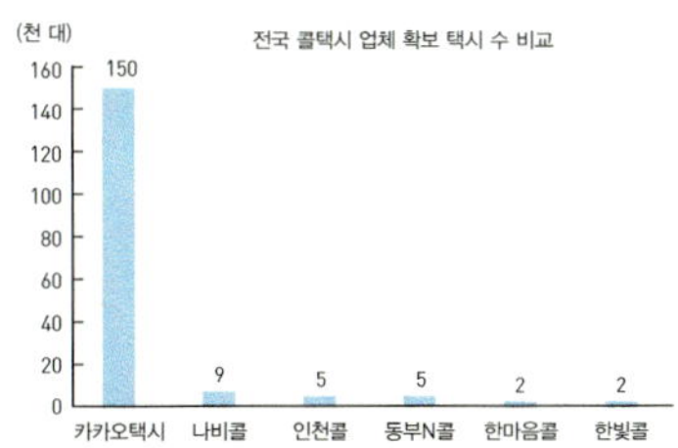

[그림 1-15] 카카오택시 절대적 규모의 우위 달성
출처: 전국택시운송사업연합회, 카카오

성공을 거두었으나, 여전히 수익모델 확보라는 큰 과제를 안고 있다. 단순하게 기사나 승객으로부터 택시 호출에 따른 수수료를 받을 수도 있으나, 카카오택시의 성공의 배경에 호출비 무료정책이 큰 역할을 했다는 점을 고려하면 단기간에 호출비를 유료로 전환하기는 어려운 상황에 처해 있는 것이다.

이를 보완하기 위해 최근에 고급택시 호출 서비스인 '카카오택시 블랙'을 출시함으로써 교통기반 O2O 서비스의 본격적으로 수익창출을 모색하고 있다. 2016년 1월 기준, 서울에서만 100대의 택시를 운영하고 있으며 올해 지방 지자체 사업면허 취득 시 전국으로 확대할 계획이다. '카카오택시 블랙'의 경우는 기존의 카카오택시에서 '예약' 기능을 추가하여 기업용 택시시장에도 진출할 예정으로, 보다 세분화된 시장을 공략함으로써 서비스를 확대하고 있다. 이러한 차량 O2O 서비스의 다각화는 해외 O2O 기업들에게도 동일하게 일어나고 있다. 중국의 디디콰이어는 2012년부터 택시 호출 서비스를 제공해 오면서 고급택시, 대리운전, 카풀, 셔틀버스 등으로 확대해 가고 있다. 미국의 우버 역시 고급택시와 카풀 등으로 서비스를 세분화하는 데

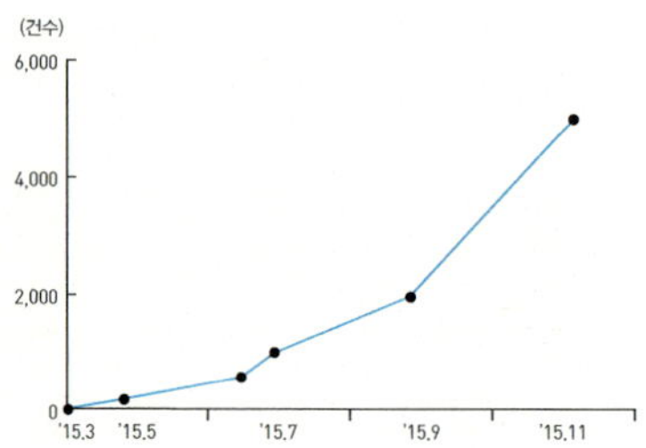

[그림 1-16] 카카오택시 누적호출수
출처: 카카오, 메리츠종금증권 리서치센터

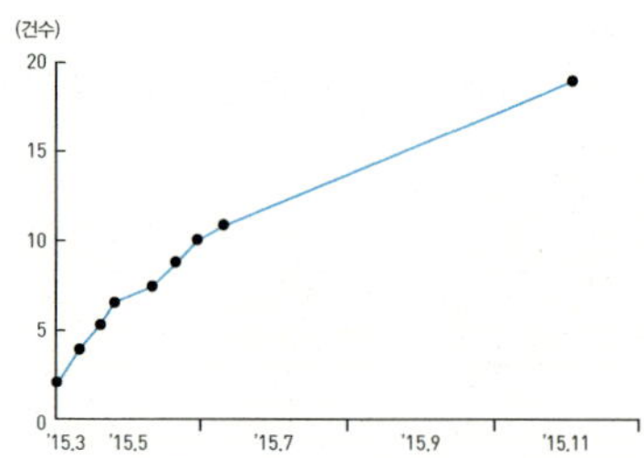

[그림 1-17] 카카오택시 기사회원수
출처: 카카오, 메리츠종금증권 리서치센터

이어 최근에는 교통 인프라를 활용한 음식배달 서비스로 사업 영역을 다각화하고 있다.

카카오의 생활형 O2O 서비스

카카오의 O2O 서비스의 경우는 교통, 이미용, 홈서비스 등 다양한 생활서비스 플랫폼에 집중하고 있다. 최근 카카오의 O2O 서비스는 카카오택시, 카카오택시 블랙뿐만 아니라, 키즈노트, 카카오드라이버, 카카오뷰티 등으로 확대하고 있다. 특히, 약 7조 시장인 국내 뷰티시장을 타깃으로 진출한 '카카오뷰티'는 뷰티관련 업체 입장에서는 온라인 & 모바일 예약 시스템이나 전용 애플리케이션 구축이 용이해지고 고객 입장에서는 다양한 뷰티숍들의 정보를 접하고 가격 및 서비스 등을 손쉽게 비교할 수 있는 장점을 가지고 있다. 이를 구현하기 위해 카카오는 하시스 지분 51%를 인수하였다. 하시스는 미용실, 피부미용실, 네일숍 등 뷰티업계 고객관리 솔루션 '헤어짱', '뷰티짱'을 서비스 중인 업체로서, 2015년 9월 기준, 9,700여 개의 회원사들을 보유하고 있으며 시장점유율은 69%에 달하는 시장점유율 1위 업체이다. 이외에도 카카오는 생활 서비스의 한 영역으로 가사도우미 서비스인 '카카오 홈클린' 등을 론칭 준비하고 있다.

국내 O2O 사례 — 쿠팡

소셜커머스 업체 쿠팡이 빠르게 O2O로 전환 중

쿠팡은 2015년 기준, 모바일 전자상거래 이용 전 연령대 1위에 오르면서 시장을 주도하고 있다. 그러나 쿠팡은 단순히 최저가 가격 중심

〈표 1－5〉 연령별 모바일 APP 전자상거래 이용

순위	10대	2015	20대	2015	30대	2015	40대	2015	50대 이상	2015
1	쿠팡	356,684	쿠팡	1,759,962	쿠팡	2,328,087	쿠팡	2,033,584	쿠팡	1,193,229
2	11번가	334,301	티몬	1,386,420	위메프	1,982,084	GS SHOP	1,446,974	홈&쇼핑	1,132,426
3	G마켓	251,258	위메프	1,305,821	11번가	1,976,398	11번가	1,412,764	GS SHOP	975,566
4	위메프	243,415	11번가	1,078,256	티몬	1,886,086	홈&쇼핑	1,254,392	옥션	919,122
5	쿠차	222,574	쿠차	928,617	GS SHOP	1,479,165	옥션	1,244,510	11번가	872,525
6	옥션	168,564	G마켓	766,273	G마켓	1,456,900	위메프	1,232,130	위메프	691,206
7	번개장터	153,876	옥션	675,720	쿠차	1,365,708	티몬	1,174,047	롯데홈쇼핑	584,217
8	티몬	150,249	GS SHOP	488,792	옥션	1,268,368	G마켓	1,159,575	현대홈쇼핑	577,978
9	미미박스	144,745	11번가 쇼킹딜	484,749	CJmall	1,076,756	Cjmall	1,117,801	CJmall	548,532
10	현대홈쇼핑	105,929	홈&쇼핑	343,367	11번가 쇼킹딜	988,043	쿠차	929,784	G마켓	541,862

출처: 닐슨코리안클릭, KB투자증권

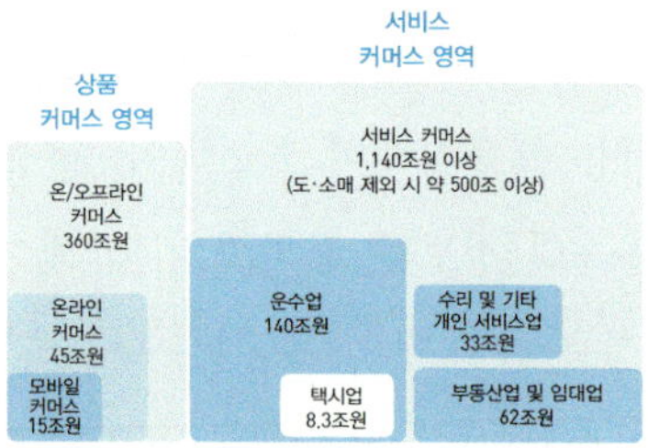

[그림 1－18] 국내 커머스 시장 규모

출처: 통계청, LG경제연구원, KTB투자증권

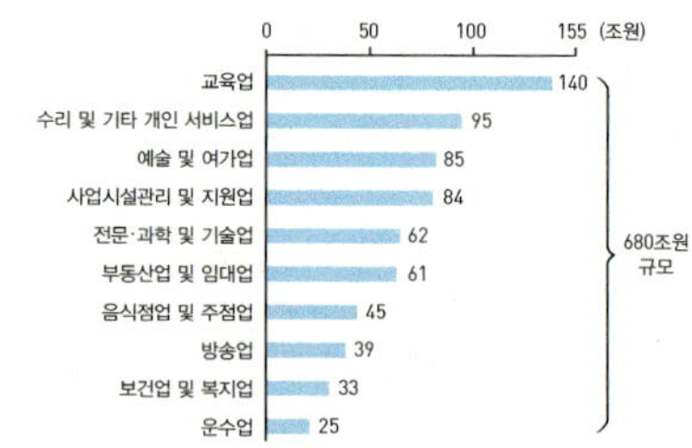

[그림 1－19] 국내 서비스업 산업별 시장 규모(2014)

출처: 통계청, KTB투자증권

의 정책이 기반의 전자상거래 경쟁기업들과 유사 제품을 취급한다는 한계점을 가지고 있다. 타 경쟁사와 유사한 UX와 결제시스템을 통해서는 경쟁력 있는 편리성 구현에서도 차별화 형성에서도 어려움을 겪고 있다. 이에 따라 쿠팡은 온라인을 벗어나 훨씬 더 큰 시장 규모를 갖춘 오프라인에서 고객들을 끌어오겠다는 O2O 확장 전략을 세웠다.

쿠팡은 대다수의 소셜커머스 사업자들이 패션, 화장품 등의 카테고리에 집중하면서 치열하게 판촉 경쟁을 벌이고 있는 것에 반해, 온라인의 침투율이 상대적으로 낮으면서도 반복구매와 신선도가 핵심인 생활용품과 식품 카테고리를 확장, 공략하고 있다. 직접 매입한 상품들을 보관하는 자체 물류 창고와 자동화 재고관리, 배송 시스템, 그리고 친절한 쿠팡맨이라는 자체 배송 인력 등의 자체 물류시스템을 보강하고 있다. 특히, 쿠팡은 오프라인 대비 온라인이나 모바일 구매의 단점(구매 시점과 제품 수령 시점의 격차)을 극복하기 위한 '로켓배송'(자체 배송 시스템)을 도입함으로써 쿠팡의 충성 고객층 확보에 매우 효과적이었던 것으로 평가되고 있다.

이는 상당한 규모의 자체 시스템 구축에 소프트뱅크 손정희 회장으로부터의 1조 1,000억원 투자 유치가 밑바탕이 되었다. 그러나 여전히 쿠팡은 현재 추가적으로 물류센터 설립과 배송 서비스 강화를 위한 큰 규모의 투자가 필요한 상황이다. 자체 배송 시스템에 관한 기존 운수업계와의 갈등 또한 잠재된 리스크 요인들이 존재한다. 이러한 상황에서도 쿠팡의 소셜커머스에서 O2O로 진화하기 위한 공격적인 투자와 차별화 실현을 위한 배송시스템의 혁신은 성공적인 O2O를 위한 가장 기본에 충실한 정면승부라 판단된다.

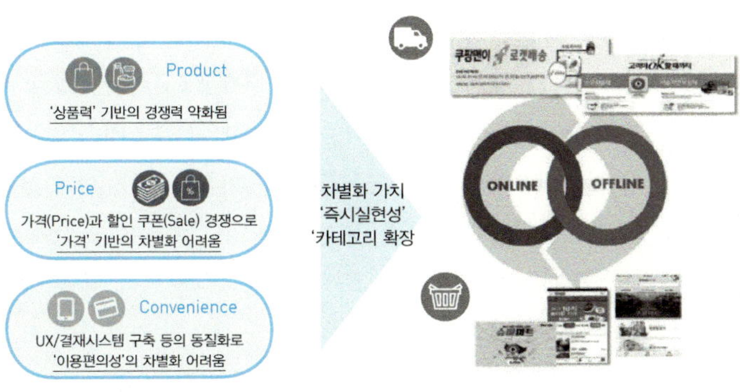

[그림 1-20] 쿠팡의 차별화 가치 실현 '배송 시스템'

출처: 닐슨코리안클릭, KB투자증권

사례 2

온라인업체들의 물류 혁신

쿠팡의 로켓배송 물류센터
출처: Google, LIG투자증권

쿠팡은 '배송의 속도'와 '택배서비스의 질'에 집중했다. 혁신보다는 안전한 개선을 선택한 것이다. 쿠팡의 로켓배송(당일배송) 시스템은 9,800원 이상의 제품을 구매하면 24시간 이내에 배송해주는 자체 배송서비스이다. 쿠팡은 궁극적으로 모든 배송이 주문 후 24시간 내에 이루어질 수 있도록 만드는 것이 목표이다. 이를 위해 쿠팡은 로켓배송의 얼굴이라 할 수 있는 택배기사인 쿠팡맨 역시 2천 명을 고용했으며, 2015년 8개인 물류센터를 2016년 16개까지 늘릴 계획이다.

편의점은 오프라인 유통채널 중 가장 점포망이 많은 업태로서 O2O서비스 개발에 있어 가장 활용도가 높은 플랫폼이다. 최근 소셜커머스 티몬과 편의점 CU가 택배 픽업 서비스 계약을 맺었다. 쿠팡의 로켓배송을 겨냥한 것이다. 이번 제휴로 티몬은 전국 9,400개 CU편의점에서 티몬 주문 상품을 수령할 수 있게 됐다. 티몬 측은 CU의 점포배송 인프라를 활용해 신선식품 배송과 당일 배송을 강화하겠다고 했다. O2O서비스 강화의 방법으로 편의점을 선택한 것이다. 편의점은 골목 곳곳에 존재하는 오프라인 플랫폼으로, 쿠팡의 로켓배송과 달리 법적 다툼 여지가 없다는 것이 가장 큰 장점이다. 사회적 논란과 갈등의 가능성을 사전에 차단하는 효과를 거두었다.

만약 물류인프라를 갖추고 직접배송을 하려면, 전담 물류센터 신설이 필요하지만, 200미터 간격으로 주택가에 들어선 편의점을 통하면 물류

센터를 전국 9,400개로 분산시킬 수 있는 것이 큰 강점이다. 이러한 편의점과 소셜커머스의 배송제휴는 양자의 이해관계가 맞물려 있다는 점에서 향후 주목되는 협력체계다. 소셜커머스는 O2O를 위해 오프라인 거점이 필요하고, 편의점은 맞춤형 소비자 서비스를 위해 모바일 빅데이터가 필요하기 때문이다. 티몬-CU 제휴가 소셜커머스 업계의 물류 경쟁과 편의점 업계의 서비스 경쟁에 판도변화를 불러올 계기가 될 수도 있다.

온라인 업계의 4가지 물류전략

온라인 업계는 쿠팡, 티몬 모델을 비롯해 소셜커머스의 가능한 배송전략을 4가지로 꼽는다. 첫 번째는 쿠팡 모델이다. 물류 프로세스 투자를 늘리고 배송인력도 직접 고용하는 형태다. 투자 위험이 높지만 성공한다면 유통과 배송을 아우르는 압도적 업체로 올라설 기회를 잡을 수 있다. 두 번째는 대형 택배업체와의 제휴다. 현 상황을 유지한다는 점에서 가장 안전한 방안이지만 가격도 비싸고 서비스의 질도 떨어진다. 세 번째는 티몬 모델이다. 오프라인 점포망이 가장 많은 편의점을 이용한 픽업 서비스 모델이다. 향후 티몬과 CU의 성과에 따라 소셜커머스와 편의점 간의 다양한 제휴 서비스가 늘어날 것으로 보인다. 네 번째 모델은 배달대행 서비스이다. GS25 편의점은 통신사 LG유플러스와 제휴해 배달

쿠팡의 로켓배송 모델
출처: Google, LIG투자증권

편의점과 손잡은 티몬
출처: Google, LIG투자증권

대행 서비스를 제공하고 있다. LG유플러스 배달대행 통합 플랫폼을 통해 편의점에 상품배달을 요청하면, 대행사가 원하는 장소로 가져다주는 방식이다. 모바일 플랫폼을 안정적으로 구축한 소셜커머스 입장에서도 충분히 가능한 모델이다. 다만, 배달대행이기 때문에 유통마진이 복잡해질 수 있다는 단점이 존재한다.

008

해외에서는 O2O가 어떻게 진화하고 있는가?

모바일 중심으로 디지털 매체의 이용시간이 집중되면서 모바일쇼핑 시장은 강한 성장세를 이어가고 있다. 전 세계적으로 모바일 쇼핑 시장 규모는 2015년 25조 2천억원에 달한다. 전 세계적으로 소셜커머스, 오픈마켓, 종합쇼핑몰, 대형마트 등의 온·오프라인 유통업체들 모두 모바일 사업을 강화하였다. 글로벌 모바일시장을 선점한 중요 회사로는 아마존(미국), 알리바바(중국) 등이 있다. 이들 온라인 전문 E-retailer의 사례를 통해 국내 O2O의 성공적 진화를 위한 벤치마킹을 해보도록 하자.

해외 O2O 사례 ― 미국 아마존

미국의 대표 E-TAILER 아마존 또한 O2O로 빠르게 전환하고 있다

최대 온라인 유통기업인 아마존은 2010년 대비 2016년 약 4배 이상 매출 규모가 급증대되었다. O2O로의 진화를 위해 공격적인 투자와 새로운 서비스를 진행한 결과로써, 아마존과 같은 대표적인 온라인 유통기업의 O2O로의 진화가 큰 성과가 있음을 보여주는 대표적인 사례이기도 하다. 특히, 아마존은 제품과 서비스를 결합한 '프로

〈표 1-6〉 아마존 연간 실적 추이 (단위: 백만 달러)

	2010	2011	2012	2013	2014	2015C	2016C
매출액	34,204	48,077	61,093	74,452	88,988	107,112	129,399
영업이익	1,406	862	676	745	178	2,282	4,140
세전이익	1,497	934	544	506	(111)	1,718	3,931
순이익	1,152	631	(39)	274	(241)	879	2,597
성장률 (YoY %)							
매출액	39.6	40.6	27.1	21.9	19.5	20.4	20.8
영업이익	24.5	(38.7)	(21.6)	10.2	(76.1)	1,181.9	81.4
세전이익	28.9	(37.6)	(41.8)	(7.0)	적전	흑전	128.8
순이익	27.7	(45.2)	적전	흑전	적전	흑전	195.6
수익성 (%)							
영업이익률	4.1	1.8	1.1	1.0	0.2	2.1	3.2
세전이익률	4.4	1.9	0.9	0.7	(0.1)	1.6	3.0
순이익률	3.4	1.3	(0.1)	0.4	(0.3)	0.8	2.0

출처: 닐슨코리안클릭, KB투자증권

비스 전략'을 통해 고객의 충성도를 향상시키고 전 세계적으로 다양한 서비스를 제공하면서 옴니채널 선점을 추구하고 있다. 최근 아마존은 사물인터넷IoT과 O2O 서비스를 결합한 '대시 서비스'를 런칭하였다. 대시 서비스는 소비자가 평소 자주 쓰는 제품을 대시에 등록하고, 등록한 대시 버튼을 누르기만 하면 자동으로 제품의 주문과 결제, 배송이 한 번에 이루어지는 서비스이다.

또한 아마존은 특정 상품에 대해 주문 후 10~20분 안에 바로 배송해 주는 '아마존 트레저트럭'이라는 서비스도 출시하였다. 이는 인기 상품을 하루에 정해진 양만큼만 할인해서 판매하고, 소비자가 구매 후 상품 수령 위치를 지정하면 바로 배송해 주는 서비스이다. 또한 비용절감 효과를 모색하기 위해 아마존에서 판매되는 상품을 전문 택배 직원이 아닌 일반인들이 직접 배송해주는 '아마존플렉스 서비스'도 런칭하였다. 그 밖에도 아마존이 선보이고 있는 서비스들은 〈표 1-7〉과 같이 다양하다. 이러한 아마존의 차별화된 배송 서비스들은 고객 충성도를 높임과 동시에 오프라인으로의 진출과 O2O로의 사업확장을 돕고 있다. 물론 현재 시점에서 아마존의 서비스 강화 전략을 위해 지출되는 물류 비용은 실제 고객들이 지불하는 수준 대비 높은 상황이나, 단기적으로는 마진에 부정적이더라도 중장기적으로는 높은 충성도를 지닌 고객들로부터 매출과 수익을 창출할 수 있을 것으로 기대되고 있다.

〈표 1-7〉 아마존의 다양한 서비스

서비스 명	서비스 내용	서비스 비용(Fee)	서비스 시작일(미국 기준)
Amazon Prime	미국 전역에 2-day-delivery (2일 배송)를 제공하는 아마존 대표 서비스 - 구매 물품 가격과 상관 없이 무료 2일 배송 (해당 지역에 따라 1일 배송 등도 가능함) - 프라임 인스턴트 비디오: 아마존에서 판매되는 영화나 비디오를 무료로 볼 수 있음 (단, Prime 라벨이 붙은 항목만 해당) - 프라임 뮤직: 아마존에서 제공되는 음악을 무료로 들을 수 있음 (다운로드는 제한적) - 프라임 포토: 아마존 클라우드 드라이브에 사진 등을 저장 할 수 있음 (용량 무제한) - Kindle First: Kindle E-book을 한 달에 한 번 대여/읽기가 가능함 - Amazon Mom: 기저귀/물티슈 등 유아 위생용품 20% 할인 그 밖에 가족끼리 맴버쉽 공유 가능 등 다양한 서비스를 제공	$99	2005년 2월
Amazon Prime Now	Amazon Prime 고객 대상으로 1시간에서 2시간 이내에 온라인 주문 상품을 배달해주는 서비스. 처음에는 뉴욕 맨하탄 일부지역에서 시작해 점차 다른 지역 및 도시로 확대할 계획이며, 현재 미국 19개의 도시에서 시행되고 있음	1시간 이내 배송은 $7.99, 2시간 배송은 무료	2014년 12월
Amazon Flex	1시간 이내에 배송을 제공하는 Amazon Prime Now에 적용 되는 서비스로 차량을 소유한 일반인들이 시간당 18~25달러의 수당을 받고 아마존 배달원이 되어 고객에게 직접 물건을 전달해주는 서비스. 이로 인해 아마존은 비용 절감 효과를 기대할 수 있음	-	2015년 9월
Amazon Same-Day Delivery	Amazon Prime 고객에 한해서 $35 이상의 물품을 구매 시 무료로 당일 배송을 해주는 서비스로 14개 도시에서 시행 중	Prime 고객 - $35 이상 구매 시 무료 - $35 미만 시 주문 당 $5.99 Non Prime 고객 - 주문당 $8.99 혹은 그 이상	Prime 고객 대상으로 2015년 5월부터 무료 서비스 시행
Amazon Fresh	과일, 채소 등과 같은 신선 식품을 직접 배송해주는 식품 배달 서비스. Amazon Prime Fresh 회원 가입 시 Amazon Prime 고객과 동일한 서비스를 제공 받을 수 있음	연회비 $299. $35 이상 주문 시 당일 혹은 다음 날 오전까지 무료 배송	2007년 8월 시애틀을 중심으로 시행
Amazon Dash	바코드 스캐닝과 음성지원 기반의 식료품 주문이 가능한 IoT 기기로 Amazon Fresh 가입 고객에 한해서 무료로 제공 되고 있음. Amazon Fresh에서 제공하는 50만가지의 식료품의 바코드 인식 혹은 제품명의 음성 인식 방식으로 구매를 원하는 제품을 구매 희망목록에 추가 시켜 주문 할 수 있음	무료	2014년 4월
Amazon Dash Button	버튼 한 번으로 각종 생활 소모품을 주문 할 수 있는 기능을 가진 기기. 대시 버튼은 와이파이로 연결되며 스마트폰 아마존 앱을 실행한 다음 버튼을 눌렀을 때 어떤 제품을 주문할지 설정할 수 있음	Dash Button의 가격은 $4.99이며, 첫 물품 구매시 $4.99를 할인 받을 수 있음	2015년 3월
Amazon web Services	기업을 대상으로 하는 클라우드 컴퓨팅 서비스로 아마존에서 제공하는 서버 인프라를 온라인으로 이용할 수 있는 서비스. 아마존이 서버의 임대, 구축, 운영을 대행해주고 사용자는 사용한 만큼의 비용을 결제하는 서비스	사용요금은 종량 과금제로 청구됨	2006년 3월
Amazon Treasure Truck	특가행사하는 인기 상품을 당일만 배송, 판매하는 서비스. 모바일앱에서 상품 주문 후 배송 수령지를 선택하면, 원하는 곳으로 상품을 실은 '보물트럭'이 도착함. 현재 시애틀 내에서만 테스트 서비스 운영 중	-	2015년 6월

출처: Amazon.com, KB투자증권

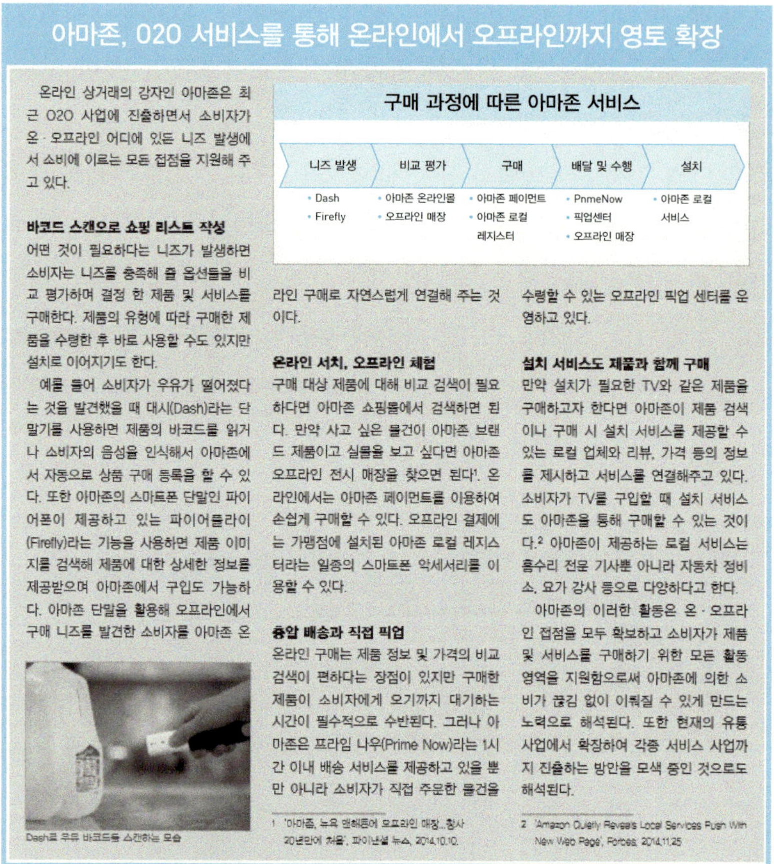

아마존, O2O 서비스를 통해 온라인에서 오프라인까지 영토 확장

온라인 상거래의 강자인 아마존은 최근 O2O 사업에 진출하면서 소비자가 온·오프라인 어디에 있든 니즈 발생에서 소비에 이르는 모든 접점을 지원해 주고 있다.

구매 과정에 따른 아마존 서비스

니즈 발생	비교 평가	구매	배달 및 수행	설치
• Dash • Firefly	• 아마존 온라인몰 • 오프라인 매장	• 아마존 페이먼트 • 아마존 로컬 레지스터	• PnmeNow • 픽업센터 • 오프라인 매장	• 아마존 로컬 서비스

바코드 스캔으로 쇼핑 리스트 작성

어떤 것이 필요하다는 니즈가 발생하면 소비자는 니즈를 충족해 줄 옵션들을 비교 평가하며 결정 한 제품 및 서비스를 구매한다. 제품의 유형에 따라 구매한 제품을 수령한 후 바로 사용할 수도 있지만 설치로 이어지기도 한다.

예를 들어 소비자가 우유가 떨어졌다는 것을 발견했을 때 대시(Dash)라는 단말기를 사용하면 제품의 바코드를 읽거나 소비자의 음성을 인식해서 아마존에서 자동으로 상품 구매 등록을 할 수 있다. 또한 아마존의 스마트폰 단말인 파이어폰이 제공하고 있는 파이어플라이(Firefly)라는 기능을 사용하면 제품 이미지를 검색해 제품에 대한 상세한 정보를 제공받으며 아마존에서 구입도 가능하다. 아마존 단말을 활용해 오프라인에서 구매 니즈를 발견한 소비자를 아마존 온라인 구매로 자연스럽게 연결해 주는 것이다.

Dash로 우유 바코드를 스캔하는 모습

온라인 서치, 오프라인 체험

구매 대상 제품에 대해 비교 검색이 필요하다면 아마존 쇼핑몰에서 검색하면 된다. 만약 사고 싶은 물건이 아마존 브랜드 제품이고 실물을 보고 싶다면 아마존 오프라인 전시 매장을 찾으면 된다[1]. 온라인에서는 아마존 페이먼트를 이용하여 손쉽게 구매할 수 있다. 오프라인 결제에는 가맹점에 설치된 아마존 로컬 레지스터라는 일종의 스마트폰 악세서리를 이용할 수 있다.

총알 배송과 직접 픽업

온라인 구매는 제품 정보 및 가격의 비교 검색이 편하다는 장점이 있지만 구매한 제품이 소비자에게 오기까지 대기하는 시간이 필수적으로 수반된다. 그러나 아마존은 프라임 나우(Prime Now)라는 1시간 이내 배송 서비스를 제공하고 있을 뿐만 아니라 소비자가 직접 주문한 물건을 수령할 수 있는 오프라인 픽업 센터를 운영하고 있다.

설치 서비스도 제품과 함께 구매

만약 설치가 필요한 TV와 같은 제품을 구매하고자 한다면 아마존이 제품 검색이나 구매 시 설치 서비스를 제공할 수 있는 로컬 업체와 리뷰, 가격 등의 정보를 제시하고 서비스를 연결해주고 있다. 소비자가 TV를 구입할 때 설치 서비스도 아마존을 통해 구매할 수 있는 것이다.[2] 아마존이 제공하는 로컬 서비스는 홈수리 전문 기사뿐 아니라 자동차 정비소, 요가 강사 등으로 다양하다고 한다.

아마존의 이러한 활동은 온·오프라인 접점을 모두 확보하고 소비자가 제품 및 서비스를 구매하기 위한 모든 활동 영역을 지원함으로써 아마존에 의한 소비가 끊김 없이 이뤄질 수 있게 만드는 노력으로 해석된다. 또한 현재의 유통 사업에서 확장하여 각종 서비스 사업까지 진출하는 방안을 모색 중인 것으로도 해석된다.

1 '아마존, 뉴욕 맨해튼에 오프라인 매장...창사 20년만에 처음', 파이낸셜 뉴스, 2014.10.10.

2 'Amazon Quietly Reveals Local Services Push With New Web Page', Forbes, 2014.11.25

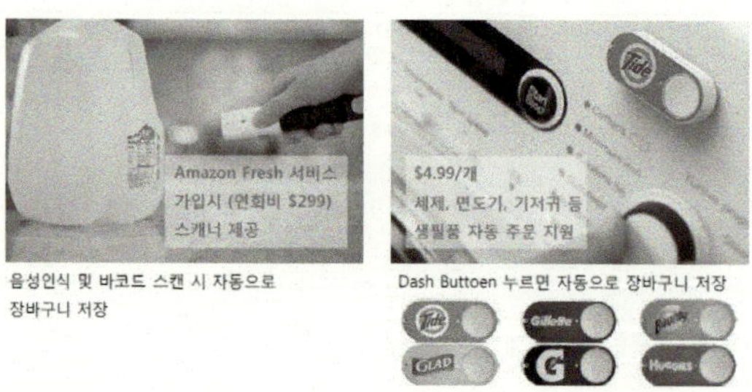

음성인식 및 바코드 스캔 시 자동으로 장바구니 저장

Dash Buttoen 누르면 자동으로 장바구니 저장

[그림 1-21] 아마존의 대시

출처: 아마존, 메리츠종금증권 리서치센터

해외 O2O 사례 — 중국 알리바바

중국 O2O시장을 바이두, 알리바바, 텐센트, 이 세 기업의 각축장인 BAT의 삼국지라고들 한다. 이 세 기업들은 중국의 O2O 시장의 주도권을 가져가기 위해 치열한 각축을 벌이면서도 적과의 동침까지도 마다하지 않으며 전략적 공생관계도 이어가고 있다. 예를 들면, 바이두가 우버와 제휴를 맺고 중국을 진출하자 이를 대응하기 위해, 텐센트와 알리바바가 주요 주주인 디디다처와 콰이디다처를 전격적으로 합병하여 우버-바이두의 제휴를 대응하고 있다.

중국의 최대 온라인 유통업체인 알리바바Alibaba Group의 최근 핵심 전략은 글로벌 판매전략, 옴니채널과 모바일채널 사용, 쑤닝과의 협업이다. 알리바바는 온라인 상품판매액이 IPO 이후 유리천장window ceiling에 부딪혔다는 분석 아래, 적극적인 M&A를 통한 O2O를 통해 돌파구를 모색하고 있다. 알리바바의 대표적 전자상거래 플랫폼인 타오바오는 이전까지는 온라인 판매 채널에만 집중해왔다. 반면 경쟁사인 텐센트는 음식점 리뷰 웹사이트 '다이안핑Dianping'과 음식 배달 애플리케이션(앱) '엘르닷미Ele.me'로 이미 O2O 사업에 뛰어들어 이 시장을 선도하고 있다. 라이벌 텐센트를 제치고 꺾여가는 성장세를 회복하겠다는 목표로 알리바바는 60억 위안을 음식 배송 업체 코우베이Koubei에 합작투자하여 중국 내 O2O 서비스를 강화하기 위한 현지 음식 배달 사업을 진행하고 있다. 코우베이는 알리바바 음식 배달 서비스 타오디안디안을 전담하고, 타오디안디안은 안트파이낸셜의 알리페이 월렛 애플리케이션과 타오바오 앱을 통해 서비스되는 방식이다. 알리바바는 초기에 음식 배송 서비스에 주력하면서 음식점 리뷰 웹사이트나 음식 배송 서비스, 차량 공유 서비스 등 다양한 서비스로 확장을 모색하고 있다.

알리바바는 타오바오, 티몰 등 온라인 쇼핑몰과 함께 차이냐오라는 자체 물류 회사도 보유하고 있다. 또한 중국 최대의 결제시스템인 자사의 '알리페이'(즈푸바오)와 함께 O2O 시장을 선점하고 있는데, '알리페이'는 구매자의 결제 대금을 보관하고 있다가 정상적으로 거래가 마친 후 판매자에게 지급하는 방식으로 거래가 이루어진다. 현재 '알리페이'는 중국인의 48%가 이용하는 '국민앱'이 되었다. 알리바바는 최근 오프라인 유통 채널에 대한 지배력을 강화하고 있다. 최근 백화점 업체인 인타임 쇼핑의 최대주주가 되었으며, 중국 최대 가전 유통업체인 쑤닝Suning에 약 5조원 가량의 투자를 통해 지분을 확보하였다. 특히 알리바바는 중국의 대표 가전유통업체인 쑤닝과의 상호 지분 매입을 통해 상호 교차 유통(온라인 ↔ 오프라인) 확보를 통한 시너지 창출에 집중하고 있다. 쑤닝의 오프라인 매장을 알리바바의 모바일 주문 결제 서비스와 통합하고, 쑤닝의 A/S센터와 알리바바의 물류 서비스를 결합시켜 O2O의 가장 성공적인 사례로 자리매김하고자

코우베이(Koubei) 온라인사이트 첫 화면

쑤닝(Suning) 매장 전경

〈표 1-8〉 알리바바 연간 실적 추이 (단위: 백만 달러)

	2010	2011	2012	2013	2014	2015C	2016C
매출액	1,775	3,131	5,489	8,583	12,302	15,510	20,125
영업이익	197	784	1,710	4,074	3,735	4,544	6,257
세전이익	289	865	1,608	4,381	5,219	11,850	8,167
순이익	176	661	1,357	3,811	3,917	10,687	6,266
성장률 (YoY %)							
매출액	81.7	76.4	75.3	56.4	43.3	26.1	29.8
영업이익	흑전	297.8	118.0	138.3	(8.3)	21.7	37.7
세전이익	흑전	199.8	85.9	172.5	19.1	127.1	(31.1)
순이익	흑전	274.8	105.2	180.9	2.8	172.9	(41.4)
수익성 (%)							
영업이익률	11.1	25.0	31.1	47.5	30.4	29.3	31.1
세전이익률	16.3	27.6	29.3	51.0	42.4	76.4	40.6
순이익률	9.9	21.1	24.7	44.4	31.8	68.9	31.1

출처: Bloomberg, KB투자증권

노력하고 있다. 쑤닝은 알리바바의 다양한 시스템을 기반으로 기존의 가전 중심에서 생필품FMCG까지 상품 영역으로 확대할 계획이다.

009

O2O를 현실적으로 가능하게 하는 다양한 혁신적 기술들의 등장

O2O의 확산이 가능하게 한 것은 단연 다양한 혁신 기술들 때문이다. 대부분의 혁신 기술들은 수십 년 전부터 개발된 기술들로써, 최근 들어 혁신 기술들과 함께 병행 사용하면서 O2O의 편리성과 고객 접점의 대응력을 제고시키고 있다. 〈표 1-9〉는 O2O와 옴니채널이 등장하면서 적극적으로 활용되고 있는 다양한 관련 혁신기술들이 O2O와 옴니채널 두 영역상에서 개발 배경의 관점 차이가 어떻게 다른가를 정리한 것이다.

〈표 1-9〉 O2O 관련 중요 기술

O2O	옴니채널
고객 접점 채널 대응 기반 기술	온라인, 오프라인에서의 고객 커뮤니케이션 및 구매 최적화를 위한 관련 서비스 기술
중요기술: POS, 태블릿, 키오스크, 디지털 사이니지 등	
온라인, 오프라인을 연계 통합한 운영시스템 기반 기술	온라인, 오프라인을 연계하여 데이터를 처리하고 지원하는 기술
중요기술: 고객관계관리(CRM), 공급망관리(SCM), 클라우드 등	
고객 커뮤니케이션 인터렉티브 기술	고객이 직접 체감하고 몰입 경험을 강화할 수 있는 인터렉티브한 체험 기술
중요기술: GPS, 비콘, QR코드, NFC, 증감현실, 3D프로젝션 맵핑, 홀로그램, VR, AR 등	

출처: 김형택(2015), 옴니채널 & O2O 어떻게 할 것인가?, e비즈북스, 부분 수정

주문도 결제도 미리 스마트폰으로, 선주문 시스템

음식점과 카페에서의 주문과 결제가 온라인으로 옮겨오고 있다. 매장에 도착하기 전에 미리 주문과 결제를 끝내놓고 매장에서는 음료를 바로 받아 주문과 결제로 인한 대기시간을 줄여주는 서비스들이 최근 각광받고 있다. 대표적인 사례로 스타벅스의 사이렌오더와 SK플래닛의 시럽오더 등이 있다. 스타벅스가 2014년 5월 출시한 서비스인 '사이렌오더'는 이용자가 매장에 가기 전 미리 원하는 음료를 주문, 결제한 후 매장에 가면 주문한 음료를 바로 제공한다. 이에 주문이나 음료를 픽업하기 위해 줄을 서 있을 필요가 없어 시간 절약할 수 있다. 이와 같은 '사이렌오더'는 단순 선결재 기능만이 있는 것이 아니라 기호에 맞는 개인화된 주문 또한 가능하여, 국내 출시 1년 만에 주문건수 75만 건을 돌파하는 큰 호응을 받고 있다. SK플래닛에서 출시한 멤버십 포인트, 적립, 할인, 그리고 결제까지 아우르는 'ALL IN ONE 지갑관리 서비스'인 '시럽'을 런칭하였는데, 이 중 선주문 서비스가 '시럽오더'이다. 스타벅스의 사이렌오더와 달리 시럽오더는 전국 700여 개 커피숍과 KFC 등 전체 4천여의 다양한 제휴 브랜드 매장들에서 주문을 할 수 있다는 범용성을 경쟁력으로 10만 명이 넘는 고객들이 이용하는 앱으로 성장하였으며, POS 업체들과 제휴하여 가맹점을 추가 확보해 나가고 있는 상황이다.

미국에서도 선주문 시스템은 빠르게 성장하고 있다. 멕시코 패스트푸드의 대표 리테일 브랜드인 타코벨은 2014년 10월 미국 패스트푸드 업체 중 가장 먼저 선주문 앱을 선보였다. 출시 4개월 만에 2백만 다운로드를 기록하였으며, 오더앱으로 진행된 주문은 매장 주문보다

건당 평균 20% 높은 매출을 보이는 등 성공 가능성을 보이고 있다. 미국 스타벅스는 2014년 12월 미국에서 선주문 앱을 포틀랜드에서 테스트한 후 올해 21개 주로 서비스를 확대 중이다. 스타벅스는 선주문 시스템을 15년 4천 개 매장으로 확대 적용했으며 16년 내 7,400여 미국 전 매장으로 확대할 계획이다. 이들 업체의 성공으로 맥도날드, 피자헛, 서브웨이, 던킨도너츠 등 경쟁 패스트푸드 업체들도 선주문 앱을 출시하거나 준비 중에 있다. 해외 벤처 업체들의 움직임도 눈에 띈다. 2012년에 설립된 OderAhead는 레스토랑과 테이크아웃 음식점들을 대상으로 선주문 서비스를 제공하고 있으며, 거래액의 5~10% 수수료를 받는 수익 모델로 사업을 확장해 나가고 있다.

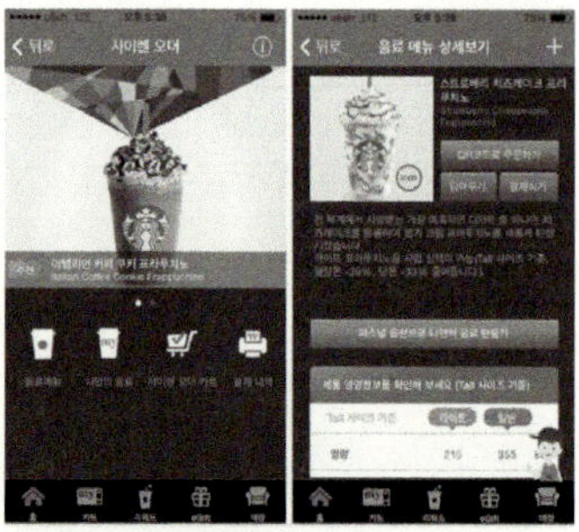

선주문 앱 사례 – 스타벅스 사이렌오더

〈표 1–10〉 국내 선주문 앱 예상 시장 규모

(단위: 십억원)

커피전문점 시장 규모*	3,600
선주문 예상 비율(%)**	20
선주문 거래액	720
선주문 예상 수수료***	12%
선주문 앱 매출액 규모	72

참고: * 2014년 국내 커피전문점 카드 결제액 기준
** 미국 스타벅스 모바일 매출 비중 20% 내용
*** 미국 OderAhead 수수료 적용

출처: KB금융지주 경영연구소, 삼성증권 추정

간편결제 서비스

O2O 서비스의 급속한 확산이 가능하게 한 가장 중요한 기술 중에 하나가 간편 결제서비스이다. 최근 인터넷플랫폼, 모바일 OS/HW업체, 유통업체, PG사, 카드사 등에서 다양한 업체들은 간편결제 서비스를 출시하며 간편결제 시장의 선점을 위한 치열한 노력을 하고 있다.

간편결제 서비스는 비콘과 NFCNear Field Communication 기술을 통해 더욱 편리성을 제공해 주고 있다. 비콘은 블루투스 기술을 활용한 근거리 위치기반 통신장치다. 조약돌만한 송수신기를 매장에 달면 70m 안에 있는 잠재 고객에게 할인 쿠폰을 쏠 수 있다. 대표적인 예로 애플 아이비콘iBeacon과 앞서 소개한 SK플래닛 시럽Syrup이 있다. 아이비콘은 저전력 블루투스Bluetooth Low Energy 기술을 이용해 신호가 닿는 범위 안에 있는 사용자에게 매장의 할인정보와 쿠폰 등을 쏘는 서비스다.

〈표 1-11〉 국내 간편결제 서비스 비교

분류	이름	회사	결제방식	강점	약점
인터넷 플랫폼	카카오페이	카카오	카카오톡 앱 + 패스워드	카카오톡 기반 마케팅, 500만 가입자 확보, 카카오 O2O 서비스와 연계 가능성	부족한 가맹점 수 (130여개)
	네이버페이	네이버	네이버 앱 + 패스워드	5.7만 가맹점 확보, 네이버 검색과 연계, 배송 및 환불까지 통합 관리	네이버 쇼핑 거래액 2조원 이하
	시럽페이	SK플래닛	패스워드	시럽 멤버십서비스와 연계, 비콘 기능 마케팅 가능, 11번가 가맹점 확보	외부 결제 가맹점 및 가입자 확보 부족
	페이코	NHN엔터테인먼트	아이디 + 패스워드 NFC 및 바코드	온/오프라인 통합 결제 제공	외부 결제 가맹점 및 가입자 확보 부족
모바일 OS/HW 업체	삼성페이	삼성전자	MST(루프페이), NFC 지문인식	기존 오프라인 신용카드 가맹점 90% 이상에서 사용 가능	온라인 결제 기반 약함, MST 방식 갤럭시 S6 이상 이용자에 한정
	애플페이	애플	NFC + 지문인식	아이폰 이용자의 높은 충성도	국내 낮은 아이폰 점유율
	안드로이드페이	구글	NFC + 패스워드 or 지문인식	안드로이드의 높은 국내 점유율, 범용성 확보	안드로이드에 대한 낮은 충성도
유통업체	스마일페이	이베이코리아	아이디 + 패스워드	국내 최대 쇼핑몰 확보	외부 결제 가맹점 및 가입자 확보 부족
	SSG페이	신세계	앱 + 패스워드, 바코드 인식	신세계 계열 온/오프라인 쇼핑몰 확보	외부 가맹점 한정적
	L페이(가칭)	롯데	미정	롯데 계열 온/오프라인 쇼핑몰 확보	외부 가맹점 한정적
	옐로페이	인터파크	패스워드 + ARS 인증	통장 연계 후불 결제 지원, 송금 가능	인터파크의 낮은 점유율과 인지도
PG사	페이나우	LG유플러스	앱 + 패스워드	10만 온라인쇼핑 가맹점 확보	이용자 인지도 낮음
	케이페이	KG이니시스	앱 + 패스워드	10만 온라인쇼핑 가맹점 확보	결제 편의성 및 이용자 인지도 낮음
카드사	앱카드	삼성, 현대, 신한, KB, NH, 롯데	앱 + 패스워드	대부분의 온라인 쇼핑몰에서 지원	앱 설치 허들로 작용

출처: 삼성증권

위치를 정확하게 파악할 수 있어 매장 안에 들어온 고객의 동선을 따라가며 상품정보를 전송하는 것도 가능하다.

NFC근거리 무선 통신는 10cm 정도로 가까운 거리에서 기기를 접촉하지 않아도 데이터를 주고받을 수 있는 기술로 통신 거리가 짧아 안전하다는 평을 받는다. 이 기술은 다양한 분야에서 활용되지만, 특히 모바일 결제 분야에서 많이 이용되고 있다. NFC를 가장 잘 활용한 예로는 애플의 모바일 간편결제 '애플페이', 삼성갤럭시의 '삼성페이'가 있다. 애플페이나 삼성페이를 지원하는 스마트폰 안에 신용카드 정보를 미리 저장해두고, 물건 값을 치를 때 스마트폰을 결제단말기POS에 댄 채 지문만 인식하면 결제가 끝난다.

무인화(무인점포)

오프라인 무인점포에서 소비자는 어떤 쇼핑 프로세스를 경험할까? 매장 주변에 위치한 잠재 고객들은 IoT, 빅데이터 기술에 의해 맞춤형 상품을 제안 받고, 매장에 고객이 방문하면, 이미 축적된 고객 빅데이터를 근거해서 사람 대신 로봇이 상품을 추천한다. 비콘, 와이브로, NFC 등을 활용한 기술을 통해 고객 맞춤형 서비스를 제공하여 다양한 매장 경험을 체험하게 하며, 고객이 상품을 사도록 가격을 교섭한다. 매장 내 직원 없이 고객이 구매를 고려한 상품을 핀테크 기술 기반의 개인 스마트폰이나 무인 결제기를 통해 결제한다. 그리고, IoT를 활용한 공장자동화 기술이나 자판기와 같은 자동화된 시스템에서 소비자가 구매한 상품의 재고를 찾아서 포장하여 최종적으로 고객 픽업이 용이한 곳에서 제품을 수령하게 된다. 이러한 서비스 프로세스를 우리는 벌써 주변에서 쉽게 경험할 수 있게 되었다.

예를 들면, 맥도날드는 표준화된 저가의 음식을 빠르게 주문하고 먹도록 하는 패스트푸드의 기본 비즈니스 모델의 정석을 스스로 깨고 있다. 맥도날드는 패스트푸드 업체 중 처음으로 딜리버리 서비스를 시작하여, 전 패스트푸드 시장에 딜리버리 서비스화 시대의 문을 열었다. 또한 맥도날드는 최근 무인점포화를 구현하고 있다. 또한 흥미로운 점은 맥도날드의 프리미엄 수제버거인 "시그니처 버거" 판매를 일부 매장에서 시행하고 있는데, 이를 주문하는 방식은 오직 매장 내 비치된 키오스크를 통해서만 가능하다는 점이 매우 흥미롭다. 맥도날드에서 취급하는 가장 프리미엄 제품을 대면 서비스가 아닌 키오스크를 통해 서비스를 하는 것이다. 이는 무인점포화 과정에서 패스트푸드의 표준화, 저가라는 공식 룰을 깨고 있는 것이다. 다른 관점에서 바꾸어 말하자면, 일반적으로 무인점포화는 프로세스 및 운영 비용 절감이 목적이었으나, 고객맞춤화와 프리미엄화 목표를 달성하기 위한 해결방안도 무인점포화인 셈이다. 이렇듯 오프라인 매장의 무인화(무인점포)에는 IoT, 핀테크, 빅데이터 및 관련 O2O 구현 기술들을

[그림 1-22] 무인점포화의 예시: 맥도날드의 키오스크

다양하게 활용되고 있다. 이러한 O2O 구현 기술들은 단순 비용절감, 프로세스의 효율화뿐만이 아니라 프리미엄화, 고객 맞춤화에도 기여하고 있다.

010

O2O 산업화에서 시급히 풀어야 할 문제들

현재 급신장 중인 O2O 시장은 그 잠재력 또한 무궁무진하다. 그러나, 이러한 O2O 열풍이 안정적인 산업으로 정착화되기까지는 아직 많은 시간이 필요할 것으로 보인다. 앞서 소개한 바와 같이 많은 O2O 성공사례들도 존재하나, 〈표 1－12〉에서 보여주듯이, 서비스품질, 고비용 부담, 규제 이슈 등에 의해 실패한 주목 받던 해외 유수의 O2O 서비스들 또한 많다. O2O 산업의 정착화와 안정적인 생태계 조성을 위해서 현재 O2O가 안고 있는 한계점들과 당면한 이슈들을 구체적으로 점검해 볼 필요가 있겠다.

〈표 1－12〉 O2O 서비스 실패 사례: 서비스 품질, 비용 컨트롤, 규제 이슈 모두 중요

	투자 유치 금액	서비스 내용	실패 원인
쿼키(Quirky)	1억 8,500만 달러	아이디어 상품을 실제 제품으로 만들어주는 발명 플랫폼	수요와 공급이 적절하게 매칭되지 않았고 이익 없는 제품이 대부분이었음
홈조이(Homejoy)	4,000만 달러	온디맨드 홈서비스(청소 등) 제공	고객과 청소하는 사람들의 만족도가 낮아 재사용률이 낮았음
저츄얼(Zirtual)	550만 달러	온디맨드 가상 비서 서비스	모든 사람을 정규직으로 채용하였으나 수요 대비 직원 수가 너무 많았음
그루브샤크(Grooveshark)	600만 달러	음악 업로드 및 공유 서비스	서비스에 있는 수많은 음악에 대한 적법한 권리를 얻는 데 실패
립 트랜짓(Leap Transit)	2,500만 달러	고급 통근 버스 제공 서비스	법적 이슈로 당국으로부터 정지 명령을 받았고, 이후 파산 신청하였음

출처: KTB투자증권

(1) O2O를 통해 플랫폼 각 참가자들의 실제 이익 창출이 가능한가?

모든 플랫폼은 다수의 참가자들이 하나의 생태계를 형성하며, 이렇게 형성된 플랫폼이 원활하게 작동하기 위해서는 플랫폼 내 참가자들의 활동이 활발하게 이루어져야 한다. 따라서 O2O가 제대로 작동하기 위해선 앞서 언급했던 것처럼 ① 공급자의 선 확보 → 소비자의 확보 가능과 ② 확보된 공급자와 소비자에 의한 거래의 활성화가 이루어져야 한다. 이 두 가지가 이루어지기 위한 필수 조건이 바로 공급자들에게 플랫폼 참가에 따른 경제적 이익의 존재 유무이다. 따라서 어떤 O2O 서비스가 의미 있는 플랫폼으로써 성장하고 활성화될 수 있을지 여부를 따져보기 위해선 최우선적으로 플랫폼의 각 참가자들에게 구체적으로 얼마나 많은 추가이익(경제적 인센티브)이 지속적으로 제공할 수 있는지를 따져보아야 한다. 예를 들면, 카카오택시의 경우, 카카오가 2016년 3월에 발표한 출범 1주년 성적표에 의하면, 스마트폰 5명 중에 1명 꼴로 이용하고 누적 콜수가 1억 건에 달하고 이용자 10명 중 9명은 계속 이용하겠다고 하고 기사 회원의 하루 운행 수입이 13.4% 증가했다고 한다. 그러나, 소비자 입장에서는 택시를 잡는 일이 더 어려워졌다는 소비자들이 오히려 많아졌다. 기사들이 원하는 목적지로 향하는 승객을 선택할 수 있게 한 카카오택시의 작동 방식이 뒷골목에서 장거리 콜을 기다리는 택시들을 만들고 직접 목적지를 승객에게 묻지 않아도 스마크폰으로 목적지 파악이 가능하므로 승객을 선별하여 태우는 '간접적 승차거부'가 이루어져서 실제 소비자 편의를 저해하고 있는 것이다. 즉, 앞서 언급한 플랫폼의 형성을 위해 카카오는 공급자를 확대하기 위해 카카오의 택시연합회와의 함께 개발한 운영형식으로 공급자 선 확보라는 첫 번째 필수조건은 확보하였으나, 두 번째 필수조건인 공급자와 소비자 간의 거래 활성화에 빨간불이 들어 온 셈이다.

(2) O2O 플랫폼 기업들 간의 과다출혈 경쟁

O2O 플랫폼 배달앱 3사(배달의 민족, 요기요, 배달통)가 쏟아부은 광고비는 2015년 기준 400억원이 넘어 각 기업별로 매출증가와 함께 영업손실이 급증하여 속빈 강정이라는 지적이다. 적자임에도 고객을 유지하기 위해서 이러한 치킨게임을 계속할 수밖에 없는 것이다. 부동산 중계 플랫폼도 유사한 상황이다. 이 시장을 양분하는 직방과 다방 또한 치열한 경쟁 속에서 높은 마케팅 비용을 지불하여 이익구조를 저해하고 있다. 앞서 언급한 카카오택시의 무료 정책은 초기 공급자인 기사 회원 확대에 큰 기여를 했으나 카카오택시가 출범한 지 2년이 넘도록 수익모델이 전혀 없는 큰 문제에 당면해 있다.

(3) 최초 중개 이후에 중개플랫폼을 우회하려는 니즈가 강함

우버앱으로 기사를 호출했을 때, 일부 기사들이 호출을 취소하면 더 싸게 데려다 주겠다는 서비스를 우회하려는 제안이 있을 수 있다. 물품을 구매하는 이커머스와 달리 O2O 서비스는 고객과 서비스 제공자가 직접 대면하는 경우가 많은 만큼, 중개자를 우회하려는 시도가 일어나기 쉬운 구조인 것이다. 또한 직접 대면 과정에서 중개자는 모습을 보이지 않는 만큼, 중개자 몫으로 돌아가는 수수료에 대해 부당하다고 생각하기도 쉬워서 중개플랫폼을 우회하려는 리스크를 가지고 있다. 예를 들면, 기존의 오프라인 가사도우미 업체를 통해 가사도우미를 소개받으면 가사도우미의 한달 급여의 약 10~20%를 채용가정과 가사도우미가 각각 지불해야 한다. 이런 비용 부담을 회피하기 위해 가사도우미 업체에게 그 가정에 취업한 결과를 고의적으로 알리지 않는 경우가 많다. 이러한 현상은 O2O 중개 플랫폼에서는 더욱더 대면 접촉이 없기 때문에 중개자 우회시도의 문제가 더욱 강하게 나타날 위험이 높다.

(4) 객관적인 서비스만족도를 확보하기가 어려움

영·유아, 노인, 산모 등의 각종 돌봄 서비스나 자동차 외관 수리 등 다양한 일상생활에서의 서비스들은 주관적 기준이 중요하고 객관적인 서비스만족을 확보하기가 현실적으로 어렵다. 예를 들어, 배달원이 음식을 배달하거나, 배관공이 막힌 파이프를 뚫는 일 등은 작업의 완료가 분명한 편이지만, 도우미, 청소 등의 각종 집안일은 완료를 평가하는 기준이 상당히 주관적이기 때문이다. 각 사람마다 청결을 느끼는 정도가 다르기 때문에 아무리 깨끗이 청소를 해도 만족하지 못하는 부분이 있으며, 서비스 이용자들의 리뷰만으로 개개인의 만족도를 보장하지는 못하는 한계점을 가지고 있다.

(5) 꺼림칙한 보안문제들은 여전히 남아 있음

아직까지 많은 O2O 서비스들이 신원조회보다는 리뷰 시스템이나 신분증 인증, 소셜프로필 등에 의존하고 있는 상황이다. 물론 신원조회가 올바른 방법인가에 대한 논란이 있을 수 있다. 일부 스페인에서 발생한 숙박공유 서비스에서의 성폭행이나 감금 사례 발생과 같은 안정성 및 신뢰성의 문제들은 이용자에게 O2O 서비스 이용을 주저하게 하는 대표적인 지각된 위험perceived risks인 것이다.

(6) 향후 이슈화로 대두될 것이 예상되는 노동관련 문제

미국의 홈크리닝 스타트업 홈조이Homejoy는 청소인력과 고객을 연결하는 O2O 서비스를 2012년에 선보였는데, 전문인력들을 투입하여 서비스의 표준화, 청소도구의 표준화를 하고 고객만족 평가를 실시하여 만족하지 못할 경우 무료 재청소 등을 통해 시장의 긍정적인 평가들을 받아 많은 투자 유치에도 성공하였다. 그러나 승승장구하던 홈조이를 한 순간에 몰락하게 한 것은 노동관련 이슈였다. 그 이유는 비정규직으로 근무하는 서비스 공급자들이 집단을 형성하여 계약노동자를 정규 직원으로 전환하라는 소송이 발생함에 따라, 이를 해결하는 과정에서 많은 비용이 들 것이라는 예상 속에 추가 투자자 확보가 어려워진 것이다. 그러다가 결국엔 폐업까지 이르게 된 것이다. 홈조이가 문을 닫게 된 배경에는 스타트업이 갖는 한계뿐 아니라 O2O 서비스의 한계라는 점도 분명히 존재하고 있다. 곧 국내시장도 이러한 노동 관련 문제 상황이 닥칠 것으로 예상된다.

(7) O2O 서비스의 전파 속도 문제

O2O는 신규사업이다. 신규사업의 경우 사람들의 기존 행동양식을 변화시키며 시장을 성장시켜 나가야 하기 때문에 O2O 서비스가 사람들에게 퍼져가는 전파속도penetration rate에 대하여 생각하여야 한다. 어떤 분야는 기존의 행동 패턴이 쉽게 변화하지 않는 반면 어떤 분야에서는 굉장히 빠르게 사람들의 행동 패턴이 변화할 수 있기 때문에 이에 대한 고민이 필요하다. O2O의 본질은 온라인과 오프라인을 연결시킴으로써 소비자들에게 굉장히 편리한 서비스를 제공한다는 점이다. 이 편리함을 무기로 소비자들에게 어필하여 빠르게 시장을 장

악해 나갈 수 있지만, 오히려 사람들의 행동양식을 보면 편리함보다는 익숙함을 더 추구할 수도 있기 때문이다.

사람들은 생각만큼 기존의 행동양식을 쉽게 바꾸지 않는다는 점을 여러 사례를 통해 알 수 있다. 해외직구는 해외의 다양한 상품을 싸게 구매할 수 있지만 여전히 사람들은 백화점을 더 많이 이용한다. 간편결제가 신용카드 사용의 불편함을 대체하기 위해 등장하였지만 여전히 사람들은 스마트페이를 사용하지 않고 익숙한 신용카드를 이용하고 있다. 카카오택시 또한 상황은 마찬가지다. 많은 사람들이 카카오톡을 사용하고 카카오택시가 편한 것을 알면서도, 여전히 대다수의 사람들은 길거리에서 택시를 잡고 있다.

011

O2O 성공전략 TOP 8

플랫폼 서비스 확장을 통해 기존 고객을 LOCK-IN하라

앞서 O2O 산업화를 위해 풀어야 할 문제들에서 언급한 바와 같이, 기존 O2O 서비스기업들은 중개플랫폼을 우회하여 거래하는 사람들에 대한 대응으로 취소 수수료를 물리거나, 계약을 해지하는 등의 방법을 사용되고 있다. 하지만 이러한 패널티 정책보다는 유사 영역으로 진출하여 자신의 플랫폼 역량을 강화하기 위한 전략, 즉 서비스 비즈니스 모델 확대 강화가 더욱 바람직하다. 예를 들어, 우버의 경우 사람을 이동시켜 주는 수단이라는 점을 활용하여, 물건을 이동시키는 배송 영역으로 확장하고 있다. 음식을 배송하는 서비스(UberEATS, UberFRESH)를 비롯하여 택배서비스(UberCARGO), 퀵서비스(Uber-RUSH) 등을 통해 지속적으로 배송 부문에서의 역량 강화 시도 및 서비스 확장을 하고 있는 것이다. 한편 국내 음식 배달 서비스로 유명한 배달의 민족도 음식점과 이용자를 연결해주는 중개플랫폼에서 시작하여 최근에는 직접 배송(배민브라더스)으로 영역을 넓혔으며, 신선식품 정기배송(배민프레시)까지 플랫폼을 확장했다. 이러한 기존의

O2O 서비스기업의 플랫폼 확장전략을 고객관리 차원에서는 LOCK-IN 전략이라 할 수 있는데 이러한 시도들은 플랫폼으로 유입되는 가맹점과 가입자를 늘리는 효과뿐 아니라 이들의 충성도를 높일 수 있는 효과적인 전략이다.

서비스 제공자들의 신뢰성 제고를 위해 다양한 방식으로 EVALUATE하라

서비스 제공자의 신뢰성을 확보하기 위해서는 일반적으로 리뷰 시스템이 활용되고 있다. 그러나 서비스 만족도 제고를 위해서는 리뷰 시스템 외에 이용자가 신뢰할 수 있는 다른 그 무언가를 제공해야 한다. 상거래 기반의 O2O 서비스에서는 이러한 신뢰성을 제고하는 시도들이 매우 중요하다. 대표적인 성공모델로써 영국의 온라인 슈퍼마켓인 오카도Ocado의 오프라인 브랜드를 통한 신뢰성 확보의 사례가 있다. 온라인으로 신선식품을 구매하는 비율이 점차 증가하고 있지만, 여전히 아직까지도 많은 소비자들이 불신이 높은 시장이기도 하다. 이러한 문제를 해결하기 위해 오카도는 영국의 고급 오프라인 식료품점 체인인 웨이트로즈와 제휴하여 이들 제품의 온라인 공급 채널로 자리매김했다. 즉 소비자가 신뢰할 수 있는 웨이트로즈라는 기존의 오프라인 브랜드를 활용하여 100% 온라인으로만 운영되는 오카도의 서비스 만족도를 높인 것이다.

O2O 서비스의 만족도 제고를 위해서는 리뷰 시스템 자체를 개선시킬 수 있어야 한다. 카르마Karma라는 스타트업은 다양한 O2O 서비스 및 SNS 등에서의 리뷰들을 모아 카르마점수Karma Score라는 새로

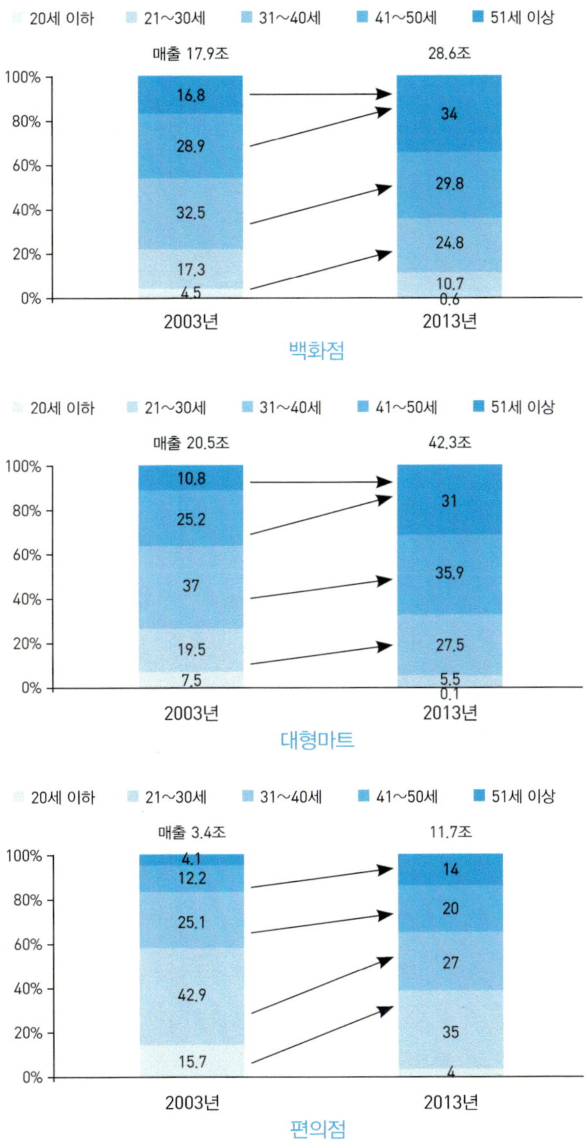

[그림 1-23] 백화점, 대형마트, 편의점 연령대별 이용률

출처: 유통업체연감, LIG투자증권

〈10년 전〉

구분	남자	여자
50대	쇼핑을 안한다	재래시장이 좋다
40대	쇼핑을 안하거나 재래시장이 편하다	잘 사면 마트보다 재래시장이 더 싸다
30대	쇼핑을 안하거나 마트, 재래시장이 편하다	온라인보다는 마트와 백화점이 편하다
20대	재래시장보다 마트나 인터넷쇼핑몰이 편하다	재래시장보다 백화점, 마트, 온라인채널이 편하다
10대	편의점, 온라인채널이 편하다	편의점, 백화점, 온라인패널이 편하다

〈현재〉

구분	남자	여자
50대	쇼핑을 안하거나 재래시장이 편하다	잘 사면 마트보다 재래시장이 더 싸다
40대	쇼핑을 안하거나 마트, 재래시장이 편하다	온라인보다는 마트와 백화점이 편하다
30대	재래시장보다 마트나 인터넷쇼핑몰이 편하다	재래시장보다 백화점, 마트, 온라인채널이 편하다
20대	편의점, 온라인채널이 편하다	편의점, 백화점, 온라인패널이 편하다
10대	편의점, 모바일이 편하다	편의점, 모바일이 편하다

[그림 1-24] 연령대별 소비 행태 변화

출처: LIG투자증권

운 지수를 산출했다. 이 점수는 기존 리뷰들에 대한 정량적 평가와 정성적 평가까지를 반영하여 100점 만점의 지수로 표시된다. O2O 서비스에 카르마점수와 같은 리뷰 시스템의 보완은 서비스 만족도 제고뿐 아니라 O2O 플랫폼의 참여 서비스 제공자에 대한 신뢰도를 개선하는 데에도 큰 도움이 될 수 있다. 특히, 서비스 신뢰도를 높이기 위해 불특정 다수의 다양한 서비스 공급자들의 합법적인 신원조회도 중요하다. 이러한 기회를 이용하여 해외에서는 하이어이즈Hirease, 체커Checkr, 온피도Onfido와 같은 스타트업들이 신원조회 서비스를 제공하고 있다. 이들이 제공하는 서비스가 지문날인을 통한 FBI의 DB를 검색보다는 효과가 떨어진다는 부정적 평가도 있지만, 비용 대비 가장 효과적인 신원조회 서비스 제공이라는 긍정적 평가이다. 신원조회를 보다 강화하기 위해 우버의 음성인증voice verification이나 생체인식

biometrics 등과 같은 혁신적 보안 방법들을 통해 O2O기업 자체적으로 신뢰도 제고방안을 모색해야 할 것이다.

아날로그 감성의 디지털로 APPROACH하라

O2O의 성공전략을 제안하기 위해, 먼저, 기업의 마케팅은 20대를 주력하나 실제 매출은 50대에서 일어나고 있는 이상한 유통 이야기를 해보겠다. 〈그림 1－22〉의 유통업체 연령대별 이용률 자료를 보면, 구매 연령층이 과거 30～40대에서 50대 이상까지 넓어진 것을 볼 수 있다. 그러나 실상은 마케터들은 마케팅 대상을 항상 주력 구매층인 30～40대나 잠재고객층인 20대에 맞춰왔다. 이와 같은 타 연령대 대비 상대적으로 마케팅을 적게 한 고연령대로 구매층이 넓어진 이유에서 O2O 산업의 확장을 위한 단초를 구할 수 있다.

〈그림 1－23〉은 LIG투자증권이 포커스 그룹 인터뷰FGI 방식을 통해 연령대별로 10년 전과 현재의 쇼핑채널 선호도와 그 이유를 조사 비교한 것이다. 비교해보면 각 연령대의 쇼핑채널 선호내용이 거의 유사하다. 지난 10년 동안 일어난 오직 단 하나의 변화는 10년 전의 40대가 현재 50대로 바뀌었다는 것이다.

극단적이겠지만 본 내용으로 결과를 내려 보면, 특정 세대가 좋아하는 쇼핑방식과 각 유통별 인식은 나이를 먹어도, 새로운 기술과 새로운 업태가 등장해도 크게 변하지 않는다는 점이다. 왜 그럴까? 혹자는 이를 뇌과학을 빌려 설명했는데, 간단히 요약하자면 다음과 같다. 사람의 뇌는 만12세 사춘기쯤에 완성되는데, 학습과 경험을 할 때마다 뇌에 새로운 시냅스synapse 연결을 만들며 완성해가는 메커니즘을 가지고 있다. 새로운 시냅스의 생성이란 뇌의 처리 프로세스의 기능향상, 메모리 증가, 각종 센서의 성능향상, 새로운 프로그램 개발 등과 같은 것이다. 따라서 이 시기의 특징은 나이 많은 사람보다 같은 시간에 훨씬 많은 신호와 정보를 받아들일 수 있게 되고, 많은 새로운 경험을 통해 다양한 뇌의 시냅스를 미리 만들어 놓지 않으면, 나중에 새로운 것을 배우고 받아들이기 어려운 뇌가 형성된다. 이후 30대 중·후반이 되면 잘 안 쓰는 뇌의 시냅스 삭제가 빠른 속도로 이루어지면서 단순 정보 삭제가 아니라, 사고 패턴화, 단순화를 통해 더 빠른 계산, 더 빠른 판단과 해석, 즉 직관에 더 의존하게 된다.

이러한 뇌의 비밀은 복고 식음료, 복고 음악, 복고 드라마와 영화, 복고 패션 등 최근의 대한민국의 전역을 강타한 복고 마케팅 트렌드의 본질적 원인을 설명하기도 한다. 이러한 복고 열풍을 고려해 볼 때, O2O 구현 시, 다양한 많은 IT 관련 기술들이 활용될 수 있지만, 고객 접점에서는 아날로그 형식과 감성을 전달하는 것이 매우 중요하다는 점이다. 이는 새로운 O2O 서비스 주타깃인 20~30대에게도 구매력이 있는 50대 이상의 세대에게도 동시에 공략할 수 있는 방법인 것이다. 최신의 기술일수록 더욱 아날로그적 감성의 옷을 입히는 것, 그것이 O2O 고수인 것이다.

O2O의 승자는 물류시스템 완성자이다. DISTRIBUTION WINNER가 되라

앞서 소개한 국내외 대표적인 O2O 커머스 사업자들의 노력들을 간단히 정리하자면, '막대한 물류의 투자'라고 해도 과언이 아니다.

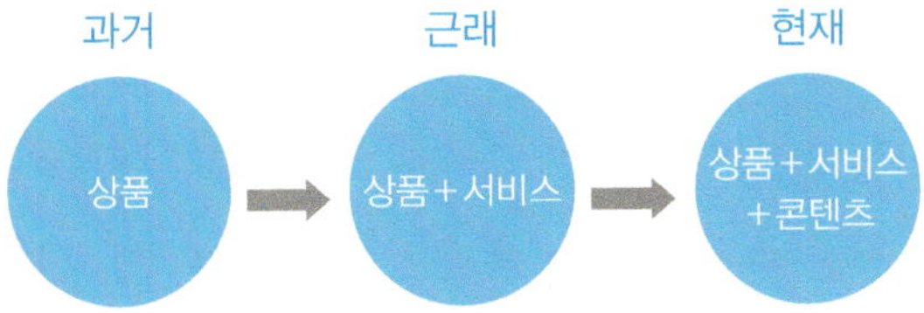

[그림 1-25] 콘텐츠 개념의 확장

O2O의 성공의 열쇠는 어떻게 하면 빠르게 고객이 원하는 장소에 얼마나 효과적으로 제품 혹은 서비스를 전달하는가이다. 최근 한류 콘텐츠에서 전 세계인들을 놀라게 한 것 중 하나는 한강공원에서 치킨과 맥주를 주문하면 배달되어 온다는 것이다. 음식 배달의 원조격인 한국의 배달에 대해 연신 감탄을 쏟는 다양한 국적의 외국인들을 많

[그림 1-26] 사용자 확보를 위한 큐레이션 핵심역량

출처: 브리치, 유진투자증권

이 경험한다. K-콘텐츠가 전파되면서 대한민국의 놀라운 배달문화가 이제는 새로운 배달서비스로써 중국, 미국, 유럽까지도 확산되고 있는 상황이다.

현재 국내외 모든 온라인 유통기업들은 효과적인 배송 서비스를 위한 고민을 하고 있다 해도 과언이 아니다. 이를 해결하기 위해 중국의 알리바바는 오프라인 유통기업을 인수합병하였고, 대한민국의 소셜커머스 업체인 쿠팡은 대단위의 투자를 통해 물류시스템을 강화하였다. 또한 티몬의 경우 오프라인 네트워크 체계를 보유하고 있는 CU 편의점과 협업을 통해 효과적인 배송 서비스를 꾀하고 있다. 이러한 배경하에, 배송을 포함한 물류 시스템을 잡는 O2O 사업자는 승자독식A winner takes all을 경험할 것이다.

확장된 콘텐츠, 상품+서비스+콘텐츠를 PLAN하라

유통산업에 있어서 좋은 콘텐츠에 대한 개념이 확장되고 있다. 과거 유통에서 좋은 콘텐츠란 품질 좋고 값싼 상품으로서 가격대비 만족도가 높은, 곧 가성비가 좋은 상품을 지칭하는 것이었다. 여기에서 최근에 좋은 콘텐츠란 애프터서비스, 주차장, 수유실, 놀이방, 푸드코트 등 매장의 부대시설, 직원의 친절도 등과 같은 다양한 서비스가 포함되는 개념으로 진화하였다. 뿐만 아니라 모바일 기술과 SNS의 확산으로 대량의 미디어 플랫폼과 미디어 콘텐츠가 쏟아져 나오면서 좋은 콘텐츠의 개념은 계속해서 진화하고 있다. 상품과 서비스 관련한 스토리나 레시피, 해당 상품과 서비스 사용 후담 스토리, 관련 사람에 대한 스토리 등 상품, 서비스, 콘텐츠가 결합되어야 진정한 콘텐츠인 것이다.

이런 콘텐츠 개념의 확장에서 큐레이션 기능이 더욱 중요하게 대두되고 있다. 과거에는 단순히 MD의 추천으로 이루어졌지만, 이제는 전문적인 TPO Time, Place, Opportunity에 따라 고객 맞춤형 큐레이션이 중요하다. 잠재 고객에도 세심한 콘텐츠 기반의 큐레이션 서비스는 새로운 O2O 사용자 확보의 핵심역량인 것이다.

초단순 커머스로의 RETURN을 미리 준비하라

유통산업의 진화는 소매수레바퀴Wheel of Retailing 이론을 이용하여 순환구조를 이해할 수 있다. 소매상의 혁신은 시장진입 초기에 저가격, 저마진, 저서비스의 가격 소구방식으로 경쟁력을 확보하다가 시장의 경쟁이 심화됨에 따라 다양한 형태로 높은 서비스들의 추가를 통해 차별화를 모색하게 된다. 이후 높은 수준의 서비스들은 궁극적으로 비용증대를 발생하게 되어 취급 제품과 서비스가 고가격이 됨에 따라 시장 경쟁력이 떨어지게 된다. 이러한 국면에 도달한 소매업은 경쟁력 증대를 위해 초기단계로 되돌아가 고비용 발생 추가 서비스 요소들의 거품을 제거하고 순수하게 가격인하를 통해 상대적 경쟁력을 확보를 노력하게 된다. 이렇듯 소매업의 순환적 사이클 형태로 진화를 설명하는 이론이 소매수레바퀴이론이다.

소매수레바퀴이론에 근거하면 O2O 커머스의 다음 진화 방향을 예측할 수 있다. 최근 O2O는 상품, 서비스, 콘텐츠가 결합된 형태로 진화하고 있는 초기 단계이므로 지속적인 콘텐츠 개발이 중요한 경쟁력 포인트가 될 것이다. 그러나 이러한 시도들을 너도나도 하다 보면, 각각의 차별화를 구현하기 어렵게 되고 오히려 소비자들에게 혼란만을 제공할 수도 있게 되어 순수하게 상품거래만을 원하는 니즈가 증대되게 될 것이다. 고로, 고객 관점에서 편리성을 극대화할 수 있는 초단순 거래의 프로세스 및 UX를 구현하는 O2O업체가 시장을 선도하게 될 것이다. 따라서 시장 순환의 변화 속에 조금 앞선 단계를 미리 준비하는 선제적 대응이 매우 중요하겠다. 이러한 초단순 거래를 구현한 커머스를 "마이크로 커머스micro commerce"라고 한다. 마이크로 커머스는 앞서 언급한 다양한 O2O 관련 기술의 심화 속에서 초단순 커머스를 가능할 수 있도록 할 것이다.

사례 3

콘텐츠 상품 사례 ① 이마트 피코크

이마트 피코크키친

이마트의 HMR(Home Meal Replacement) PB브랜드인 피코크(PEACOCK)도 콘텐츠 상품의 좋은 사례이다. 피코크는 미국의 홀푸드마켓과 같이 소비자의 다양한 니즈를 충족시킬 목적으로 만들어진 프리미엄 HMR PB이다. 피코크는 식품이 아닌 요리를 판다는 메시지를 콘텐츠로 담아, 다품종 소량생산 체제로 제품을 개발하고 생산하고 있다.

피코크 매출은 2014년 800억원에서 2015년 80% 이상 성장한 1,400억원대 매출을 기록하여, 성장이 정체돼 영업이 부진하던 이마트에 새로운 생명력을 불어넣고 있다. 이러한 매출성장에 힘입어 이마트 HMR매출에서 피코크가 차지하는 비중은 2013년 4.7%에서 2015년 10%로 늘었다. 또한 론칭 당시 280개였던 피코크 제품의 수가 2015년 800개로 늘었으며, 2019년까지 1천 개 이상으로 늘려갈 계획이다.

출처: LIG투자증권

콘텐츠 상품 사례 ② 이연복 탕수육

이연복 탕수육

이해하기 쉬운 식료품을 예로 들어 보자. 예전에는 소비자들이 그냥 값싸고 질 좋은 재료를 시장에서 싸게 구입하여 집에서 탕수육을 만들어 먹었다. 2000년대 이후부터는 유통회사가 품질을 보증해 반품, 교환, 환불 등의 애프터서비스가 가능한 냉동 탕수육을 CJ오쇼핑에서 사서 조리해 먹었다. 지금은 TV에 나오는 중식 전문가 이연복 스타셰프가 더 맛있게 먹을 수 있는 레시피 콘텐츠를 제공하는 이연복 탕수육을 NS쇼핑에서 사먹는다.

출처: LIG투자증권

O2O도 시장 초기가 중요하다. 첫째도 선점, 둘째도 선점, 셋째도 선점 … FIRST MOVER가 되라

플랫폼 비즈니스로서의 O2O는 최근 자신의 서비스가 아닌 여러 오프라인 사업자들을 연결하는 플랫폼 비즈니스를 중심으로 진화하고 있다. O2O 플랫폼 비즈니스는 일반적으로 오프라인의 롱테일Long tail 마켓에서 혁신을 이끈다. O2O는 저렴한 가격, 편리한 비교 등의 온라인 장점과 체험, 즉시성, 맞춤성의 오프라인 장점을 동시에 제안해야 한다. 따라서, O2O가 사업으로써 정착하기 위해서는 첫째, 경제적 인센티브를 제공으로 다수 공급자 확보, 둘째, 편리하고 향상된 서비스품질 제공으로 수요자 확보, 그리고 셋째, 양 경제주체가 활동하는 플랫폼의 체계적 관리를 통해 거래규모 증대가 중요한 조건이다. 이상의 조건을 만족시켜 O2O를 사업으로 정착시키기 위해 가장 중요한 것은 시장 선점이다. 인터넷 비즈니스가 PC에서 모바일로 옮겨가면서 1등 사업자의 독점적 영향력은 훨씬 더 강해졌다. 메신저, SNS와 같은 모바일 기반의 플랫폼은 이용자가 많아질수록, 재화와 서비스의 가치와 효용이 이를 사용하는 소비자의 수가 많을수록 커지는 네트워크 효과가 발생하여 이용자가 누릴 수 있는 효용이 기하급수적으로 늘어난다. 이러한 모바일 플랫폼의 특성과 앱이라는 개별 프로그램에 의해서 돌아가는 모바일 환경에서는 같은 서비스에서 1등 앱을 제외한 2등 앱을 사용할 유인이 사라지는 것이다.

그 예시로, 앞서 소개한 카카오택시의 경우, 택시의 일 평균 호출수는 약 70만 건으로 추정되는 가운데 카카오택시 출시 이전 하루 평

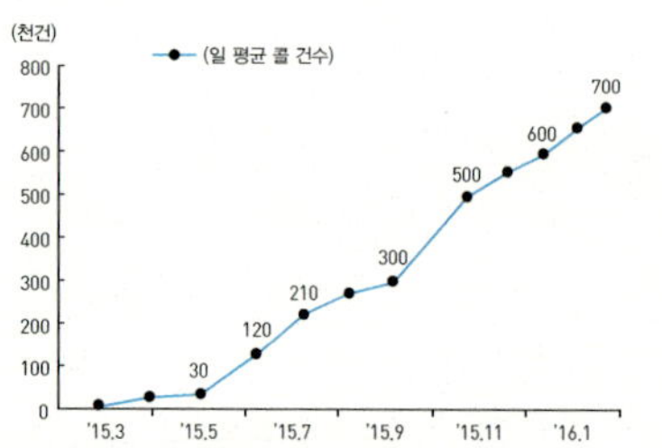

[그림 1-27] 카카오택시 일 평균 호출 수 추이

출처: 카카오, KTB투자증권

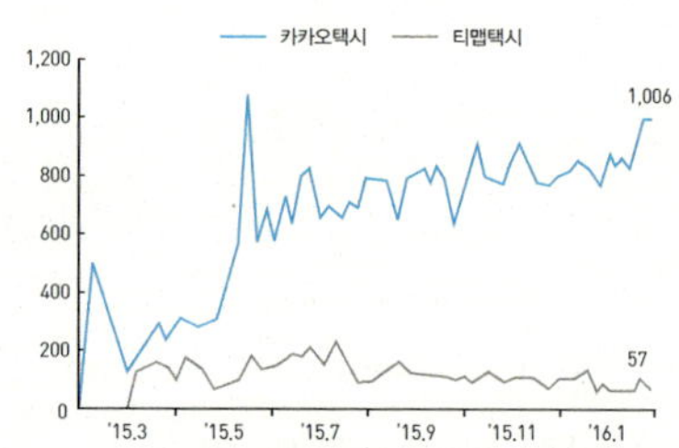

[그림 1-28] 카카오택시와 티맵택시 순이용자 추이

출처: KoreanClick, KTB투자증권

균 전국 콜택시 호출 건수 5만 5천 건의 무려 13배 수준인 것으로 파악된다. 카카오택시의 기사 회원 수는 현재 21만 명으로 국내 대부분의 택시 기사가 카카오택시 기사로 등록한 것으로 파악된다. 한편 후발주자로써 2015년 4월에 출시된 티맵택시는 티맵 내비게이션을 기반으로 출시된 SKT의 서비스로 카카오택시와 거의 동일한 수준의 서비스를 제공하고 최근에는 택시 요금의 10%를 할인해주는 등 강력한 마케팅을 시행하고 있음에도 불구하고 성과는 부진한 상황이다. 보다 많은 기사와 승객을 고객으로 확보한 카카오택시가 선점 효과를 누리고 있는 것이다. 앞으로도 이러한 상황은 지속될 것으로 전망된다. 승자독식의 법칙이 어떠한 산업보다 강력하게 작동하는 O2O산업인 것이다.

진정한 ON-DEMAND 서비스를 하라

'부탁해'는 내가 먹고 싶은 음식점의 음식을 집까지 편리하게 배달해주고, '카카오택시'는 버튼 클릭 몇 번으로 내가 있는 곳으로 택시를 불러준다. '위시스왓'을 이용하면 집에서 세탁물을 수거해가서 24시간 만에 세탁을 완료해서 다시 집으로 배달해준다. '돌보밍 서비스'는 육아와 가사노동이 필요한 수요자들에게 빠르고 손쉽게 육아 및 가사 도우미를 제공해준다. 이러한 서비스들을 온디맨드On-Demand라 하는데, 이는 수요자 중심이라는 뜻으로 수요자가 원하는 서비스를 원하는 시점에 제공해주는 새로운 형태의 서비스를 의미한다. 택시, 대리운전, 퀵서비스, 가사노동, 세탁서비스 등 생활 속의 다양한 분야에서 온디맨드 서비스가 가능하며, 온디맨드 서비스가 활발하게

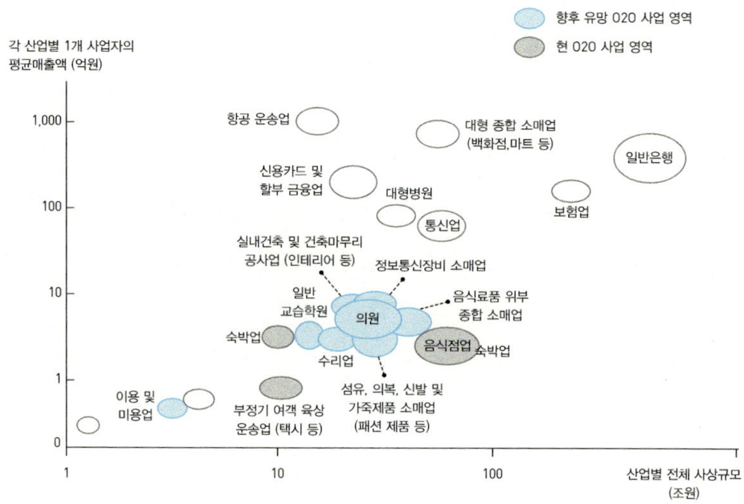

[그림 1-29] O2O 서비스의 현재와 미래: 작은 개별사업자들로 모인 큰 규모의 전체시장이 유리

출처: 메리츠종금증권 리서치센터

퍼져나가고 있다.

온디맨드 서비스는 모바일 환경을 통해 수요자가 서비스를 이용하며 겪을 수 있는 다양한 불편함을 크게 감소시켜 준다. 수요자들에게 향상된 품질의 편리한 서비스 혹은 개별고객에게 최적화된 맞춤형 서비스를 제공함으로써 새로운 가치를 창출한다. 대표적인 콜택시 온디맨드 서비스인 Uber를 사례로 프로세스를 설명하자면, 기존의 콜택시 이용 프로세스는 전화 → 상담원 통화 → 배차안내 → 기다림 → 택시 탑승이었다. 이 과정에서 수요자는 자신의 위치에 대한 커뮤니케이션의 불편함, 택시기사 도착까지의 소요시간 확인 불가, 택시 부족으로 배차가 안 되는 경우 등 다양한 불편함이 있다. 그러나 Uber는 어플리

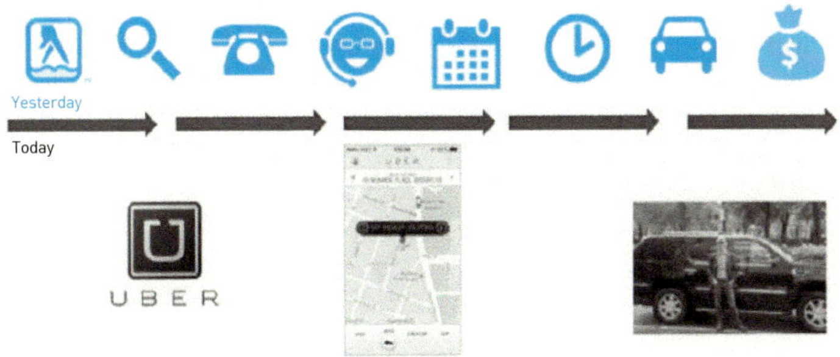

[그림 1-30] 우버 서비스 플로우

출처: On Demand Everything, 유진투자증권

케이션 실행 후 자신의 위치를 설정한 다음 자신의 위치 주변에 있는 3분 이내에 도착 가능한 Uber 드라이버 현황을 한눈에 보고 이 중 선택할 수 있어서 서비스 이용 간소화를 통한 편리성을 제공하고 있다. 온디맨드 서비스의 또 다른 장점은 이용자들 간의 정보 공유를 통해 정보의 불균형에 따른 거래비용을 절감시켜 준다는 점이다. 온디맨드 서비스는 SNS와 같은 이용자들 간의 커뮤니케이션이 가능하다. 온디맨드 서비스를 통해 이용자들은 재화 및 서비스의 공급자에 대한 평가를 서로 공유할 수 있으며, 이로 인해 이용자들의 정보 불균형문제가 해결되고 자연스럽게 거래비용의 절감 및 서비스의 품질 향상으로까지 이어질 수 있다. 즉 서비스 이용의 간소화를 통해 편리함을 극대화한 것이다.

MCN

Multi
Channel
Network

제2장

MCN

최영근

영근이는 서울 대학로 홍익대 아트센터에서 열린 팬 미팅에 참석했다. 영근이가 만난 스타들은 양띵, 대도서관, 영국남자 등과 같은 별명과 같은 이름을 가진 인터넷 동영상 제작자들이다. 어른들은 잘 모르는 스타들이지만, 그들이 무대에 나올 때는 유명 아이돌 못지않은 함성이 터져 나왔다. 무료 동영상 공유 사이트인 유튜브는 원래 유명 가수들의 뮤직 비디오가 독점하다시피 하여 왔다. 그런데 2014년 처음으로 유튜브 한국 채널 중 상위 20위권에 개인 동영상 제작자들이 올랐다. 2013년 7월부터 2014년 6월까지 구독자가 많이 늘어난 상위 20위 채널 중 70%가 개인 창작자가 만든 채널이기도 하다. 영근이는 처음에는 자신이 좋아하는 동영상 제작자들의 동영상을 정기구독하고 그들에 대해 알기 위해 열심히 인터넷을 서치하고 온라인 활동을 하였으나, 이제는 무대 행사도 찾아다니면서 오프라인에서도 왕성한 팬 활동을 하고 있다.

001

양띵의 습격과 미디어 산업의 변화

TV를 중심으로 한 기존 제도권 미디어에서는 예상치 못하는 새로운 현상이 나타나고 있다. 인터넷 동영상 제작자들은 자신의 이름을 걸고 채널을 만들고는 각본, 촬영, 편집까지 일련의 방송 제작을 혼자서 다해서 매일 새로운 콘텐츠를 올리고 있다. 그들 중에 양띵(양지영)은 1인 방송을 가지고 세상을 습격하였다고 할 정도로 대표적인 스타이다. 그녀가 유튜브에서 '양띵 tv'라는 이름으로 1인 방송을 시작한 것은 2013년 1월이었다. 양띵이 엄청난 인기를 누리고 있는 이유는 무엇일까? 게임을 좋아한다는 것 외엔 다른 20대 여성과 특별히 다른 점이 없어 보인다. 그러나 초등학생 팬이 많아서 그를 '뽀로로의 경쟁자'라고 불린다는 데 그 이유를 찾을 수 있다. 그녀는 기존 방송사처럼 편성에 상당히 힘을 기울인다. 자신들의 주력 방송을 정기적으로 올리는 것은 기본이고, 중간 중간 색다른 방송을 계속 끼워 넣는다. 특히 양띵은 여기에 "〈초등학교 습격 사건〉처럼 주된 팬층을 오프라인에서 직접 공략하는 방법을 써왔다"고 했다.

그녀는 처음엔 게임방송으로 시작했다가 먹방을 시작으로 생활용품 리뷰나 집에서 키우는 강아지를 소개하는 사생활 채널을 따로 만들면서 다양한 프로그램으로 확장하고 있다. 팬들이 우리 학교에 와

달라고 요청하면 친구들과 함께 간식을 들고 찾아가선 이를 다시 녹화해 〈초등학교 습격 사건〉이라는 프로그램으로 만들면서 팬들과 현장에서 직접 호흡하기도 한다. 양띵과 같이 1인 방송 제작자들은 팬들과의 개별적인 관계가 매우 중요하다. 기존 TV와는 달리 인터넷 방송에선 시청자들은 1인 방송자가 자신들과 개별적으로 소통한다고 느끼게 되는데 이러한 느낌이 1인 방송의 특성이다. 그래서 양띵은 직접 침대에서 이불을 쓰고 누워 팬들에게 속삭이거나 자신의 친구들과 나누는 소소한 수다까지 녹화해 내보내기도 한다. 이러한 관점에서 양띵은 팬들을 자신의 게임방송 진행에 참여시키기도 한다. 뿐만 아니라, 팬 50명이 모여서 같이 건물 짓는 방송을 한다거나 시청자가 실시간 참여하는 방송을 진행하기도 했다. 또한 정기적으로 청소년 팬들과 성인 팬들의 모임을 따로 열고 있다.

현재 이러한 1인 인터넷 방송으로 인해 미디어 산업의 지형이 변화하고 있다. 패러다임이 한 번 전환되면, 그에 응하는 새로운 세대가 나타났다. 세상이 디지털화로 전환되었을 때에도, 그리고 모바일화라는 키워드가 세상을 변화시켜 가는 때에도 이를 주도하는 세대들이 등장했고, 이들이 세상을 바꿔 나갔다. 그래서인지, 요즘 초등학교 학생들의 꿈이 '양띵'과 같은 '크리에이터'가 많아지고 있다고 하는 데 주목할 필요가 있다. 이 아이들이 세상을 변화시킬 것이다. 특히 기존 미디어 산업은 그 변화를 감당해야 할 것이다. 구글의 발표에 따르면 2020년이 되면 기존 미디어의 트래픽은 80년대 대비 25%로 축소된다고 한다. 그렇다면 이제 인터넷 방송을 재해석해야 할 시점에 와 있는 것은 분명하다.

002

MCN은 유행인가? 아니면 대세인가?

1인 창작자, 소셜 크리에이터 등으로 불리는 1인 미디어매체의 창작자들은 언제부터 등장했을까. 2005년 유튜브 동영상 공유 서비스로 이용자 제작 콘텐츠가 풍부해지면서 누구나 영상물을 제작해 대중에게 전파 가능해졌다. 영상 콘텐츠 제작 및 유통비용을 혁신적으로 절감하며 UCC 기반 마케팅 사업모델에 일반인도 적극적으로 참여하여 디지털 콘텐츠 시장이 조성되고 있으며 Prosumer 개념이 확산되어 대중들에 의한 다양한 콘텐츠 생산, 이용이 가능해졌다.

이후 UCC가 전 세계적으로 유행하게 되었다. 미국 온라인 생중계 플랫폼인 Ustream의 2008년 오바마 대통령 선거유세 트위터 생방송 서비스 도입, 스마트폰 PC 내장카메라로 현장을 실시간 중계하고 생방송을 보며 시청자들이 트위터로 실시간 대화하는 형태, 국내에서 2009년 트윗온에어가 처음 선보인 후 PC통신 나우누리를 서비스한 나우콤의 아프리카TV가 1인 방송자키 기반의 개인방송 플랫폼으로 발전한 것 등이 대표적이다. 일반인이 제작한 동영상 기존방송, 영화를 패러디한 영상 등이 인터넷에 큰 인기를 얻으며 UCC가 빠르게 확산된다.

처음엔 아마추어 취미 차원의 B급 콘텐츠로 여겨졌으나 네트워크

용량 확대와 더불어 인터넷 핵심 콘텐츠 등이 텍스트에서 동영상으로 바뀌게 되었다. 인터넷에서 콘텐츠 이용자에게 머물던 일반인들이 1인 창작자로서 콘텐츠 제작에 나서고 콘텐츠 제작자와 서비스 가격이 급락하고 기존 방송, 영화에 버금가는 UCC가 나타나게 되었다. 특히 유튜브를 통해 UCC가 확산되면서 이들을 위한 전문 플랫폼도 등장하였는데, 이 중에는 인기 있는 개인 창작자들을 모아서 트래픽을 통해 광고 수익을 실현하는 사업 모델이 등장하게 되었는데, 이러한 사업 모델을 MCNMulti-Channel Network이라고 칭하게 되었다. MCN은 두 개 이상의 유튜브 채널 운영자 및 생산자의 연합체로서 프로그램의 상업화를 책임지며 유튜브로부터 멀티채널 네트워크 사업자MCN로서의 권리를 부여받은 사업자를 의미한다.

유튜브 공용정책(public policy)에 의한 MCN의 정의

Multi-Channel Networks(MCNs) are entities that affiliate with multiple YouTube channels, often to offer assistance in areas such as product, programming, funding, cross-promotion, partner management, digital rights management, monetization/sales, and/or audience development.

다중채널 네트워크(MCN)는 여러 개의 유튜브 채널과 제휴한 채널이며, 프로그래밍, 펀딩, 제품, 크로스프로모션(연계홍보), 파트너 운영 및 관리, 디지털 운영 및 관리, 수익창출, 판매, 잠재시청자 확보 등의 관리에 도움을 준다.

유튜브에서 채널을 운영하며 지속적으로 콘텐츠를 올리고 광고수익을 올리며 활동하는 개인들을 1인 크리에이터라 지칭하는데, MCN 사업자는 이러한 크리에이터들과 계약을 맺어 그들의 각종 활동을 돕

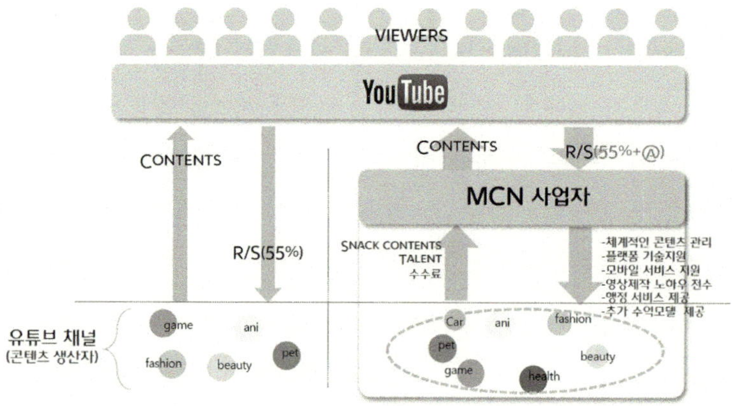

[그림 2-1] 유튜브와 MCN 사업자의 사업구조

고 수익을 배분받는 활동을 한다. 즉, 스튜디오, 음원, 촬영장비, 각종 행정처리 등을 대행해주는 것을 기본으로, 광고, 행사, 콘텐츠 기획 등 부가적인 수익을 창출할 수 있는 생태계 및 플랫폼을 구축해 준다. MCN은 단순한 방송 플랫폼을 제공하는 데 그치지 않고, 개인 크리에이터와 제휴하여 프로그램 기획, 마케팅, 제작시설/장비, 저작권, 홍보, 교육, 광고, 수익관리 등을 지원하는 연예 기획사와 유사한 기능을 제공하고 있다. 그러므로 크리에이터는 유튜브와 같은 동영상 플랫폼을 통해 콘텐츠 이용자에게 유통하고, 발생하는 광고 수익은 MCN과 창작자가 배분하는 수익 구조를 가진다.

이제 MCN은 초등학생들을 대상으로 하는 게임방송 수준을 넘어서 다양한 분야로 확장하면서 우리 생활에 밀접하게 다가오고 있다. 그러므로 이러한 MCN을 새로운 미디어로 인정해야 할 것인가를 진지하게 논할 틈도 없이 이미 현실 속에 미디어로 자리 잡고 있다는 것을 부인할 수 없다. 그렇다면 MCN이 빠르게 확산된 이유는 무엇일까?

첫째, 젊은 세대들은 TV 시청보다 온라인 동영상 콘텐츠를 이용하는 데 익숙하기 때문이다. 특히 스마트폰이 확산되면서 콘텐츠를 소비하는 기기가 스마트폰으로 급속도로 이동하고 있다. 이로 인해 지상파 시청률은 하락하고 있다. 스마트폰은 시간과 장소에 관계없이 콘텐츠를 소비할 수 있는 장점이 있고 특히 짧은 시간의 동영상은 기존 지상파 방송에는 적합하지 않다. 이로 인해 스마트폰에 적합한 동영상을 제작하는 크리에이터와 MCN에 대한 필요성이 증가하고 있다. 또한 동영상을 제작하는 방법이 용이해졌기 때문이다. 예전에는 고가의 장비와 촬영시설을 이용해 동영상을 제작하였기 때문에 막대한 비용과 시간이 필요하였다. 그러나 지금은 스마트폰만 있으면 시간과 장소에 구애받지 않고 특히 추가적인 비용 없이 동영상을 제작 가능하다. 또한 동영상을 제작함과 동시에 인터넷에 올릴 수 있기 때문에 동영상을 제작하는 데 장벽이 사실상 거의 없어지면서 동영상 생산이 빠르게 증가하고 있다. 이처럼 스마트폰은 동영상 콘텐츠를 시청할 뿐만 아니라 생산하는 주요한 미디어 기기가 되었다.

둘째, 유튜브는 크리에이터로 하여금 제작한 동영상 콘텐츠를 전 세계로 손쉽게 노출시킬 수 있는 플랫폼을 제공할 수 있기 때문이다. 유튜브는 2005년에 시작하여 연간 순방문자수가 10억 명을 넘어가고 있으며, 1분마다 300시간 분량의 동영상이 올라오고 70여 개의 언어를 제공하는 등 기존 TV를 위협하는 미디어로 성장하였다. 특히 광고수익을 콘텐츠 제공자와 배분함으로써 일반인들을 전문적인 크리에이터로 변신하게 하는 등 콘텐츠 생산 시장의 새로운 메커니즘을 보여 주고 있다. 이로 인해 일반인도 스토리만 있으면 손쉽게 영상을 제작하여 수익을 올릴 수 있는 기회를 제공하고 있다. 유승희 의원(성북

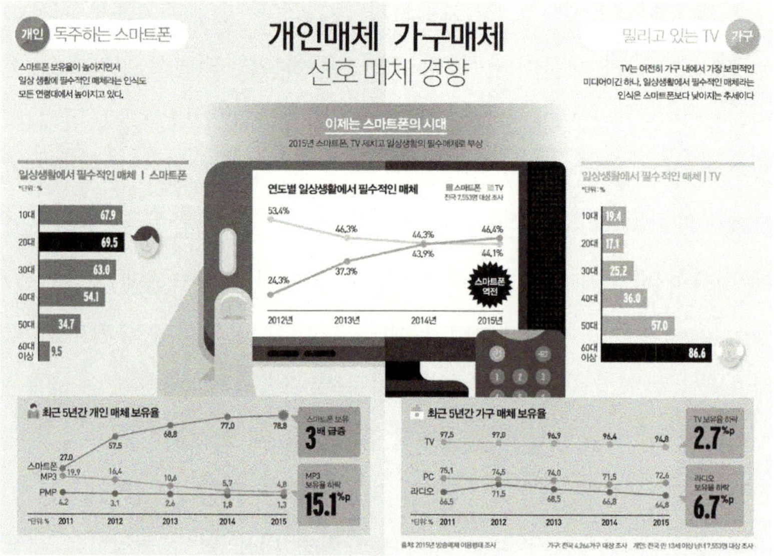

[그림 2-2] 개인 및 가구의 선호 매체 경향

출처: 2015년 방송매체 이용행태 조사, 방송통신위원회.

갑, 재선)이 미래창조과학부가 제출한 자료를 분석한 바에 따르면 인터넷실명제(제한적 본인 확인제)가 시행되기 직전인 2008년 말 국내 동영상UCC 시장 점유율(페이지뷰 기준) 2%에 불과하던 유튜브는 인터넷실명제 시행을 기점으로 단숨에 15%의 시장점유율을 달성했다. 이후 2013년 8월 말 기준으로는 시장점유율 74%를 기록하며 넘볼 수 없는 1위 사업자로 자리를 굳혔다. 같은 기간 시장점유율 42%로 1위를 점하던 판도라TV의 시장점유율은 4%로 추락했고, 34%의 시장을 가졌던 2위 사업자 다음TV팟의 점유율은 8%로 급락했다. 아프리카TV의 시장점유율 역시 23%에서 13%로 반토막 났다. 이명박 정부 때 악성 댓글 방지를 명분으로 인터넷실명제가 시행된 2009년 4월을 기

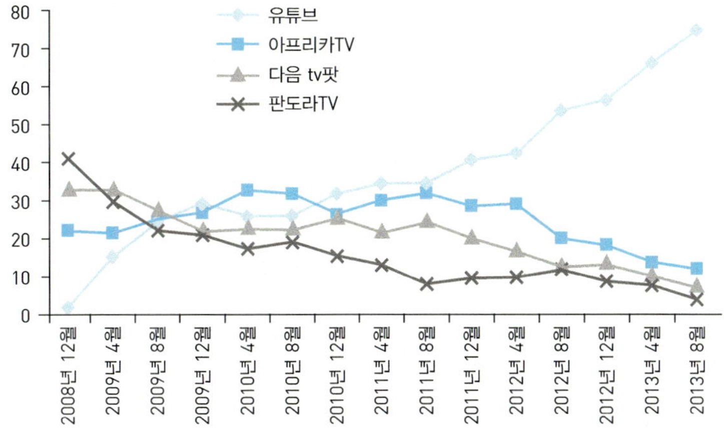

[그림 2-3] 주요 MCN 미디어의 시장점유율 변화

출처: 유승희 의원(성북갑, 재선)이 미래창조과학부가 제출한 자료를 분석

점으로 시작된 변화다. 판도라TV, 다음TV팟, 아프리카TV 등은 인터넷실명제를 철저히 준수한 반면, 유튜브는 사실상의 비실명 가입을 허용(회원 가입 시에 '국가'를 임의로 선택하는 방식으로 규제를 회피)하여 국내 동영상 사이트 이탈 가입자를 모두 흡수했기 때문이다.

셋째, 국내에서는 특히 이동통신사들의 수익 구조의 변화도 주요한 요인이다. 최근에 이동통신사들의 수익 구조가 데이터 중심으로 빠르게 변화하고 있다. 이로 인해 스마트폰을 이용한 동영상 소비에 관심이 집중되고 있는 것이다. 음성 수익을 포기하고 이제는 데이터에서 수익을 창출해야 하는 환경이므로, 데이터를 많이 소진할 수 있는 동영상의 수급에 통신사들은 관심을 가질 수밖에 없다. 이런 시장 상황에서 MCN이 등장하자 적극적인 반응을 보이며 그 변화의 속도와 크기가 엄청난 폭발력을 보이고 있다. 그동안 통신사들은 주로 지상파방송의 동영상에 관심을 보여 왔으나, 이제는 MCN 사업을 전문으로 하는 신생 기업들의 등장으로 인해 시장에서의 관심이 1인 크리에이터 영상으로 눈을 돌리고 있다. 이렇게 이동통신사들의 관심이 MCN으로 향하자, 트레져헌터나 메이크어스 같은 선두 그룹은 수십억원에서 수백억원의 투자를 유치해냈고, 지상파방송사인 KBS는 '예띠 스튜디오', MBC는 'SMC'라는 이름으로 MCN 전쟁에 뛰어들었으며, 여기에 통신 재벌 SK텔레콤은 '트레져헌터'에 50억원을 투자하고 '핫질'이라는 자체 브랜드로 직접 시장에 진출하기도 했다.

[그림 2-4] 2015 상반기 가장 많이 성장한 국내 유튜브 채널 Top 20

출처: MCN(Multi Channel Network)의 약진, 성장 가능성 및 미래 예측(2015)

003

MCN의 비즈니스 모델은 어떻게 다른가?

전통적 영상 콘텐츠 제작 비즈니스의 수익의 원천은 광고수익, 콘텐츠 판매수익 등이 가장 주요한 요소이며, 양면 시장의 형태를 띤 산업에서 기업이 목표하는 고객은 시청자 또는 광고주다. 고객에게 가장 효과적으로 도달하고 수익을 극대화하기 위하여 영상 제작 기업은 조직적으로 프로젝트 팀 단위의 생산 조직을 갖고 기업 내·외부의 창작자 통제를 하게 된다. 기업 전문가 시대의 조직적인 영상 제작 모델과는 달리, UCC의 사업화를 통한 비즈니스 환경에서는 개인이 창작의 주체로 부각된다. 그러나 UCC 비즈니스 논의는 창작자보다는 플랫폼 서비스를 중심으로 이루어졌다. 유튜브는 수익 공유형 광고 모델을 적극적으로 채택하여 영상 UCC 시장을 선도하여, 2014년 기준 전 세계 온라인 비디오의 시장의 63%, 국내 영상 플랫폼 시장의 74%를 점유하였다. 창작자가 원할 경우 동영상에 광고주가 원하는 광고를 붙여 창작자는 여기에서 나오는 수익을 유튜브와 공유하며 일부(55%)를 가지고, 광고주는 효과적인 광고를 위해 직접 창작자의 영상 제작을 후원하기도 한다.

UCC 모델에서는 개인 창작자들이 스스로 플랫폼을 통해 수익창출을 했던 반면, MCN 모델에서는 제3자인 MCN이 플랫폼과 이용자 사이에 들어가게 된다. MCN은 개인적으로 각자 활동하던 창작자들을 기업이 주도적으로 모집하여 회사를 중심으로 하는 네트워크로 묶는다. 역량이 부족했던 개인 창작자들은 이제 기업 자본이 포함된 MCN 네트워크에 들어가 새로운 강력한 플레이어로서 비즈니스에 참여하게 된다. MCN은 개인 창작자 그룹에게 제작과 자금지원, 수익 관리, 저작권 관리 등의 가치를 제공하며 그들의 네트워크를 만든다. 이러한 가치를 제공받은 개인 창작자는 그에 대한 반대급부로 자신들이 창출하는 수익의 일부를 공유한다. 개인 창작자들은 주로 플랫폼을 통하거나 광고주와 직접 계약하여 자신들이 만드는 콘텐츠에 광고를 붙여 수익을 창출한다. 이러한 모델을 바탕으로 창작자들은 더욱 활발하게 창작 활동에 참여하게 되며, 그 결과 제작된 전문적인 개인 창작 영상은 온라인 플랫폼을 통해 엔드유저까지 전달된다.

최대 90,000여 팀의 창작자를 보유하고 있는 미국의 MCN들은 창

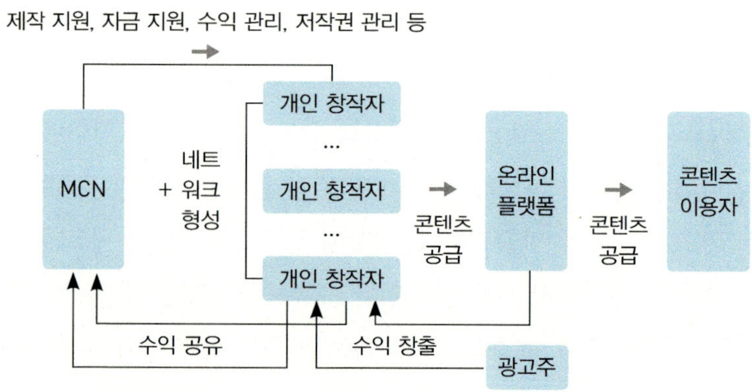

[그림 2-5] MCN의 가치 사슬

출처: 온라인 플랫폼에서의 다중 채널 네트워크 비즈니스 모델 탐색(2016)

작자들의 역량 강화를 위한 체계적인 시스템을 만들어 운영하고 있다. 창작자들에게 회사가 제작한 온라인 시스템을 사용할 수 있는 접근 권한을 주어 그들 스스로 그 서비스를 활용하면서 다양한 지원을 받게끔 한 것이다. 온라인 페이지나 앱을 통해 창작자들은 〈표 2-1〉과 같이 자신의 성과와 재정 분석, 자신의 채널을 업그레이드하는 데 도움이 되는 정보를 제공받을 수 있고 직접 광고주와 연결하거나 상품을 제작해 수익을 창출할 수도 있으며, 플랫폼 안에서 다른 창작자들과 교류할 수도 있다. 자신의 콘텐츠를 효율적으로 관리할 수 있는 시스템을 사용하거나 저작권 걱정 없는 콘텐츠를 활용하는 등 제작 과정에도 도움을 받는다. 또 MCN은 광고주에게는 자신들이 보유한 창작자들의 조회 수만큼의 영향력을 제공한다. 플랫폼에서 자동으로 붙는 프리롤 광고 외에도 MCN은 콘텐츠에 맞는 상품이나 브랜드를 연계하여 자신만의 프리롤 광고를 제작하기도 한다. 특히 온라인 시장에서는 프로그램이 아닌 콘텐츠가 유통되므로, 독립적인 콘텐츠로서의 광고가 중요하다 독립적 콘텐츠로서의 광고는 흔히 브랜디드 콘텐츠나 네이티브 광고 형태로 제작된다. 이 외에도 창작자의 영향력을 활용한 비즈니스 지원이나 패키지 광고를 통해 MCN은 광고주에게 창작자들의 영향력을 제공한다.

MCN 사업의 주요 고객은 창작자와 광고주, 수용자가 된다. 전통적 영상시장과 마찬가지로 양면시장의 성격을 갖고 광고주와 수용자에게 도달하려고 하지만, 이들에게 도달하기 위해서는 창작자의 역할이 매우 중요하므로 모든 사업은 창작자를 중심으로 이루어진다. 이들 각각에게 MCN은 네트워크 제공, 창작자와 콘텐츠에 대한 관리, 창작자와 광고주 간의 의견 조율, 수요에 맞는 디지털 콘텐츠 공급을

〈표 2-1〉 미국 주요 MCN 사업자의 크리에이터 지원 항목

구분	서비스	내 용
정보 제공	성과 분석	다양한 플랫폼에서의 채널 성과(조회수, 인구통계학적 데이터 등) 통계 제공
	재정 분석	콘텐츠 저작권 성과(온라인 플랫폼, 음원, 머천다이즈 등)에 대한 통합적 분석
	가이드	창작자 성공사례와 심화 사례 분석, 소셜 미디어 관리법, 제작 팁 등 제공
	질문처리	창작자들의 각종 질문과 도움 요청에 대한 대응
수익화	브랜드 연결	창작자와 브랜드(광고주)가 직접 연결하고 소통할 수 있는 플랫폼 제공
	제조업 아울렛	창작자만의 티셔츠, 모자, 컵, 폰케이스 등 커스텀 물품을 만들 수 있는 아울렛 제공
	세금 관리	세금 서류의 간단한 작성 툴 제공
	배급	유튜브와 같은 오픈플랫폼 외에 계약이 필요한 다양한 플랫폼으로 배급 지원
네트워크	커뮤니티	다른 창작자들과 협업, 소통, 상호 홍보를 할 수 있는 플랫폼 제공
		최신 비디오에 대한 상호 피드백과 채널 성공 팁을 공유하는 플랫폼 제공
	정보 공유	새로운 행사, 콘텐츠, 쇼, 장비 등에 대한 실시간 정보 업데이트
제작 도구	콘텐츠 관리 시스템(CMS)	여러 플랫폼에 콘텐츠를 업로드하거나 홍보할 수 있는 단일 창구 제공
		컴퓨터 용량 확보를 위해 오리지널 콘텐츠를 저장, 관리할 수 있는 서버 제공
	콘텐츠 제공	저작권 걱정 없는(CCL) 무료 음악과 사운드이펙트 제공
	스튜디오 예약	제작 전문 시스템이 완비된 스튜디오 예약 및 장비 대여

출처: www.fullscreen.com, www.awesomenesstv.com, www.makerstudios.com

핵심 가치로서 제공한다. 이러한 핵심 가치를 실현하기 위하여 MCN은 기업 내부에는 영상 창작을 돕기 위한 인프라와 인적 자원을 두고, 기업 외부의 온라인 플랫폼과 적극적인 교류 협력을 구축한다. 이를

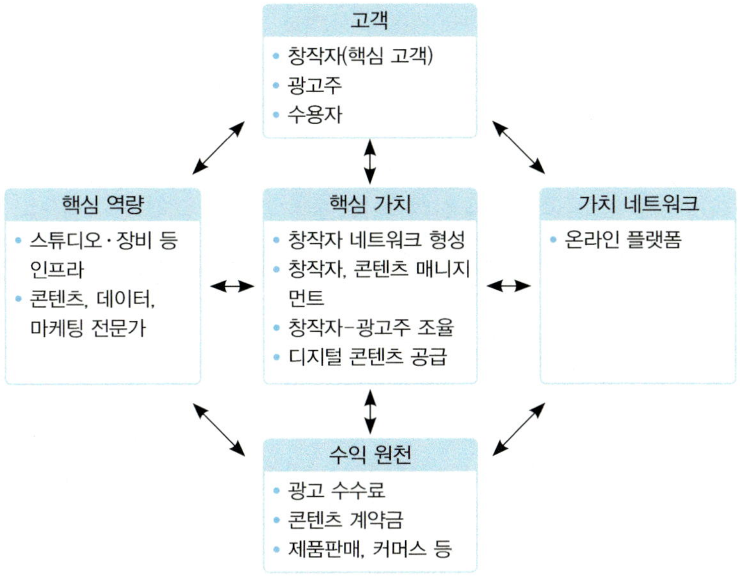

[그림 2-6] MCN의 비즈니스 모델의 구성

출처: 온라인 플랫폼에서의 다중 채널 네트워크 비즈니스 모델 탐색(2016)

통해 MCN은 광고주와 창작자로부터는 광고 수수료를, 수용자로 도달하기 위한 통로인 플랫폼으로부터는 콘텐츠 계약금을, 일반 소비자로부터는 제품판매와 커머스 등을 통한 수익을 얻는다. MCN 비즈니스 모델을 이와 같이 정리할 수는 있지만, 환경과 상황 변화에 따라 MCN은 다양한 모습으로 변화하며 진화해나갈 것이다.

결국 MCN도 콘텐츠를 통한 광고를 주요 수입원으로 한다는 점에서 비즈니스의 수익 원천은 전통적인 미디어 산업 또는 UCC 비즈니스와 다를 바가 없다. 특히 UCC 시대 비즈니스와의 차별성은 무엇일까. MCN은 플랫폼과 창작자, 광고주 간 비즈니스 힘의 균형을 이룰 수 있게 만든다. 앞에서 UCC 비즈니스 모델의 대표적인 예로서 유튜브를 중심으로 한 사용자, 창작자, 광고주 간의 비즈니스 생태계를 살펴본 바 있다. 그러나 MCN은 [그림 2-7]과 같이, 유튜브 중심의 비즈니스 생태계를 MCN을 중심으로 하는 창작자와 광고주, 플랫폼 간의 균형으로 전환시키려 한다. 이전에는 온라인 플랫폼이 비즈니스 구조를 만든 반면, 이제 MCN이 다양한 수익모델을 발굴하여 비즈니스적 힘을 얻으려고 하는 것이다.

MCN이 힘을 갖는다는 것은 그 안에 속한 창작자들이 힘을 얻는 것으로, 창작자들의 목소리가 커져 이들이 플랫폼의 비즈니스 주도를 견제할 수 있다는 뜻이다. MCN 기업은 다양한 플랫폼들을 자신들의 자원으로 활용하며 힘을 키운다. 즉, 온라인 플랫폼이 비즈니스의 중심이 아니라 MCN의 '가치 네트워크(외적 자원)'로 기능하는 것이다. MCN 기업들은 계약 또는 관계를 맺고 있는 온라인 플랫폼이 다양하다는 사실, 즉 자신들의 가치 네트워크가 풍부하다는 것을 전략적 무기로 삼아 '고객', 즉 광고주와 창작자에게 접근한다. 이렇게 플랫폼

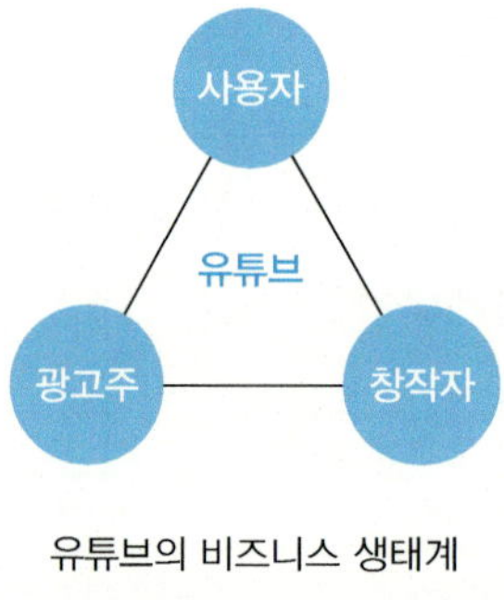

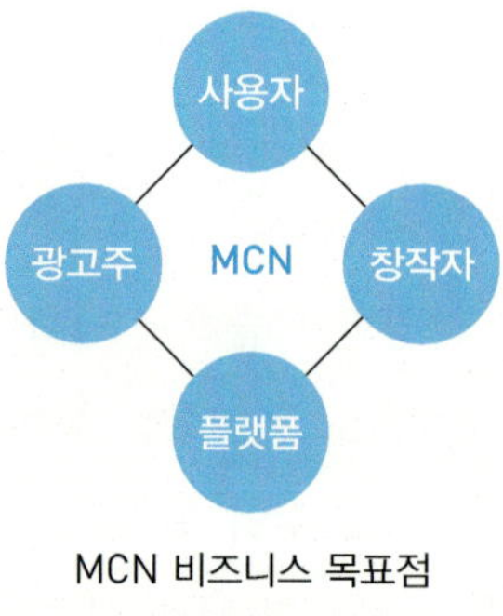

[그림 2-7] 유튜브 UCC 모델과 MCN 모델의 비교

이 아니라 MCN이 비즈니스의 중심이 되는 힘의 전환은 많은 창작자들을 네트워크로 묶어 집단으로 만들었기에 가능하다. 많은 창작자들이 MCN에 들어올수록 이 힘은 강화된다. 최근 MCN이 협회를 만듦으로써 이러한 추세가 가속화될 것으로 예상된다.

004

해외 성공 MCN의 게임의 룰을 살펴보자

해외 성공 MCN 사례 — Maker Studio

Maker Studio는 미국 여배우 Lisa Donovan의 오빠인 Ben Donovan과 함께 2006년에 YouTube상에서 시작한 채널 'LisaNova'가 인기를 얻자, 이를 기반으로 2009년에 설립하였다. 메이커 스튜디오는 초기에 개인의 소소한 일상을 비디오로 기록해 유튜브에 올리면서 인기를 끌게 됐고, 이후 개인 콘텐츠 제작자 4명과 MCN으로 성장시켜 많은 창작자들에게 콘텐츠 제작 노하우, 홍보, 광고 영업 등을 지원하였다. 잠재력 있는 예비 인기스타와 엔터테이너 등을 발굴하는 것을 지향하고 있으며 ▲ Game+Sports ▲ Life+Style ▲ Family ▲ Entertainment 등 크게 4개 영역에서 채널을 확보해 나가고 있다. 이를 통해 게임, 스포츠, 음악, 패션, 뷰티, 만화 등 다양한 주제로 만들어지는 비디오를 제공하며, 비교적 넓은 연령대의 시청자 층을 보유하고 있다. 특히 게임 스포츠 영역의 채널인 Polaris, 라이프 스타일 영역의 The Platform, 패밀리 영역인 Cartoonium, 엔터테인먼트 영역인 Muker Music, Animonster 등이 대표적이다. 2014년에 디즈니가 5억 달러에 인수하였으며, 추가옵션으로 제안된 4억5천만 달러까지 포

〈표 2-2〉 Maker Studio의 주요 현황

설립시기	• 2009년
설립자	• Lisa Donovan, Ben Donovan, Danny Zappin
성격	• 게임, 스포츠, 음악, 패션, 뷰티, 만화 등을 중심으로, 10대에 머물지 않고 미시족까지 폭넓은 계층을 대상으로 하는 채널 제공
비즈모델	• 개인 창작자 대상 교육, 스튜디오, 홍보 및 광고영업 등을 지원하면서 이들의 유튜브에서 광고로 창출되는 수익 일부를 수취
주요 채널 및 콘텐츠	1) Game+Sports 영역 • Polaris: 괴짜들을 주인공으로 하는 게임, 스포츠 관련 리얼리티 쇼 프로그램 채널 - PewDiePie & Friends: PewDiePie와 친구들이 게임을 하는 모습을 중계하는 리얼리티 게임쇼 - Friend Zone: 게임 고수 친구 4명이 게임에 대해 토론하며, 사연을 받아 중계하는 게임쇼 - Co-Optional Podcast: 4명의 게이머들이 새로운 게임 소식을 전하는 토크 뉴스쇼 - Daily Byte: 최상급 여성게이머 Dodger가 최고점 경신 등 게임뉴스와 기술, 팝 컬쳐 등을 중계 2) Life+Style 영역 • The Platform: 패션과 뷰티 및 관련 라이프스타일을 중계하는 쇼&뉴스 프로그램 채널 - The Fashion Statement: Amy Pham이 진행하는 패션 중심의 트렌드 세팅 관련 소식 프로그램 - Beauty PoP: 브라질 출신 뷰티전문가 Camilla Coelho가 진행하는 쌍방향 '아름다워지는 방법' - Postcards From: 인기 패셔니스타들이 특정지역에서 보여주는 스타일 쇼케이싱 프로그램 - The Get Up: Jenn Im이 진행하는 패션, 라이프스타일, 감성에 대한 스토리 채널 3) Family 영역 • Cartoonium: 아이들을 대상으로 한 엔터테인먼트 채널 - Bobby's World: 주인공 Bobby Generic의 일상과 과도한 상상력을 그린 만화 - Strawberry Shortcake: Strawberry와 친구들이 겪는 모험에 대한 만화 - Shaybeard: 주인공 Shaybeard 및 4명의 친구들과 배를 타고 떠나는 모험과 장난을 그린 만화 • Mom's View: 자녀를 둔 기혼여성 관련 글로벌 채널 - The Moms View Show: 기혼여성들이 삶, 사랑 등을 공유하는 주간 프로그램 - The DIY Challenge: 고가의 아이템을 저가의 DIY를 통해 만들어 보는 도전 프로그램 - Mom Minute: 6명의 엄마들이 모여 시청자들의 질문에 응답하는 토크쇼 프로그램 4) Entertainment 영역 • Maker Music - Lyrics Decoded: 거리의 음악가가 임의로 만나는 사람들에게 자작곡 가사를 풀어 주는 리얼리티쇼 - Uncovered: 재능있는 아티스트들이 흘러간 고전음악들을 새롭게 편곡하는 프로그램 - Maker Music Download: 코미디언이자 엔터테이너인 Omar가 진행하는 뉴스 음악 프로그램 - All in: 레퍼이자 코미디어인 Timothy DeLaGhetto와 친구들이 음악, 문화에 대해 논하는 토크쇼 • Animonster: 온라인 만화 채널 - Dino Yacht Club: 외교와 전쟁 등의 이슈를 공룡을 주인공으로 극화시켜 보여주는 애니메이션 - Power House: 슈퍼파워를 가진 2명의 바보가 룸에이트와 겪는 상황과 스토리를 다룬 만화
M&A 또는 펀딩 관련	2014. 3월 Disney가 1조원에 인수

출처: YouTube Maker Studio 콘텐츠

함하면 인수가는 9억5천만 달러에 달하였다. 디즈니가 메이커 스튜디오를 인수한 배경에는 저연령층의 잠재 시청자를 지속적으로 확보하기 위한 계산이 있었다.

디즈니는 자사 판권에 대한 권리에 엄격하다. 그런 디즈니가 인수한 메이커Maker이니, 이들 역시 자사 콘텐츠의 가치를 높일 수 있는 방안에 집중하는 것은 당연해 보인다. 제일 먼저 보이는 모습이 독점계약이다. 2015년 1월 동영상 사이트인 비마오Vimeo와 콘텐츠 독점계약을 맺었다. 유튜브 의존도를 낮추고 콘텐츠 사업자의 자율성을 확보하기로 한 것이다. 디즈니의 콘텐츠 전략이 그대로 드러난 게임이다. 또한 디시Dish의 OTT의 서비스인 슬링TVSling TV에도 프로그램 파트너로 참여하기로 했다. 독점계약을 위해서도 차별성을 가진 콘텐츠를 제작해야 하는 것은 당연하지만, 우선순위에서 유통을 강화하는 전략을 택했을 뿐이다.

해외 성공 MCN 사례 — AwesomenessTV

AwesomnessTV는 2012년 7월 미국의 유명 프로듀서인 Brian Robbins이 설립한 멀티채널 네트워크로 YouTube를 기반으로 10대와 20대를 겨냥한 코미디, 리얼리티, 음악, 드라마, 쇼 등의 콘텐츠를 제공하고 있다. 또한 다방면에서 차세대 스타와 창작자를 발굴하는 데 초점을 맞추고 있다. 드림웍스는 2013년 5월 어썸니스TV를 3,300만 달러에 인수하였다. 드림웍스의 인수로 어썸니스TV는 드림웍스의 유명한 애니메이션 캐릭터인 슈렉, 장화신은 고양이, 쿵푸팬더 등이 출연하는 비디오 콘텐츠도 제작/공급하게 되었다. 2014년 4월, 어썸니스

〈표 2-3〉 AwesomenessTV의 주요 현황

설립일	• 2012년 7월
설립자	• Brian Robbins
성격	• 10대와 20대 겨냥한 리얼리티, 코미디, 패션, 음악, 드라마등 다양한 동영상 콘텐츠
비즈모엘	• 개인 창작자 대상 교육, 스튜디오, 홍보 및 광고영업 등을 지원하면서 이들의 유튜브에서 광고로 창출되는 수익일부를 수취
규모 (2014.7.29 현재)	• 채널 86.902개 • 동영상 1.915.467개 • 조회수 5.543.756.599회
주요 채널 및 콘텐츠	• 리얼리티쇼 - Cheerleaders: 남녀 치어리더들의 경연과 일상에 대한 동영상 - The Jenn&Andrea Show: Jenn과 Andrea라는 십대 여자 2명의 경험담을 그린 리얼리티쇼 - IMO: 10~20대 여성 토크쇼 • 드라마 - Runaways, Side Effects 등 10대 일상을 주제로 하는 시즌제 드라마 • 라이프스타일 & 뮤직 & 패션 - DearHunter: 10대 연예 조언 프로그램 - Nail Pbp: 손톱, 발톱 네일 아트 잘하는 법 - MakeupMythbuster: 10~20대 화장 관련 조언 • 코미디 - Jennxpenn's Top 10: 주인공 Jennxpenn이 겪는 재미있는 상황 10가지를 보여주는 상황극 - ZayZay와 JoJo의 How to Get: ZayZay와 JoJo라는 흑인 아이들의 시각으로 보는 유머 상황극 • 연예(Awesomeness Hollywood) - 셀레나 고메즈, 저스틴 비버, 마일리사이러스 등 핫스타 소식을 알려주는 연예 소식 • 음악(Awesomeness Music) - Fifth Harmony takeover: 가족, 친구 등이 참가하는 음악 경연 관련 리얼리티쇼 - 5SOS: 5Second of Summer라는 밴드가 경험하는 여행, 일상을 촬영한 음악 리얼리티 프로그램
M&A 또는 펀딩 관련	2013, 5월 DreamWorks가 3천3백만 달러에 인수

출처: YouTube AwesomnessTV 콘텐츠

TV는 빅프레임Big Frame이라는 탤런트 매니지먼트사를 인수해 본격적으로 온라인 비디오 스타를 발굴하기 시작하였으며, 또 2014년 4월, 어썸니스TV는 컨슈머프로덕트 분야로도 사업을 다각화하여 같은 해 11월에는 LA에서 팝업스토어를 열어 상품 판매를 시작하였다. 또한 모바일이나 온라인 시장에 갇혀 있지 않고, 상단의 시장에 진출할 수 있는 그림을 그리기 시작한 것이다. 가장 먼저 2013년 7월과 2014년 5월 미국 유료 케이블 채널 니켈로디언Nickelodeon을 통해 리얼리티 프로그램 '어썸니스TV'AwesomenessTV를 방영한 사업자이기에 가능한 상상력이다. 2015년 2월에는 넷플릭스Netflix에 자체 시트콤 '리치 리치' Richie Rich를 공급했고, 3월에는 버라이즌Verizon과 OTT 서비스 콘텐츠 공급 계약을 체결했다. 또한 2015년 3월에는 자체 제작 영화 'Shovel Buddies'를 위해 Flim 360과 제휴하는 등 오리지널 콘텐츠 제작 역량을 강화하는 데 초점을 두고 있다.

해외 성공 MCN 사례 — Defy Media

Defy Media는 2011년 Alloy Digital이라는 회사로 설립되어, 2013년 10월에 Break Media라는 회사와 합병하여 탄생했다. 합병 당시 양사 모두 13~34세 연령층에 초점을 두어 게임, 엔터테인먼트, 패션, 라이프스타일 등의 관련 동영상 제작과 유통에 중점을 두고 있었다. Defy Media 역시 Alloy Digital의 이 같은 성격을 그대로 승계했으며, 2014년 6월에는 Viacom으로부터 일부 지분을 파는 대가로 투자를 받기도 했다.

〈표 2-4〉 Defy Media의 주요 현황

구분	내용
설립시기	• AlloyDigital 2011년 설립 • Alloy Digital과 Break Media 2013년 10월 합병 및 Defy Media 로 사명 변경
설립자	• Matthew C. Diamond, James K. Johnson
성격	• 13~34세 연령층 대상의 뉴스, 게임, 패션. 라이프스타일, 엔터테인먼트 동영상 채널 제공 • YouTube를 기반으로 멀티채널 사업을 시작했으나 YouTube에만 머물지 않고 모바일, SNS 등으로 확장 • 타 MCN들과는 달리, Defy Media 자체 채널이 없는 대신, 각 브랜드별 독립적인 채널 형태를 형성
주요 채널 및 콘텐츠	1) 코미디 영역 • Break: 돌발 영상 또는 몰래 카메라 등 • Screen Junkies: 주요 영화 장면 패러디 및 재편집 2) 게임 영역 • Smosh Games: Defy의 메인 게임 채널 - Zelda Rap: 게임의 장면을 실제로 주인공이 재연 - Just Dance 4/Game Bang: 게임방에서 친구들과 댄스 게임을 하는 장면을 중계하며 대화하는 쇼 3) Entertainment 영역 • Clevver: 연예소식, 뉴스, 영상 등을 제공하는 채널 - Totally Clevver, Clevver News: 연예가 소식 제공 • AWEme: 영화의 소재를 현실로 재연 - Man at Arms: 영화에 나온 무기를 실제 제작 - Chalk Art: 분필예술로 놀라운 만화/그림 재연 - Made Man: 헬스/건강/주량대결 등 남성 콘텐츠 제공 • Cage Potato: MMA, UFC 등 격투기 관련 소식 4) Life 영역 • Mommmyish: 자녀를 둔 여성들의 임신육아, 건강, 라이프, 관련 정보 공유 채널 • BLISSTREE: 건강, 헬스, 건강식 등에 대한 정보공유
M&A 또는 펀딩 관련	2014년 6월에 Viacom이 Defy의 지분 일부 인수 결정

출처: Defy Media 홈페이지

해외 성공 MCN 사례 — Machinima

Machinima는 기계machine, 영화cinema, 애니메이션animation을 합친 말로서 게임에서 사용된 CGcomputer graphic 기술이나, 게임 엔진, 게임에서 주인공이나 스토리와 애니메이션 소프트웨어 등을 접목시켜 만든 동영상(영화, 드라마)을 뜻한다. Machinima는 2007년 9월 10일 처음으로 YouTube 채널로 론칭되어, 지난 2014년 6월 말에 5억 조회수view를 달성했다. 5억 view는 미국 인기 팝가수 리한나의 YouTube 채널에 이어 2위 실적에 해당한다. 18세~34세 남성을 주로 겨냥해 비디오 게임, 애니메이션, 영화, TV, 음악 등의 콘텐츠를 제공한다. 2014년 워너 브러더스가 주도적으로 1,800만 달러 규모의 펀드레이

〈표 2-5〉 Machinima의 주요 현황

설립일	• 2007년 9월 10일
성격	• 게임 엔진, 그래픽과 스토리, 주인공 등을 활용하여 만든 동영상 중심 채널 • 18~34세 남성을 주로 겨냥하여 비디오게임, 애니메이션, 영화, TV, 음악 등의 콘텐츠 제공
주요 실적	• 구독자 11,555,716명 • 조회수 5,026,859,869회
주요 채널 및 콘텐츠	• Street Fighter: Assassin's Fist: Street Fighter에 등장하는 주요 주인공들이 게임상 스토리대로 격투하는 영화 • Sanity Not Included: 게임상의 2명의 남자친구들이 게임을 하며, 재미있는 상황을 연출하고 즐기는 게임쇼 • Inside Gaming: 최근 게임소식, 게임 첫인상, 이벤트 등을 알려주는 게임 뉴스 • ETC Daily: Khail Anonymous와 ETC팀이 데일리로 전해주는 연예, 기술, 문화 관련 뉴스 콘텐츠
M&A 또는 펀딩 관련	2014. 3월, Warner Bros.가 주도적으로 1,800만 달러 규모의 Machinima 펀드레이징에 참여

출처: YouTube내 Machinima 콘텐츠 및 Machinima 홈페이지

징에 참여하였다. 머시니마 MCN의 허브 채널이나 다름 없는 머시니마닷컴Machinima.com은 유튜브뿐 아니라, 트위터, 페이스북, 안드로이드 운영체제, 애플의 iOS 운영체제 등 거의 모든 미디오 플랫폼을 아우르는 호환성을 가지고 있다.

머시니마Machinima는 게임이 주력인 MCN이다. 유튜브 외에 트위터, 페이스북 같은 SNS와 안드로이드/iOS 앱, 콘솔 등 다양한 경로를 통해 콘텐츠 유통에 나서고 있다. 2015년 2월에는 비마오와 일부 콘텐츠 독점 제휴를 체결했고, 3월에는 신규 OTT 업체 베셀에 콘텐츠를 공급하기로 결정했다. 콘텐츠 품질 향상과 창작자 지원을 목적으로 하는 관리 프로그램 'Machinima Talent Products and Services'를 운영 중이다 2014년 1월에는 마이크로소프트MS와 엑스박스 원Xbox One 프로모션을 진행했고, 5월에는 혼다Honda와 스트리트파이터 게임 장면 동영상 관련 제휴를 체결했다.

해외 성공 MCN 사례 — Fullscreen

풀스크린은 2011년 시작된 MCN으로 미국의 이동통신사인 AT&T와 자회사 체르닌그룹Chernin Group이 투자했다. 풀스크린의 창업자인 조지 스트롬폴로스는 비디오의 미래가 웹과의 연결 장치에 있다고 믿고 풀스크린을 창업하였다. 여러 채널들이 네트워크를 이루고 디지털 환경에서 함께 번성하는 것이 이 회사의 창업 기조였고, 이는 전통적인 방송사와는 대조적인 모습이었다. 풀스크린은 NBC, FOX 등 기존 글로벌 미디어 그룹에게 유튜브 환경에서 비디오를 공급하고 운영하는 방법을 지원하는 서비스인 채널런Channel Run을 운영하기도 한다.

풀스크린Full Screen은 오리지널 콘텐츠의 해법을 창작자creator에서 찾았다. 그러나 1인 미디어 형태의 Creator에서 범위를 확장했다. 2015년 1월에는 영화 제작을 위해서 'Full Screen Film'을 선보인 것이다. MCN 스타들을 모아서 영화 제작을 한다. 풀스크린 자체가 Fred의 영화물로 시장에서 의미부여를 받았던 자신의 정체성이 여기에서도 발현된다. 2015년 2월에는 레전더리 디지털 미디어Legendary Digital Media와 제휴해서 유튜브 여성 스타인 그레이스 헬비히Grace Helbig, 한나 하트Hannah Hart가 등장하는 TV쇼 제작에 나서기로 했다. 70년대 TV물 'Electra Woman and Dyna Girl'을 리메이크하여, 미국에서는 풀스크린이, 해외에서는 레전더리가 배급을 담당한다. 2015년 9월에는 자체 OTT 서비스 계획을 발표하면서 2016년부터 신진 작가/감독/배우가 등장하는 시리즈물/영화/팟캐스트를 제공 예정이다. 지난 2014년 9월 AT&T가 풀스크린의 지분을 인수한 바 있어, 풀스크린 OTT에 대한 AT&T의 지원 여부도 관심을 끌고 있다. 장기적으로 풀스크린은 자체 콘텐츠를 확보하고, 독자적인 플랫폼으로 진화할 고민을 하고 있다.

해외 성공 MCN 사례 — Movieclips

무비클립스는 영화의 일부 장면이나 트레일러 등을 온라인 비디오 플랫폼에 공급하는 MCN이다. 유니버설 스튜디오, 월트디즈니 컴퍼니, 20세기폭스, MGM, 파라마운트, 워너 브러더스, 소니픽쳐스 엔터테인먼트, 라이온스 게이트, 드림웍스에서 제작하는 영화들의 클립과 트레일러를 제공한다. 2014년 무비클립스는 컴캐스트Comcast의 자회사 중 하나인 영화예매사이트 판당고Fandango에 의해 인수되었다.

해외 성공 MCN 사례 — Style Haul

2011년 만들어진 패션 MCN의 대표격인 스타일홀은 오프라인 잡지가 동영상 서비스를 만나면 어떻게 진화할 수 있는지를 보여주는 대표적인 사례이다. 스타일홀에는 800명의 비디오 블로거가 소속되어 있으며 채널은 1,100여 개에 달한다. 스타일홀은 2014년 10월 RTL그룹으로부터 600만 달러의 투자를 받았다. 남성들이 스포츠 채널에 열광하듯이 스타일홀은 여성 시청자를 겨냥해 만들어진다. 유명 패션쇼 현장 중계, 패션 피플 인터뷰, 화장법 등이 콘텐츠의 주된 영역이며 이와 관련한 산업들이 광고주이다. 2014년 1월 RTL에 인수된 스타일 하울Style Haul은 뷰티/패션 분야 마케팅 및 플랫폼의 다양화를 추진하고 있다. 2014년 6월 글로벌 메이크업 브랜드 메이블린Maybelline과 공동 마케팅을 진행했고, 8월에는 의류업체 팩선PacSun과 공동 캠페인을 진행했다. 이를 위해 2014년 10월 前 AOL 광고 책임자 및 11월 구찌Gucci와 공동 프로젝트 추진한 바 있는 상품개발 분야 유력 인사를 영입했다. 2015년 12월에는 버라이즌의 모바일 OTT 서비스 Go90에 대해 독점 콘텐츠 계약을 체결하면서 플랫폼 다양화 전략을 가동했다. 스타일 하울Style Haul은 창작자들과 Go90에서 독점적으로 공개되는 뷰티, 건강, 패션 등의 다양한 콘텐츠를 제작할 예정이다.

해외 성공 MCN 사례 — Buzzfeed

버즈피드는 인터넷 뉴스미디어의 MCN 형태라 할 수 있다. 다른 MCN이 콘텐츠 창작자들에게 의존하는 비율이 크다면, 버즈피드는 자체적으로 콘텐츠를 생산하기 때문에 강력한 MCN 사업자로 떠오르고 있다. '포장지를 재활용하는 19가지 영리한 방법', '함부로 버리면 안 되는 40가지 물건' 등의 리스트형 콘텐츠의 제작에 강하며, SNS를 통해 유통시켜 파급력을 높였다. 2014년 8월 버즈피드는 벤처캐피털인 안드레센 호로위츠Andreessen Horowitz로부터 5천만 달러 펀드를 받았고, 2015년 8월 NBC 유니버설로부터 2억 달러 지분 투자를 받았다. 또한 CNN과 제휴를 맺어 CNNBuzzfeed라는 채널을 운영 중이다.

해외 성공 MCN 사례 — Vevo

2009년 12월 설립된 뮤직비디오 전문 MCN인 비보Vevo의 경우, 특성을 살려 음악 콘텐츠 관련 수익 사업을 진행했다. 비보는 모바일, TV, 콘솔 등으로 플랫폼을 확대중이며, 2014년 9월 토요타자동차 후원으로 오리지널 콘텐츠 'Triple V'를 발표했다. 2014년 11월에는 아티스트 개발사 메이드 뮤직Made Music과 제휴하여, 해당업체 소속 뮤지션의 영상을 독점 유통하는 유통 대행 사업 시작했다. 유명 뮤지션의 콘서트를 실시간 생중계하거나 스폰서십 계약을 맺어, 인기 뮤지션의 자체 콘서트를 개최하는 등 공연 사업도 진행하고 있다.

005

국내 MCN 사업 현황은 어떠한가?

국내에서 가장 먼저 MCN 사업을 시작한 회사는 CJ E&M이고 2013년 7월 Creator Group으로 사업을 시작하여 DIA TV로 출범하였다. 2013년 7월 Creator Group이라는 이름으로 출범했으며 유명 창작자를 영입하여 빠르게 시장에 진입했다. 개인 창작자의 콘텐츠와 함께 자사 콘텐츠도 동시에 유통하면서, 개인 창작자와 자사의 콘텐츠 협력을 통해 시너지를 강화하고 있다. 올해 5월 MCN 사업을 강화하면서 글로벌 진출과 수익모델 다양화를 통해 디지털 콘텐츠 창작 인재를 육성하고, 전통미디어를 보완한 상생의 디지털 미디어 생태계를 창조하겠다는 계획을 밝혔다. 2016년 1월에는 개인 창작자, 크리에이터 650명, 구독자 3,600만 명에 월평균 8억 view뷰를 돌파했다. CJ는 크리에이터들의 콘텐츠와 더불어 자사의 콘텐츠도 유통하고, 자사의 채널을 통해 홍보하며, 그룹의 광고와 연계하기도 하며 시너지를 만들어 가고 있다. 나아가 2014년 중국의 동영상 플랫폼 Youku.com요우쿠, 일본의 MCN 사업자 UUUM움, 유럽의 동영상 플랫폼 Dailymotion데일리모션 및 동남아시아 MCN 사업자 WebTV Asia웹티비아시아와 협력하는 등 글로벌 진출을 추진하고 있다.

한편 인터넷 개인방송으로 유명한 아프리카TV도 2014년 MCN 사

[그림 2-8] DIA TV(좌), Treasure Hunter(우) 소속 크리에이터들

출처: DIA TV 홈페이지(좌), Treasure Hunter 홈페이지(우)

업에 진출하여 자사 인기 BJ온라인 방송 진행자의 YouTube 진출과 대외활동을 지원하고 있다. 아프리카TV는 BJ들이 기존 인터넷 실시간 방송 수익 외에 YouTube에 동영상을 배포하고 광고수익을 추가로 얻을 수 있도록 하고 있다. 이를 통해 아프리카TV는 개인 창작자를 양성해 자신의 플랫폼에 양질의 콘텐츠를 확보하려는 전략이다.

2015년 지상파 방송으로 인기를 끌게 된 MBC의 '마이리틀텔레비전'은 '다음TV팟'의 생방송을 편집하여 방송한 것이지만 포맷이 아프리카TV에서 이전부터 진행해온 포맷으로서 많은 시청자들은 해당 프로그램이 아프리카TV와 연계되었다고 오인하였다고 한다.

CJ E&M과 아프리카TV 또는 카카오와 같이 상장된 규모 있는 기업 외에도 유명 창작자들과 협력하여 독립 MCN을 설립한 Treasure Hunter트레져헌터도 있다. 트레져헌터는 CJ E&M에서 MCN 부문 팀장으로 근무했던 송재룡 대표가 퇴사 후 설립한 회사이다. 양띵, 김이브, 악어 등 89개 팀의 크리에이터들과 사업을 진행하고 있으며 뷰티 전문 MCN 자회사 레페리를 포함해 150개의 채널과 월 평균 1.2억 뷰를 기록하고 있다. 방송 스튜디오 개설, 모바일 서비스 개발, 창작자간 협력 강화, 온라인 쇼핑몰 개설로 콘텐츠 창작 기반을 다지고 있으며 뷰티 전문 MCN을 인수하고, 네이버 TV캐스트에 모바일 드라마를 공급하는 등 사업범위를 확대하고 있다. 트레져헌터를 포함한 몇 개사의 국내 MCN들은 규모 있는 투자유치를 하였으며 양띵, 김이브 등의 크리에이터들도 상당한 수익을 올리고 있다. 트레져헌터의 경우는 설립한 지 1년도 채 되지 않아 157억원을 투자 유치하였다.

그리고 콘텐츠 제작에 강점을 가지고 있는 Make Us메이크어스는 DSC 인베스트먼트, KTB네트워크 등의 벤처캐피탈로부터 202억원을 유치하였다. 메이크어스는 페이스북, 유튜브, 카카오스토리 등 플랫폼에 2,570만 명의 구독자를 보유하고 있으며 딩고 등의 채널을 운영 중이며 방송업계의 유명 PD들을 영입하기도 했다.

그 외의 MCN으로서는 콩두컴퍼니는 20억원, 샌드박스네트워크는 10억원, 비디오빌리지는 6억원의 투자 유치를 하였다. 그리고 동영상 공유 서비스인 판도라 TV는 프리에이티브, 크랙앤리버 등의 다양한 MCN과 협약을 하고 다양한 유통 플랫폼을 통한 콘텐츠 전달을 시도하고 있다.

지상파 방송도 MCN의 가능성을 시험해보고 있다. MBC는 다음TV팟과 협력해 유명 연예인들이 스스로 기획부터 출연까지 진행하는 인터넷 1인 방송 프로그램 '마이리틀텔레비전'을 정규 편성하였다. 스타의 개인 인터넷 방송 채널을 모아 시청률 경쟁을 유도하는 형식으로 MCN의 역할을 지상파 방송국이 직접 수행하고 있다. SBS는 계열사 PP를 통해 아프리카TV와 협력하여 2014년 슈퍼모델 10명이 진행하는 개인 인터넷 방송 프로그램인 '모델하우스'를 내보내고 있다. KBS도 넥스트 K-팝, 개그, 연예정보, 패션/뷰티 분야 MCN 웹채널 개설을 준비 중으로 이를 통해 외부 창작자 채널 관리 외에 직접 콘텐츠

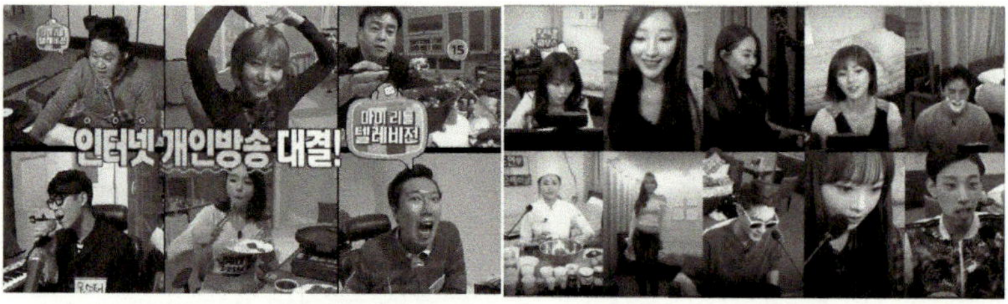

[그림 2-9] MBC 마이리틀텔레비전(좌), SBS 모델하우스(우)

출처: 다음TV팟(좌), 아프리카TV(우)

제작을 같이 진행할 예정이다.

이러한 MCN에서 활동 중인 크리에이터는 약 1만 명 수준이라고 한다. 이 중 100명 이상은 수입이 1년에 1억원 이상인 것으로 전해진다. 대도서관, 양띵, 김이브 등은 이미 널리 알려진 상위 0.1%(10명가량)이며, 이들 크리에이터의 연봉은 5억원이 넘는다. 대도서관은

〈표 2-6〉 국내 주요 MCN 사업자 현황

MCN 사업자	주요 특징
CJ E&M DIA TV	국내 최초 MCN 사업자 650개 채널, 3.600만 구독자, 8억 월평균 뷰(글로벌순위 30위) 해외파트너십 유쿠, 움, 데일리모션, 더아이콘티비 등
Treasure Hunter	89개 팀, 150개 채널, 1.2억 월평균 뷰(글로벌순위 83위), 네시삼십삼분, DSC인베스트먼트 등으로부터 157억원 투자유치
Africa TV	인터넷 기반 일 평균 3,500개의 동시방송(국내 1인 방송 트래픽 1위) 소속 BJ, MCN 활동 지원, 2015년 매출 629억원, 영업이익 76억원
판도라 TV	국내 최초 동영상 공유 사이트(2004년) 캐리소프트, 크릭앤리버, 프리에이티브 업무 제휴
KBS	2015년 7월 MCN 전문 예띠스튜디오 오픈 트레져헌터와 해외 공동 진출 업무 협약(2016)

출처: 각사 홈페이지 및 관련기사

본인의 수익이 월 2~3천만원 정도라고 말한다. 하지만 아직까지 억대 연봉을 받는 크리에이터의 숫자는 적은 편이며 투자유치를 한 후 규모 있는 수익을 창출하고 있는 MCN 기업 역시 많지 않다고 할 수 있다.

006

MCN 앞으로 어떻게 진화할 것인가?

첫째는 수익 모델을 확보하기 위해 커머스Commerce화가 급속도로 진행될 것이다. 인터넷 동영상에 대한 폭발적인 관심에도 불구하고 몇몇 인기 1인 크리에이터를 제외하고는 큰 수익을 내는 사람이 많지 않고, 이들을 관리하는 MCN 업체들도 아직까지는 대부분 적자를 내고 있는 상황이다. 물론 이제 채 1년이 되지 않은 시점에서 MCN 업체들이 모두 돈을 벌 수는 없겠지만, 2016년은 MCN이 미디어 산업 전체가 변화를 하는 시작점이라는 것을 실적으로 보여주어야 하는 숙제가 남겨져 있다.

AwesomenessTV는 제품 개발을 전담하는 사업 부서를 신설하여 백화점과 제휴를 통해 자사 콘텐츠 관련 브랜드 의류를 판매하고 팝업 스토어형 오프라인 매장을 운영하였다. 아프리카TV는 홈쇼핑 업체와 협력하여 소속 BJ가 쇼핑 방송을 진행하면서 신규 유통 채널의 가능성을 보여주었다. 대기업과의 공동 마케팅도 활발하게 진행하고 있는데 StyleHaul은 Maybelline과 제휴로 화장품 사용법과 화장 강좌를 제공하였고, Machinima는 혼다와 신규 차량 마케팅을 실시하여 자사 오리지널 콘텐츠에 혼다 차량을 등장시켜 인기를 모았으며, Vevo는 펩시, 토요타와 협력한 사례가 있다.

[그림 2-10] Maybelline(좌), Honda(우)의 MCN 공동 마케팅 사례

출처: StyleHaul 홈페이지(좌), Machinima 홈페이지(우)

MCN 업체들은 다양한 방법으로 수익화 노력을 하고 있으며, 그 일환으로 1인 크리에이터 영상을 제품 판매와 연결시키려고 하는 커머스와의 결합이 많이 추진되고 있다. 그러므로 2016년에는 보다 전문적인 영역에 타기팅된 전문 MCN들이 각광을 받게 될 것으로 보여진다. 국내에서도 유사한 시도를 하는 스타트업이 있는데, 2015년 11월 총 20억원 규모의 Series A 투자 유치를 한 우먼스톡이 그런 사례다. 국내 최초의 온라인-모바일 뷰티, 홈쇼핑 MCN을 목표로 하고 있는 우먼스톡은 다양한 리포터, 연극배우, 쇼호스트, 개그우먼, 유튜버 등을 엮어서 직접 제품을 추천하고 팁과 노하우를 제공하는 비디오 커머스 플랫폼을 제공한다. '우먼스톡'이라는 MCN 업체는 각 분야의 전문직 여성이 모였다는 콘셉트를 바탕으로 여기에 화장품 등의 제품을 구매할 수 있는 온라인 쇼핑몰을 연결하여 수익화를 시도하고 있다. 또한 장난감 리뷰를 콘셉트로 하는 '캐리 앤 토이'와 같은 유튜브 채널들은 콘텐츠가 곧 광고가 되는 영상을 제작하여 성공적인 수익 모델을 만들어 가고 있다.

둘째는 유튜브 이외의 플랫폼 확대가 빠르게 진전될 것이다. MCN

[그림 2-11] 뷰티/커머스 MCN 우먼스톡

출처: 우먼스톡

은 유튜브에서 만들어낸 용어로 유튜브의 성장과 함께 사업 모델이 등장한 것이어서 대부분의 수익을 유튜브 광고에 의존하고 있었다. 유튜브의 의존도를 줄이기 위해서 이미 MCN은 유튜브만이 아니라 다양한 플랫폼으로 확대하는 MPNMulti Platform Network이 되어야 한다. 플랫폼 중 유튜브가 15억 명 방문자로 가장 많지만 페이스북이 9.4억, AOL이 6.5억, 야후가 6.2억, Vevo가 4.4억 명의 방문자를 기록하고 있다. 미국 10대에게 가장 영향력 있는 스타인 KSI는 유튜브채널에 900만 명의 구독자가 있지만 페이스북에 180만 Likes, 트위터에 170만 Followers, 인스타그램에 150만 구독자가 있다. 전체 구독자 1,470만 명 중 유튜브는 61.9%인 셈이다. 인터넷 동영상의 중요성이 인식되면서 다양한 서비스들이 나타났고 그동안 유튜브가 독점을 해오던 이 분야에 도전장을 내는 업체들이 많아지고 있다. '페이스북', '스냅챗', '인스타그램', '트위터', '바인' 등이 온라인 동영상 유통사업에 관심을 두고 1인 크리에이터들을 유혹하고 있으며 특히 페이스북

[그림 2-12] 장난감 리뷰 유튜브 채널 캐리 앤 토이

출처: 캐리 앤 토이

의 영상 소비 플랫폼으로서의 성장세는 가히 놀랄 만한 상황이다. 불만이 생기면 이를 해결하려는 움직임이 생긴다. 플랫폼 진영에서는 유튜브에 불만을 가진 MCN 콘텐츠를 가져와서 자신들의 플랫폼 사업을 할 수도 있다는 희망을 품게 만들고, MCN도 그런 플랫폼이 등장하면 자신들이 좀 더 좋은 조건으로 이동할 수 있을 것이라는 기대를 품게 한다. 여기에 배너와 검색 기반의 인터넷 광고의 성장성이 정체되는 반면에 인터넷 동영상 광고 시장은 급부상하고 있다.

페이스북이 이 시장에 진입하지 않을 이유가 없었다. 특히 페이스북은 시작점starting point과 종착역endpoint 두 가지 역할을 수행하며 빠른 속도로 유튜브의 역할을 대체하고 있다. 모바일 메시징 서비스를 통한 동영상 소비도 증가하고 있다. 이용자는 하루에 반복적으로 페이스북과 모바일 메시징 서비스를 이용한다. 친구들의 소식이 궁금할 때, 친구들과 소통하고 싶을 때 페이스북과 모바일 메시징 서비스를 찾고 의도하던 의도하지 않던 자연스럽게 동영상을 소비한다. 이 과정에서 동영상 창작자의 팬이 될 수 있고 이용자 스스로가 동영상을 확산하는 기능을 담당한다. 다시 말해 유튜브와 구글을 제외한 (동영상) 플랫폼은 유튜브와 동일하게 마케팅 채널로서의 역할을 충실하게 수행할 뿐 아니라 팬 커뮤니티와 바이럴 효과를 가능케 하고 있다. 이는 동영상 창작자와 MCN에게 이들 플랫폼이 매력적으로 다가오는 이유다.

데일리모션DailyMotion이나 바인Vine 등 새로운 플랫폼도 시장에 진입했다. 급한 움직임을 보인 것은 베셀Vessel이었다. 베셀은 광고가 없는 유료 서비스를 선보이면서 오리지널 콘텐츠가 필요했다. 그래서 MCN 사업자들에게 좋은 조건을 내세우면서 유튜브에 앞서서 콘텐츠를 공개해 달라고 요청했다. MCN 사업자들 입장에서는 새로운 환경이 조성된 것이다.

AwesomenessTV는 유료방송 채널인 Nickelodeon와 OTT 사업자인 Netflix에 오리지널 콘텐츠를 제공하여 인기를 얻었으며, Verizon과는 OTT 콘텐츠 제공 계약을 체결하였다. 또한 Google과 협력해 영화를 자체 제작해 유튜브에 상영할 예정이다. Maker Studios는 유튜브 경쟁 서비스인 Vimeo와 콘텐츠 독점 제공 계약을 맺었으며, 위성방송인 Dish Networks의 OTT 서비스인 SlingTV에 콘텐츠를 제공할 계획이다. Machinima 역시 Vimeo, Vessel 등에 콘텐츠를 공급하고 있다. 그리고 일부 MCN는 타 플랫폼에 유료 또는 사전 공개 후 유튜브에 공개하는 등의 다양한 시도를 하고 있다. 그리고 플랫폼의 확대는 글로벌로의 확대까지도 의미할 수 있다. DIA TV의 중국의 유쿠 플랫폼을 포함한 글로벌 플랫폼 제휴도 MPN을 향한 전략이라고 할 수 있을 것이다.

이렇게 되면 유튜브의 애드네트워크를 통하지 않고, MCN의 직접적인 영업을 통한 광고주 확보를 의미한다. 광고주가 확보되면 유튜브의 프리롤 광고에만 의존하지 않고, 타 플랫폼의 연계는 물론 브랜디드 콘텐츠와 PPL을 통한 수익확보가 가능하게 될 수 있을 것이다. MCN 중 StyleHaul은 Maybeline과 제휴로 화장품 사용법과 화장강좌를 제공하였고, Machinima는 혼다와 신규 차량 마케팅을 실시하였으며, Vevo는 펩시, 토요타와 협력한 사례가 있다. 국내에서는 DIA TV 소속 쿠쿠크루는 GS Shop과 자취박스의 프로모션을 진행하기도 했다.

국내에서도 네이버와 카카오의 동영상 콘텐츠 확보 전쟁과 함께, 아프리카TV와 판도라TV 등 토종 동영상 플랫폼 업체의 도전도 거세다. 여기에 SK텔레콤, KT, LG U+ 등의 통신사들이 음원 콘텐츠 유통을 장악했던 것처럼 스마트폰의 파워를 활용해서 시장의 강자로 뛰어오를 준비를 하고 있다. 이렇게 동영상 콘텐츠를 원하는 곳이 많아지자 MCN 사업자들의 수익 다변화에 긍정적인 신호가 시장으로부터 나타나고 있어 MCN 사업의 미래 전망을 더욱 밝게 해주고 있다.

이러한 가운데 MCN에게 제기되는 과제는 페이스북, 트위치, 페리스코프를 포함한 트위터, 스냅챗, 그리고 다양한 모바일 메시징 서비스에서 어떻게 개별 동영상 창장작의 미디어 네트워크를 형성하고 이들 개인 미디어 네트워크가 다시 비즈니스 네트워크로 기능할 수 있는 운영 능력을 높이는 것이다. 광고 수익을 기초로 어떻게 수익구조를 확장 및 발전시키는 과제는 그 이후 제기되는 자연스러운 수순이다.

셋째는 MCN의 글로벌화가 되어 갈 것이다. Maker studio는 미국 외 크리에이터와 이용자를 위해 영국, 독일, 프랑스, 싱가포르에 지사를 설치하고 현지 크리에이터 지원과 광고, 마케팅 사업을 진행 중이다.

Full screen은 인도 현지 MCN과 제휴를 맺어 현지 콘텐츠 크리에이터를 관리하고 상호 콘텐츠 유통을 지원한다. 국내 인터넷 동영상 시장은 그 규모가 아직 작다. 한국 MCN 시장 성장의 한계를 지적하는 측에서는 한국 시장의 영세함이 시장의 발목을 잡을 것이라고 주장한다. 미국에서 MCN이 주목받고 성장을 기대할 수 있는 이유는 창작자들의 유튜브 조회 수가 억 단위를 달성할 수 있고 그 영향력 또한 그에 비례하여 크기 때문이지만, 한국 창작자들의 콘텐츠 조회 수에는 한계가 있다는 것이다. 나아가 개인 창작자들의 콘텐츠는 대체로 모든 일반적인 사람들에게 인기가 있는 소재가 아니라, 게임이나 뷰티와 같이 특정층만을 타기팅targeting하는 경우가 많기 때문에 이렇게 세분화된 영상 시장의 성장에는 더 큰 한계가 있을 것이라는 주장이다. 이에 대해 MCN 업계는 그것을 극복하기 위한 노력만 있으면 한국 시장은 충분히 지속가능할 것이라고 보고 있다. 다른 콘텐츠 산업이 그렇듯이, MCN도 국내 시장의 영세함을 극복하기 위한 글로벌화가 시장 성장의 핵심이다.

그래서 대부분의 MCN 사업자들은 시작부터 해외 시장을 함께 겨냥하고 사업을 진행하였다. 국내 1호 MCN 사업자인 CJ E&M의 'Creator Group'은 일찍부터 1인 창작자들의 영상에 영어 자막을 제공하고 해외시장을 공략했다. '트레져헌터'가 인수한 뷰티전문 MCN '레페리'는 적극적으로 중국 시장을 공략하여 중국의 최대 동영상 사이트 요우쿠Youku에 진출하였고, 메이크어스는 중국의 1인 창작자 80여 명을 직접 계약하는 형태로 중국 시장에 참여하고 있다. 아프리카TV도 일본, 태국, 대만, 미국에 진출하면서 게임을 중심으로 서비스를 제공할 예정이다.

2016년에는 직접 해외 동영상 플랫폼에 진출하여 사업 영역을 넓히려는 이러한 시도가 모든 MCN 사업자에게 필수적인 요소로 등장을 하게 될 것이기 때문에, 글로벌 1인 창작자(국내 거주가 아닌 해외 거주하는 1인 크리에이터)를 영입하여 해외의 현지인에게 사랑을 받을 수 있는 인터넷 콘텐츠를 제작하고 이를 해외에 유통하려는 시도가 더욱 활발하게 진행이 될 것이다. 또한 해외 유명 MCN 사업자들과 국내 MCN 사업자들 간의 협업이 크게 증가할 것이다. 특히 한국 입장에서 현재 가장 큰 해외 동영상 시장인 중국의 변화도 MCN이 해외 시장에 신경을 써야 하는 이유 중 하나이다. 중국의 인터넷 동영상 시장은 지금까지는 주로 한국의 방송이나 영화 등 프리미엄 콘텐츠에 주로 관심을 보여왔다. 하지만 2015년 하반기부터 한국의 오리지널 인터넷 콘텐츠에 대한 중국 시장에서의 수요가 서서히 증가를 하고 있다. 여기에 'YY'나 '룽쥬' 같은 아프리카TV 스타일의 인터넷 라이브 방송이 새로운 콘텐츠로서 중국에서 시장을 넓혀가고 있는 것도 국내 MCN들의 중국 진출에 청신호를 켜주고 있다.

사실 MCN에 대한 과도한 관심에도 불구하고 국내 MCN 사업의 미래에 대한 예측은 그리 긍정적이지만은 않다. 1인 크리에이터들 중 몇몇이 꽤 높은 수익과 함께 인기를 얻고 있음에도 불구하고, 국내의 인터넷 동영상 광고 시장의 크기가 아직 대규모의 영상 제작비를 감당할 수 있을 정도까지 성장하지는 못하고 있기 때문에 대부분의 MCN 사업자들이 적자를 기록하고 있고 단기간 내에 흑자로 돌아서는 것도 쉽지 않은 상황이다. 게다가 향후 경제 상황이 좋지 않을 것으로 예상이 되고 있기 때문에 수익을 지속적으로 만들어낼 방안을 찾지 못하는 MCN 업체는 경쟁에서 도태되어 버릴 것이다. 충분한 수익이 보장되지 않은 기간에도 버틸 체력을 가진 MCN 업체들만이 살아남아 미

[그림 2-13] 중국 1인 방송 플랫폼 YY.com

출처: YY.com

래의 미디어 업계를 주도하는 기업으로 성장할 것이고, 그렇지 못한 MCN 업체들은 문을 닫아야 할 것으로 예상이 된다. 이런 환경이기 때문에 해외 시장으로의 진출은 MCN 업계의 가장 중요한 화두가 될 것이고, 이런 이유로 중국 시장에 대한 MCN 업체들의 기대는 사드 문제 등 어려운 현실에 비례해서 점점 더 커져가고 있다.

넷째는 MCN의 보편화 현상이다. '트레져헌터'나 '비디오빌리지' 같은 MCN 전문 업체들의 등장이 있었던 2015년. 그리고 1년이 채 지나지 않아서 대부분의 방송사들이 MCN 시장 참여를 선언했고, 신문사, 광고회사, 중소 영상 제작사들이 흐름에 동참을 하고 있다. 여기에 SM 같은 대형 매니지먼트 회사들까지 MCN에 관심을 두고 있는 현상은 MCN이 영상 산업 전반으로 그 영향력을 넓혀가고 있는 보편화 현상을 나타내고 있다. 인터넷의 1인 창작 동영상들이 기존의 미디어

업체들과는 다른 곳에서 자생적으로 시작이 되었고 전혀 다른 영상 문법으로 제작이 되면서 기존의 미디어와는 차별화를 만들어냈는데 이제는 이런 현상을 모든 미디어업계가 다 받아들여 추진을 하는 모습이 보여지는 것이다.

기존 미디어 업계의 강자들이라고 할 수 있는 방송사와 매니지먼트사들이 참여를 하는 것은 가까운 미래에 MCN이 영상 산업 전반에 변화를 가져올 거대한 흐름이라는 공감대가 서서히 이루어지고 있기 때문이다. KBS의 '예띠 스튜디오', MBC의 'SMC'에 이어 SBS도 MCN 자회사를 60억원 가까운 자본으로 시작한다는 이야기가 들려온다. 트레져헌터와 큐브엔터테인먼트가 MOU를 한다는 뉴스로 시작된 매니지먼트사의 MCN 참여는 SM의 이수만 회장이 미래 전략을 발표하는 자리에서 MCN을 언급함으로써 무시할 수 없는 트렌드로 자리를 잡았다. 미디어 업계 전반에 MCN을 도입하려는 움직임이 일반화되었고, 미디어 업계를 넘어 산업 전반에 인프라 같은 역할로 스며들어갈 수 있는 잠재력 또한 보여주고 있다. 이런 이유로 MCN에 대한 인수 시도 그리고 MCN과 다른 분야 스타트업과의 결합 등 많은 M&A가 일어나게 될 것으로 예상이 된다. KT나 SK텔레콤 등의 통신사나 네이버, 카카오 등의 포털이 자체 동영상 사업을 강화하기 위해서 MCN 업체를 인수하게 될 가능성이 높고, MCN 사업자 중에 일부는 서로 연합을 하거나 빅데이터와 VR 관련 스타트업과의 합병으로 회사의 가치를 높이려는 시도를 하게 될 것이다. 여기에 마케팅 도구로서의 MCN에 대한 관심이 늘어나 광고나 홍보 쪽에서도 참여가 있을 것이고, 온라인 쇼핑 업계도 관심을 보이고 있다.

마지막으로 디바이스의 다변화와 더불어 온라인에서 오프라인으로 매출이 확대될 것이다. 국내에서 MCN의 확장에 큰 영향은 모바일에 적합한 콘텐츠가 많았다는 것이다. 웹드라마 또는 웹툰과 더불어 스낵컬쳐에 맞아 떨어지는 짤막한 영상에 매력이라고 할 수도 있을 것이다. 하지만 앞으로는 단순 모바일 또는 스마트폰을 넘어서 훨씬 다양한 디바이스가 만들어질 것이다. 대표적으로 웨어러블과 IoT기기 등이라도 할 수 있을 것이다. 그러므로 디바이스의 확장은 이러한 미래의 디바이스에 보다 최적화된 콘텐츠를 통한 수익을 고려해야 한다는 것이다.

더불어 디바이스의 확장을 보다 광의적으로 본다면 O2O 및 커머스로 볼 수도 있을 것이다. 미국의 뷰티전문 크리에이터 미셸 판이 2013년 로레알그룹과 연계해 본인의 브랜드를 런칭한 바 있다. 국내에서는 크리에이터 맹채연이 코스알엑스와 협력해 '맹블리크림'을 출시하기도 했다. 그리고 국내 MCN 트레져헌터는 크리에이터들의 개성을 담은 상품을 파는 쇼핑몰 크리마켓을 오픈하였다.

[그림 2-14] MCN 커머스 사례 – 맹블리크림, 크리마켓(코스알엑스, 트레져헌터)

출처: 코스알엑스, 트레져헌터

007

MCN에서 기회의 창은 어디에 있는가?

MCN 전용 콘텐츠는 이제 시작이다

영화를 만들던 많은 스튜디오들은 방송의 시대가 열리자 TV스튜디오로 전환했다. 시청자와 호흡을 같이하면서 만들었던 시장이었다. 그러나 MCN 시장은 기존 방송사업자가 시장에 진입하기 이전에 자체적으로 새로운 시장이 형성된 곳이다. 그러니 자연스러운 전환은 불가능하다. 이미 이 시장은 그 자체의 독립적인 문법이 만들어진 곳이고, 그곳에 진입하려는 것이기 때문이다. 반면에 이런 역설은 결과적으로 MCN 콘텐츠가 방송이나 기타 제 영역으로 진입하는 것이 쉽지 않다는 것을 의미한다. 1인 미디어를 흉내 낸 '마이리틀텔레비전'의 성공이 있지만 일회성에 그칠 가능성이 있고, 유사 장르로 진화하는 것이 쉽지 않다.

전통적인 방송시장도 더 이상 방송채널의 브랜드보다는 오리지널 콘텐츠에 시청자들이 더욱 관심을 가지고 있다. 기존 미디어 기업과의 협력으로 고품질 콘텐츠 제공을 강화하고 있다. Hearst 산하의 10대 대상 월간지 Seventeen은 자사 뷰티, 패션 콘텐츠를 AwesomenessTV의 채널을 통해 제공하고 있다. 아프리카TV는 지상파, 종편, PP의 실시간 및 VOD 서비스를 제공하면서 마니아 중심에서 좀 더 대중화된 미디어로 도약을 추진하고 있다. 넷플릭스가 'House of Cards'와 같은 오리지널 콘텐츠에 투자하고, 유튜브도 오리지널 콘텐츠를 제작하며 국내에서는 네이버도 tvN의 나영석 PD와 '신서유기'와 같은 콘텐츠를 제작한 것도 연관된 사례라고 할 수 있을 것이다. 앞에서 언급한 10~30%의 마진은 통상적인 미디어 회사의 마진이라고 할 수 없으며 직접 투자하여 제작한 콘텐츠를 통해서는 해당 마진을 대폭 확대할 수 있을 것이다. 나아가 제작한 콘텐츠가 포맷format화될 수 있다면 포맷을 활용한 판매 사업으로도 확대될 수도 있을 것이다.

국내에서는 방송사업자들이 미처 학습하기도 전에 시장에 진입했다. 미국의 방송사업자들이 인수와 지분 참여 등을 통해서 해당 영역의 운영을 넘겨준 것에 비해서, 국내 방송사업자들은 자기들이 직접 운영을 하려고 한다. MBC는 SMC란 MCN 사업체를 설립했고, MBC 플러스는 코코넛이란 업체를 설립 운영 중이다. KBS는 기존의 예티를 개선한 MCN 사업을 선보일 움직이고, SBS도 거의 물밑작업이 끝난 상황이다. 적어도 상반기 내에 방송시장에서 시청 점유율이 높은 기존 방송 콘텐츠 사업자들이 다 MCN 시장에 뛰어드는 모양새다. 문제는 이들이 선보일 콘텐츠의 속성이다. 신서유기처럼 기존의 포맷을 변주하는 형태로 진입할 것인지, 아니면 현재 MCN의 특성인 1인 미디어 형태로 진입할 것인지에 대해서는 여러 가지 이야기가 나온다. 가장 영향력이 큰 사업자가 진입한다는 점에서는 시장의 반응이 있을 것 같지만, 또한 역설적으로 그들에게는 방송 콘텐츠를 만들던 노하우는 있지만, 이 시장에 대한 문법은 약하다는 점에서 당분간은 홍역을 좀 앓을 것이다.

이러한 관점에서 보면, 미국 등 기존 방송사업자들이 왜 MCN 등에 투자를 하거나 인수를 했는지를 알 수 있다. 또한 유력한 케이블 방송사업자인 컴캐스트Comcast가 MCN에 특화된 워처블Watchable이란 유튜브형 플랫폼을 선보인 이유나 버라이즌이 Go90이란 OTT를 선보였고, AT&T가 Go90에 자극받아 새로운 OTT를 선보일 예정도 이해할 수 있다. 이들이 모두 케이블 방송 혹은 IPTV 등 레가시legacy 방송사업자란 점을 주목해야 한다. 자신들이 강력한 유료 방송 플랫폼을 소유하고 있는 상황에서 자신의 시장을 잠식할 수도 있는 플랫폼을 출시했다는 것 자체가 이 시장의 역동성과 위기를 반영하고 있기 때문이다. 더구나 이들 플랫폼이 젊음을 겨냥하고 있다면, 그 플랫폼을 채울 콘텐츠 역시 젊은이의 취향에 맞고 그들과 호흡할 수 있는 콘텐츠여야 한다는 점이고, 그렇다면 전통적인 방송 콘텐츠는 아닐 것이기 때문이다. 여기에 이들 서비스가 모두 모바일 지향점을 가지고 있어서 콘텐츠의 성격 역시 여기에 부합해야 한다. 이 모든 것을 감안했을 때 떠오르는 콘텐츠가 바로 MCN이다. 어느새 MCN은 모바일과 새로움의 대명사가 되어 버렸다. 자고 일어나 보니 훌쩍 커 버렸다.

이를 위해서는 MCN 사업자는 콘텐츠 제작에 노력을 기울여야 할 것이다.

첫째, MCN의 성공은 바이럴viral 현상을 많이 일으킬 수 있는 짧으면서도 재미있는 영상으로 시작되었다. 아무래도 이런 종류의 영상은 대체로 음악과 게임, 유머러스한 개그 영상 등과 같이 엔터테인먼트와 관련한 것들이 될 가능성이 많다. 일반 방송국의 경우에도 시청률을 확보하기 위해서 제일 먼저 신경 쓰는 콘텐츠는 아무래도 예능을 중심으로 하는 엔터테인먼트 계열이다.

둘째, 그리고 업력이 쌓이면, 탄탄한 스토리를 바탕으로 하는 콘텐츠 자체의 힘을 발휘할 수 있는 영화나 드라마 시리즈 등이 부상하게 된다. 최근 MCN 중에서 드라마나 영화 등을 새롭게 변신시키는 콘텐츠들이 등장하는 것도 그런 측면에서 이해가 된다. 확장성을 염두에 둔다면 1인 미디어가 아니라 기존 방송시장의 핵심 장르였던 드라마 등의 장르에 관심을 두어야 한다. 1인 미디어는 변주의 가능성이 약하지만 드라마나 예능 분야는 변주의 가능성이 높다. 즉 단순히 윈도우가 아니라 요소 시장으로 진화할 가능성이 있다는 이야기다. 앞서 미국의 다양한 MCN 사업자가 오리지널 콘텐츠를 만들려고 하는 것도 지적재산권을 확보해서 2차·3차의 수익 가능성을 노린 것이라고 이해할 수 있다. 영화가 다양한 방송 콘텐츠 중에서 일부 장르를 선별적으로 수용하듯이, MCN 콘텐츠도 선별적으로 방송 시장에 활용할 것이고, 그렇다면 1인 미디어보다는 드라마 같은 장르가 부각될 수밖에 없기 때문이다.

셋째, 그 다음은 무엇이 될까? 현재의 지상파나 종합편성채널, 인기를 끄는 케이블 채널 등을 보면 어느 정도 힌트가 보인다. 다양한 전문성을 바탕으로 하는 전문 채널 등이 많이 등장하게 될 것이라는 것은 쉽게 예측이 가능하다. 또 한 가지는 교양과 공공성을 갖춘 콘텐츠다. 방송에서 언제나 재미있는 콘텐츠만 소비할 수는 없는 법이다. 방송국에 교양국이 괜히 자리를 잡고 있는 것이 아니다. 이들의 콘텐츠가 최고의 인기를 끌지는 못하지만, 전체 방송의 질을 높이는 데 중요한 역할을 한다.

MCN이 비록 개인 창작자들과 이들을 엮어내는 플랫폼이라는 탈을 쓰고 있기는 하지만, 본질적으로 콘텐츠 제작자 네트워크라는 점을 잊지 않아야 한다. 미래의 MCN은 현재보다 훨씬 다양한 콘텐츠를 바탕으로 독특하게 발전할 것이다.

MCN은 O2O를 위한 홈쇼핑 채널이 될 것이다

초창기 MCN의 비즈니스 모델은 비교적 단순했다. 마치 여러 유명 연예인을 보유한 연예기획사라고 볼 수 있었기 때문에, 이들의 시청자들을 모아서 광고를 유치하고 수익을 배분하는 것이 가장 일반적인 비즈니스 모델이었다. 최근에는 다양한 동영상 플랫폼에 다양한 콘텐츠를 특화해서 공급하면서 해당 콘텐츠와 연결된 비즈니스 모델들이 발전하기 시작했다. 버즈피드와 기존의 비즈니스 모델이 명확한 새로운 미디어가 직접 콘텐츠를 생산하는 MCN 사업을 시작한다거나, 음악 부분의 MCN인 VEVO처럼 단순한 광고를 넘어서는 콘텐츠 공급 또는 라이선싱 등을 통해 수익을 내는 모델 등도 등장하고 있다.

위에서 언급한 MCN들의 비즈니스 모델은 그래도 전통적인 미디어 비즈니스 모델에서 크게 벗어나지는 않고 있다. 시청하는 사람들을 많이 확보하고 광고비를 벌거나, 콘텐츠 자체를 유료로 구독 또는 건별 판매하는 것이 가장 기본적인 비즈니스 모델의 틀이다. 그러나 최근 콘텐츠와 커머스를 엮어서 전체적으로 버티컬vertical 비즈니스를 만들어가는 새로운 성공사례들이 등장하면서 커머스와의 결합이 MCN의 새로운 비즈니스 모델로 부각될 수 있는 가능성을 보여주고 있다.

정확히 MCN이라고 할 수는 없지만, 콘텐츠의 파워를 중심으로 사람들을 끌어들이고(Contents), 커뮤니티를 만들어 자주 방문하도록 한 뒤에(Community), 거래가 일어날 수 있도록 하는 플랫폼을 제공(Commerce)하여 크게 성공한 사례로 대표적인 인테리어 스타트업 Houzz를 들 수 있다. Houzz는 인테리어 디자인의 위키피디아라는 개념으로 상품 구입뿐만 아니라 지역 전문가를 찾을 수도 있고, 거래도 할 수 있도록 하였다. 이들의 접근방법은 많은 사람들의 마음을 사로잡아서 월 300만 장의 인테리어 사진이 올라와서(연간 성장률은 230%) 세계 최대의 인테리어 사진 데이터베이스가 되었고, 1만 개의 글이 인테리어의 위키피디아라는 평가를 무색하지 않게 하였다. 이를 바탕으로 결성된 커뮤니티에는 40만 명이 넘는 전문가들이 활약하고 있으며, 질문과 응답 쓰레드가 80만 개가 넘어가는 등 커뮤니티 지표도 연간 200% 가까이 크게 성장하고 있다. 이런 수치를 바탕으로 월간 상품 판매도 연간 성장률 500%를 넘기면서 250만 건을 기록하였다. 이런 성과를 바탕으로 Houzz는 2014년 23억 달러라는 높은 기업가치를 인정받으며 1.5억 달러가 넘는 투자를 유치하는 것에도 성공

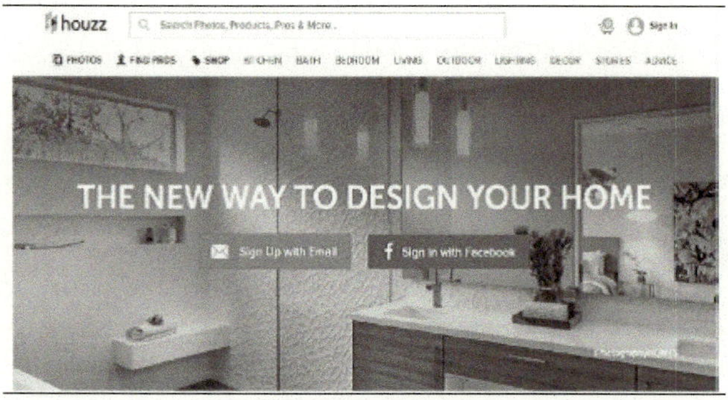

[그림 2-15] Houzz 홈페이지

출처: www.houzz.com

하였다.

케이블 TV 중에서 가장 짭짤하게 수익을 올리고 있는 홈쇼핑이 빠질 수 없다. 그래서 Houzz나 우먼스톡은 그 영역을 노리고 있는 것이며, 채널 허가를 얻기 위해 규제를 받을 필요가 없기 때문에, 이런 시도를 하는 곳들은 더욱 늘어날 것으로 보인다. 이러한 관점에서 MCN은 광고노출이라는 단순한 수익모델을 넘어서 온라인과 결합하여 오프라인에서 상품을 판매하는 다양한 사업모델을 개발한 사업 기회가 출현하게 될 것이다.

Gold Rush 때의 청바지 사업을 찾아라

MCN은 '채널 없는 방송'이라는 방송의 미래 모습을 제시하고 있다. 기존 방송 사업자는 여러 가지 콘텐츠를 사전에 확보해 이용자에게 제공하고, 이용자는 자신이 원하는 콘텐츠를 선택하는 형태로 사업자는 콘텐츠 이용을 기다릴 수밖에 없다. 이용자는 사업자가 제공하지 않는 콘텐츠는 이용하기 어려웠고, 사업자도 대중적인 콘텐츠를 위주로 제공하였다. 그러나 MCN은 빅데이터, SNS를 활용해 이용자 선호를 분석하여 콘텐츠를 맞춤형으로 사전 제공하여 콘텐츠 이용을 적극적으로 제안할 수 있게 된다. 타깃target 고객에 대한 콘텐츠 제공으로 광고 수익 외에도 유료화 등 다양한 분야로 사업 영역이 확대될 것이다. 기존 미디어 기업들도 점점 TV에서 멀어지는 새로운 세대에 접근하기 위해서는 MCN이 갖고 있는 시청자를 확보해야 하는 상황이다.

그 오디언스의 차이는 그냥 세대와 숫자의 차이가 아니다. 미디어를 소비하는 행태가 다른 소비자이며, 이들은 모두 소셜 미디어를 기반으로 타인과 만남과 소통을 하는 세대라는 차이를 갖고 있다. 전통 미디어가 소셜 미디어를 확산의 채널로만 활용했다면, MCN은 기본적으로 인터랙션을 기반으로 하고 있다. 이 점에서 MCN은 기존 미디어 기업이 갖고 있지 못하거나 취약한 영역을 확보해야 한다. 그것은 바로 버즈피드가 보여준 데이터 분석력이다. 즉, 누가 언제 어디서 무엇을 시청했는가를 철저히 분석해서 기존 미디어가 갖고 있지 못한 경쟁력을 갖춰야 한다. 다시 말하면, 외국에서 새로운 소셜 미디어 기반의 저널리즘과 뉴스 사이트의 진화가 이루어진 것은 데이터 분석과 이를 기반으로 다이나믹하게 공유 방식을 수정하고 변화하는 것인데, 국내에서 등장한 새로운 미디어들이 이런 경쟁력을 갖추지 못해, 기존 언론을 위협하지 못하는 것과 같은 현상이 국내 MCN에서도 마찬가지로 발생할 수 있다는 것이다. 더군다나 페이스북과 인스타그램, 스냅챗이 새로운 온라인 비디오 플랫폼으로 급부상하고 있음에도 국내의 MCN은 아직 새로운 흐름을 적극적으로 타고 있지 못하다는 점이 국내 MCN이 과연 소셜 미디어를 기반으로 성장할 것인지, 그냥 스타들을 모아서 기존 미디어 채널에 새로운 콘텐츠를 공급하는 외부 제작사 역할을 할 것인지를 지켜봐야 할 것이다. 궁극적으로는 결국 얼마나 사회적 가치를 만들어 내는 콘텐츠를 생산할 것인가가 성장의 지표가 될 것이다. 초기의 UCC가 재미와 오락을 추구했지만 결국 의미 있는 콘텐츠 채널로 성장한 것처럼, MCN 역시 소셜 미디어를 통해 사회적 가치를 생성할 때에 그 지속적 성장이 가능할 것이다.

국내 MCN 사업자의 또 하나 숙제는 규모의 문제이다. 대부분의 국내 크리에이터가 100만 명대의 구독자, 적게는 십여 만 명의 구독자를 갖고 있기 때문에 외국의 수천만 명의 구독자를 갖는 크리에이터와 규모의 경제에서 크게 차이가 난다. 어정쩡한 스타들을 몇십 명, 몇백 명 갖는다는 것이 과연 롱테일로 작동할 것인가에 의구심을 가질 수밖에 없다. 미디어 산업이라는 것이 근본적으로 꼬리보다는 머리를 중심으로 하는 히트 비즈니스이기 때문에 메가 스타를 발굴해야 하면서, 동시에 아직 부족한 크리에이터를 육성해야 한다는 부담을 갖고 있는 것이다. 이런 점에서 기존 탤런트 관리 회사나 기획사의 능력이 접목되어야 하는 과제가 등장한다. 문제는 이들이 트렌드 분석과 육성에는 경험이 많으나 근본적으로 소셜 미디어를 통한 확산과 데이터 분석의 능력이 아직은 미흡하다는 문제가 있다.

MCN이 갖춰야 하는 능력 중 하나가 새로운 스타를 발굴하고 초기에 확보하는 것일 텐데, 이는 다양한 채널에서 움직임을 포착해야 하고, 이들을 어떻게 하면 새로운 메가 스타로 키울 수 있는 것인가에 대한 육성 능력인데, 과거와 같이 10여 년의 연습생 훈련으로 이루어지는 것이 아니라는 점이 새로운 도전이 될 것이다. 이들은 이제 유튜브뿐만 아니라 페이스북, 인스타그램 등에서 나타나고 있다. 트레저헌터가 이런 측면에서 앞으로 자사의 경쟁 핵심으로 데이터 분석을 얘기하는 것은 큰 의미가 있으나, 이런 측면은 네이버나 카카오에 비해 여실히 부족할 수밖에 없는 한계가 있다.

MCN의 사업 수익성에서 늘 언급하는 것인 광고 수익으로 과연 회사 가치를 만들어 낼 수 있는가 하는 의구심이다. MCN은 광고뿐만 아니라 스폰서십, 지원, 브랜드와의 협력 등을 만들어 내야 하는데, 이 때 가장 필요한 것이 방송을 시청하는 고객의 프로필과 이들이 보여주는 행동에 대한 데이터이고, 이를 기반으로 보다 의미 있는 수익 모델을 만들어 내야 한다.

이를 위해서 해외에서는 이미 MCN 사업자를 위한 데이터 분석과 채널 인텔리전스 소프트웨어가 등장하고 있는데, 채널미터 같은 기업이 대표적 사례이다. 베타 기간 중에만 44개의 MCN과 22,000명의 크리에이터를 대상으로 사용되었다고 한다. 이는 국내 소프트웨어 기업에게 MCN Rush 시대에 청바지 사업과 같은 매력적인 사업 기회가 될 수 있을 것이다.

VR
AR
MR

Virtual Reality
Augmented Reality
Mixed Reality

제3장

VR, AR, MR

이승용

승용이는 가상현실 수업을 통해 역사 수업을 받는다. VR 장비를 통해 역사 체험을 해보고, 다음 주에 있을 현장학습에서는 AR 장비를 이용하여 유적지 콘텐츠를 확인할 예정이다. 강의식 교육에 비해 이해도도 높고 몰입도도 좋은 편이다. 수업이 끝난 후, 친구들과 3D 슈팅게임을 즐겼다. 집에 돌아와서는 어머니께서 의류 매장에 가서 옷을 사자고 하셔서 가상 피팅 시스템을 통해 옷을 가상으로 입어보고 쇼핑을 하는 방법을 알려드렸다. 승용이는 인터넷과 뉴스에서 나오는 포켓몬GO의 플레이 영상을 보며 포켓몬GO의 한국 출시를 기다리고 있다.

001

포켓몬의 부활

지난 브라질 올림픽에 참가한 어느 일본 체조선수는 가상현실게임인 '포켓몬GO'를 스마트폰으로 다운로드 받았다가 500만원가량의 요금고지서를 받게 되었다고 한다. 실제로 그 돈을 내지는 않을 것이라고 알려졌지만, 포켓몬GO의 열풍이 얼마나 강렬했는지를 단적으로 보여주는 사건이었다. 포켓몬 캐릭터들은 오랫동안 인기를 끌어왔지만 최근에는 좀 잠잠했었는데 가상현실 기술을 기반으로 하는 포켓몬GO 게임의 인기로 다시 살아나고 있는 모습이다. 소위 '진화형 캐릭

[그림 3-1] 세계적인 열풍이 일고 있는 가상현실게임 포켓몬GO

출처: http://it.chosun.com/news/article.html?no=2822018

터'로 알려진 포켓몬스터와 이를 다시 되살린 가상현실의 기술에 대해서 자세히 살펴보자.

포켓몬스터류의 '진화형 게임(혹은 성장형 게임)'은 초등학교에 들어갈 때가 되면 관심을 기울이게 되는데, 그 흡입력과 집중력은 놀라울 정도이다. 아이들은 어른들도 발음하기 어려운 수많은 포켓몬 캐릭터의 이름과 속성을 줄줄 꿰고, 포켓몬 TV 프로그램 시청에 집착하거나, 포켓몬 장난감, 포켓몬 카드, 포켓몬 앱, 포켓몬 캐릭터인형을 비정상적으로 수집하기도 한다. 부모들은 게임이나 만화 캐릭터에 집착하는 것이 공부나 성장에 방해가 될까봐 필사적으로 막아보려고 하지만, 곧 거의 불가능하다는 것을 깨닫게 된다.

과거에 게임이나 만화 애니메이션의 캐릭터들은 처음부터 끝까지 속성에 큰 변화가 없이 유지되었다. 1928년에 만들어진 미키마우스 캐릭터는 현재까지도 그림체만 약간 바뀌고 큰 변화가 없다는 것을 알 수 있다.

포켓몬스터류의 진화형 캐릭터들은 게임이나 애니메이션의 진행 과정에서 차츰 성장하며 변화한다. 이러한 진화형 캐릭터에는 '드래곤볼'이나 '원피스'에 등장하는 캐릭터들이 있다. 진화형 캐릭터는 어떻게 변화할지 모르기 때문에 게이머들이나 시청자들에게 흥미와 긴장감을 유발하여 캐릭터에 대한 관심을 지속적으로 유지하여 소위 '마니아'들을 양산하게 한다.

진화형 캐릭터인 포켓몬스터는 십여 년 전에 한국은 물론 전 세계에 열병처럼 번져 나가며 인기를 끌었었다. 하지만 최근에는 포켓몬스터 관련 애니메이션이 별로 방영되지 않아서 인기가 좀 수그러든 듯했다. 게다가 한국과 일본 등에서 개발된 다양한 진화형 캐릭터가 속속 등장하면서 포켓몬스터의 인기는 완전히 가라앉는 것처럼 보였다. 하지만 그런 예상은 '포켓몬GO'의 등장으로 완전히 빗나갔다. 포켓몬GO는 출시하자마자 일주일 동안 1,400만 달러에 가까운 수익을 내었다. 애플은 그동안 앱스토어에서 출시된 모든 앱 중에서 첫 주에 가장 많이 다운로드한 앱이 포켓몬GO이라고 발표하기도 했다(출처: 지금 이 순간 실리콘밸리의 핫앱들, 카카오 1boon, 2016).

그동안 잠잠했던 포켓몬스터가 화려하게 부활한 이유는 무엇일까? 포켓몬스터 캐릭터 때문일까? 최신 기술인 AR의 특징 때문일까? 이런 질문에 단번에 그렇다고 대답하기는 뭔가 석연치 않다. 포켓몬GO의 인기가 포켓몬 캐릭터의 인기 때문이라고 하기에는 그동안 인기가 시들했던 이유를 설명하기 어렵고, AR기술 때문으로 보기에는 포켓몬GO 이외의 성공사례가 별로 없기 때문이다. 포켓몬GO의 어떤 특징이 최근의 성공을 가능하게 했는지 AR기술을 중심으로 차근차근 살펴보도록 하자.

포켓몬스터 게임 및 애니메이션

포켓몬스터는 1996년 닌텐도에서 게임으로 처음 출시되었다. 1997년부터는 일본 도쿄TV와 극장에서 애니메이션으로 만들어져 상영되기도 했다. 포켓몬스터의 애니메이션 초기작은 2002년까지 방영되었고, 후속작인 '포켓몬스터 AG', '포켓몬스터 DP', '포켓몬스터 베스트 위시'는 최근까지 간간히 상영되었다. 포켓몬스터의 다양한 캐릭터 상품과 게임 및 카드는 최근까지 지속적으로 판매되고 있다. 지난 7월 '포켓몬GO'의 출시로 포켓몬스터는 AR을 이용한 혁신적 게임의

〈표 3-1〉 포켓몬스터 애니메이션 시리즈 상영기간

구분	TV상영		극장판 상영	
	기간	상영 편수	기간	상영 편수
포켓몬스터	1997년 4월~ 2002년 11월	276화	1998년 7월~ 2002년 7월	5편
포켓몬스터 AG	2002년 11월~ 2006년 9월	192화	2003년 7월~ 2006년 7월	4편
포켓몬스터 DP	2006년 9월~ 2010년 9월	193화	2007년 7월~ 2010년 7월	4편
포켓몬스터 베스트 위시	2010년 9월~ 2013년 10월	144화	2011년 7월~ 2013년 7월	3편

출처: 위키피디아 재구성
* 일본 TV 및 극장 기준

캐릭터로 다시 부활하고 있다.

대다수의 게임 및 애니메이션의 캐릭터가 이미지의 유지 혹은 강화에 초점을 맞추는 데 비해서 흔히 '포켓몬', '피카츄'로 불리는 포켓몬스터는 자신보다 강한 상대나 어려움을 극복하는 '진화형(성장형) 캐릭터'이다. 이런 성장 과정은 동일한 모습이 반복되는 '톰과 제리', '미키 마우스'류의 캐릭터보다 흥미진진하다. 이 과정을 지켜보는 아이들은 성장하는 포켓몬 캐릭터를 자신과 동일시하여 고착성이 강화되기도 한다(출처: M. Gladwell, *The Tipping Point: How little things can make a big difference*, Little, Brown, 2002).

그러면 포켓몬스터의 전체적인 이미지를 머릿속에 떠오르게 하는 것은 무엇이 있을까? 번개를 번쩍이는 노란색 '피카츄'나 알록달록한 모자와 복장을 하고 있는 포켓몬 트레이너(주인공)를 통해서 포켓몬스터의 이미지를 떠올릴 수도 있겠지만, 가장 강렬한 이미지를 보여주는 것은 몬스터들을 소환하고 포획하는 '몬스터볼(혹은 포케볼)'이라

[그림 3-2] 포켓몬스터 트레이너와 몬스터볼

출처: https://namu.wiki/w/%ED%95%9C%EC%A7%80%EC%9A%B0

는 붉은색과 흰색의 반구가 결합된 공모양 도구이다. 몬스터볼은 포켓몬스터의 이미지를 떠오르게 하는 '고착성 요소'라고 볼 수 있다.

진화형 캐릭터인 포켓몬스터의 성장과정을 지켜보는 흥미진진함과 몬스터볼이라는 고착성 요소는 성인이 된 시청자나 게이머에게도 계속 관심을 유지하게 한다. Gladwell은 자신의 책 〈티핑 포인트(2006)〉에서 어떤 사회적 현상이 극적으로 확산되는 티핑 포인트Tipping Point를 지나기 위해서는 소수 몇명의 사람들이 주도하고, 고착성 요소가 있고, 상황의 힘에 영향을 받아야 한다고 주장했다.

고착성 요소Stickiness Factor 란 어떤 사회적 현상을 기억하게 하는 특수한 요소를 뜻한다. 잡지 한 귀퉁이에 인쇄된 행운권부터 커피숍의 할인 쿠폰, 특정 캐릭터, 게임 내의 특정 무기 등 다양한 것들이 고착성 요소가 될 수 있다. 어떤 것이 고착성 요소인지를 확인하는 방법은 그것을 통해 사람들이 특정 메시지를 기억하는지를 확인하면 된다. 단순한 내용을 반복적으로 전달하는 과정에서 고착성이 생기기도 한다. 코미디언들이 사용하는 특정한 단어나 문장은 고착성의 대표적인 예이다. 특정한 슬로건은 선거 등에서 성공적인 고착성 요소로 작용하기도 한다. 포켓몬스터에서는 몬스터볼을 이용해서 캐릭터를 사냥하거나 등장시키는데, 포켓몬GO 게임의 진행과정에서도 몬스터볼은 주요한 역할을 한다.

포켓몬스터에 등장하는 수백 마리의 몬스터 캐릭터가 모두 고착성 요소로 작용하지는 않는다. 사람들은 그 많은 캐릭터들을 모두 기억하지 못한다. 하지만 몬스터들을 소환하는 몬스터볼은 모두 다 기억하는 훌륭한 고착성 요소이다. 몬스터볼을 통해서 사람들은 수많은 몬스터 캐릭터를 떠올릴 수 있다.

물론, 포켓몬GO의 성공에 포켓몬스터라는 오랜 역사를 가진 콘텐츠가 큰 작용을 했다고 보이지만, 몰입도가 높고 고착성이 있는 요소를 게임으로 잘 변형한 것도 주요 성공 요인으로 볼 수 있다. 과거와 달리 스마트폰 등 관련 장비가 꽤 발달했고, 3D 환경에 대한 대중적인 이해가 커진 점도 많은 도움이 되었다고 볼 수 있다. MIT에서 발간한 테크놀로지리뷰는 실제로는 포켓몬GO에 AR기술이 거의 적용되지 않았다고 지적하기도 했다(출처: 강승태·김기진, '마이너리티 리포트'가 현실로 | '포켓몬GO' 열풍에 증강현실이 뜬다. 스마트폰 이은 차세대 플랫폼 주목, 매일경제, 2016).

포켓몬GO 같은 가상현실 게임의 발달이 단지 기술적인 우위 때문에 가능했던 것은 아니다. 그런 의미에서 현재 일본 아키하바라의 게임 트렌드를 살펴보는 것도 의미가 있다. 아키하바라는 전자제품과 게임으로 유명한 곳으로, 일본의 게임 및 애니메이션 산업의 트렌드를 확인할 수 있는 곳이다. 요즘 아키아바라의 게임 트렌드는 '피규어'라고 불리는 게임이나 애니메이션의 캐릭터 상품과 '트레이딩 카드게임'이 대세이다. 다양한 애니메이션 캐릭터의 모습과 특징이 인쇄되어 있는 게임카드는 종이에 불과하지만, 카드게임 마니아들은 큰 의미를 부여하고 있으며, 아키하바라의 카드숍에는 돈을 주고도 사기 힘든 희귀 카드를 얻기 위해 나이 지긋한 어른들까지 삼삼오오 몰려다니는 모습을 자주 볼 수 있다. 종이카드를 사용하는 트레이딩 카드게임TCG이 과거 게임기 시장을 대체하고 있는 느낌이 들 정도이다. 트레이딩 카드게임의 시작은 미국인데 가상현실과 연관성이 높아 보인다. 포켓몬GO가 출시되자마자 게임업계는 물론 스마트폰 생태계를 뒤흔든 성공의 배경으로 트레이딩 카드게임도 많이 거론된다.

트레이딩 카드게임

트레이딩 카드게임은 한국에서도 잘 알려져 있고 유행하고 있는 게임이다. 트레이딩 카드게임의 시초는 1993년 미국의 수학자 리차드 가필드가 만든 '매직 더 게더링'이라는 게임으로 게임 캐릭터 혹은 애니메이션 캐릭터가 그려진 카드 위에 공격, 수비, 특수효과 등에 대한 숫자나 기호가 그려져 있어서, 상대방과 게임을 할 수 있다. 트레이딩 카드게임의 기본 개념은 옛날에 갖고 놀던 원형의 종이 딱지와 비슷하다. 트레이딩 카드는 종이딱지보다 카드 수도 훨씬 많고 훨씬 다양한 게임을 진행할 수 있다. 무엇보다 상상력을 자극하는 생생한 캐릭터 묘사가 인기 요인이다.

[그림 3-3] 대표적인 트레이딩 카드인 유희왕

출처: https://ko.wikipedia.org/wiki/%EC%9C%A0%ED%9D%AC%EC%99%95_(%EA%B2%8C%EC%9E%84)

트레이딩 카드게임은 게임을 통해 상대방의 카드를 가져오는 '트레이딩 게임' 방식과 상대방과의 '보드게임' 방식으로 승자를 가리는 토너먼트 방식이 있다. 트레이딩 카드게임은 상대방의 카드를 가지고 오는 것이 목적인데, 보통 희귀 카드가 주 표적이다. 종이에 인쇄된 트레이딩 카드 한 장은 가격이 몇백 원 정도이지만 희귀한 카드의 경우 한 장에 수십만 원에 거래되기도 한다. 대표적인 트레이딩 카드에는 매직 더 게더링, 유희왕 카드, 포켓몬 카드 등이 있다.

트레이딩 카드게임의 성공 요인은 상대의 카드를 가지고 온다는 게임적 요소와 비교적 낮은 가격에 구입할 수 있다는 점을 꼽을 수 있다. 수백에서 수만 가지 종류의 카드를 수집(컬렉션)하는 욕구를 자극하는 것도 성공의 요인이다. 트레이딩 카드는 복권처럼 내부를 볼 수 없도록 밀봉하여 판매되기 때문에 직접 구입해서 희귀 카드를 얻기는 쉽지 않다. 그래서 게임을 통해서 희귀 카드를 획득하거나 중고거래를 통해서 모으게 된다. 트레이딩 카드의 컬렉션이라는 행위는 우표수집 같은 취미에 얻는 것과 비슷한 즐거움을 준다. 최근 유행하고 있는 포켓몬GO 류의 게임은 수많은 몬스터를 컬렉션하는 것이 게임의 주요 목적이다.

트레이딩 카드게임의 성공에서 중요한 팁은 바로 '컬렉션Collection'이라는 요소이다. 사람들의 컬렉션 욕망은 단지 트레이딩 카드게임에서만 나타나는 것이 아니다. 모든 종류를 다 모으려는 욕망은 본능에 가깝다. 예를 들어보자. 달리기를 좋아하는 사람이 매번 똑같은 코스를 달리려고 할까? 그렇지 않을 것이다. 다양한 곳에서 달려보고 싶어 할 것이다. 해외에 있는 수많은 명승지를 다 달려보고도 싶어 할 것이다. 스포츠경기에서 아무리 재미가 있어도 매번 똑같은 팀과 경기 하려 하지는 않을 것이다. 유명한 우표를 모두 모으려는 우표수집이나, 모든 캐릭터를 모으려는 트레이딩 카드 같은 컬렉션은 본질적으로 동일한 본능을 기반으로 하고 있다. 이런 컬렉션의 모습은 일상생활에서도 많이 볼 수 있다. 전국 방방곡곡의 맛집을 찾아다니는 사람이나, 모든 종류의 맛있는 요리를 만드는 사람에게서도 이런 속성을 볼 수 있다.

컬렉션이라는 본능적 요소는 중요한 시사점을 준다. 컬렉션 관점에서 본다면, 특정한 제품이나 서비스가 성공한다고 해도 그와 다른 제품을 사용해보고 싶은 본능이 계속 샘솟게 될 것이라는 것을 예상할 수 있다. 컬렉션 본능은 창업을 시도하는 사람에게 새로운 기회를 제공할 것이다. 성공한 제품과 본질적으로는 유사하지만 약간 다르거나 희귀한 제품은 사람들에게 새로운 컬렉션 욕구를 자극할 수 있을 것이다.

002

VR, AR, MR 그리고 가상현실

이제 가상현실의 역사적, 기술적 배경에 대해서 알아보기로 하자. 가상현실은 생각보다 오래전부터 시작되었고, 현재 다양한 모습으로 분화되고 있다. 최근 포켓몬GO를 통해서 가상현실에 대한 관심이 폭증하고 있기는 하지만, 과거에도 지금의 가상현실과 유사한 기능의 제품은 있었다. 거울을 넣은 삼각형 통에 색종이를 잘라서 보던 '만화경'이나, 쌍안경 같은 장비를 들여다보면서 사진이나 만화를 한 장씩 넘겨보던 '뷰 마스터', 빨간색과 파란색 렌즈의 안경을 이용해서 입체 효과를 주는 3D 사진, 텍스트로 채팅하면서 상상 속에서 가상현실 게임을 추구했던 '머드 게임'은 요즘의 가상현실 기술과 일맥상통하는 면이 있다. 지금 보면 다들 어설퍼 보이는 제품과 기술이지만, 그 당시에는 그 정도 낮은 기술로도 풍부한 상상의 나래 속에 가상현실을 펼 수 있었다.

가상현실의 기원은 19세기로 거슬러 간다. 앞에서 말한 붉은 색과 푸른색의 서로 다른 안경으로 물체를 입체적으로 보여주는 소위 '스테레오 스코피stereoscopy' 기술은 1850년대에 개발되었는데 현재의 가상현실 기술에도 많이 활용되고 있다. 몇 년 전 개봉한 영화 아바타의 3D버전에 제공된 안경도 이런 스테레오 스코피 기술을 이용하였는데, 안경이 꽤 고가였는지 상영 전에 빌려주었다가 일일이 다시 회수하기도 했다.

가상현실에 대한 개념은 미국의 공상과학SF 작가인 스탠리 와인바움의 SF 소설인 〈피그말리온 안경(1935)〉에서 잘 묘사되어 있다. 이 책에서 작가는 홀로그램, 촉각, 후각 등 가상현실 기술에 대해서 상세히 설명하고 있다. 이런 원시적인 장비 도구들은 빛의 간섭현상을 이용한 홀로그램과 3D 영화, 3D TV로 발전하고 있다(출처: 가상현실, 나무위키).

외국에 있는 사람들과 회의를 할 때 유선전화의 스피커를 통해 원격회의(컨퍼런스 콜)를 하는 경우가 종종 있다. 컨퍼런스 콜은 스피커폰을 이용하기 때문에 여러 명이 동시에 대화할 때는 알아듣기 힘든 경우가 있다. 이를 보완해준 것이 화상회의이다. 원격지에 있는 사람들과 회의를 하는 화상회의(영상통화) 시스템에서도 가상현실의 단초를 찾아볼 수 있다. 영상통화 기능은 멀리 있는 사람과 편리하게 소통하는 데도 자주 활용되고 있다.

가상현실 시스템의 최초 구현은 1940년대 미국 공군에서 개발한 비행 시뮬레이터로 알려져 있다. 에드윈 링크와 그의 연구팀은 1930년에 비행 시뮬레이터로 특허를 낸 뒤 바네바 부시의 모델링 기법을 활용한 비행 시뮬레이터를 최초로 완성하였다. 모튼 하일리그는 3차원 이미지에 입체음향, 냄새 등을 이용한 '센소라나 시뮬레이터'를 1956년에 발명하였다. 미국 유타 대학의 이반 선덜랜드는 두 눈에 입체적인 영상을 제공하는 현재의 VR기기와 유사한 장치를 1968년에 완성하여 'VR의 아버지'로 불리고 있다(출처: 안광현, 현실을 대체할 또 다른 현실, 가상현실의 세계, 청년포털, 2015).

가상현실 기술은 1969년 미국항공우주국NASA이 아폴로 계획을 진행하면서 승무원들을 교육시키는 과정에서 많이 발전하였다. 가상현실Virtual Reality이라는 단어의 공론화는 1980년대에 이루어졌는데 애니메이션 영화를 통해서도 대중에게 많이 알려진다. 공각기동대(1989), 토탈리콜(1990), 매트릭스(1999)와 같은 영화들은 가상현실이라는 개념을 일반인들에게 확산하는 데 크게 기여한다. 하지만, 당시 하드웨어 장비의 수준은 이런 가상현실의 공론화를 따라잡지 못해서 별다른 제품을 내놓지는 못한다. 닌텐도는 가상현실에 관한 관심에 힘입어 1995년에 HMDHead Mount Display 형태의 휴대용 가상 게임기 '버추얼 보이'를 180달러에 내놓지만 사용자들의 혹평을 받으며 1년도 안되어서 생산을 중단한다(출처: [스페셜 리포트] 가상현실, '또 한번의 부활' 꿈꾸다, 삼성뉴스룸, 2015).

2000년대에 3D 그래픽 기술 등 관련 기술이 발달하기 시작하고 가상현실과 관련된 게임들이 등장하기 시작하자 가상현실 분야는 유력한 분야로 자리를 잡기 시작했고, 2013년 오큘러스 리프트가 출시되면서 본격적으로 가상현실과 관련된 제품이 선을 보이게 된다. 가상현실 제품의 공론화에는 저렴하고 간편한 장비의 등장이 큰 역할을 한다.

가상현실 분야가 다양하게 분화함에 따라 여러 가지 기준으로 가상현실 분야를 구분하고 있다. 하드웨어에 따라 가상현실 분야를 구분하면 몰입형, 원거리형, 데스크탑형, 3인칭형으로 나눌 수 있다. 몰입형은 HMD와 데이터 입력용 장갑, 데이터 입력용 옷 등 특수 장비를 착용하는 것으로 가상현실을 생생하게 느끼게 하며 3D 게임이나 3D영화, 가상현실 체험 등에 많이 사용된다. 원거리형은 몰입형 장비

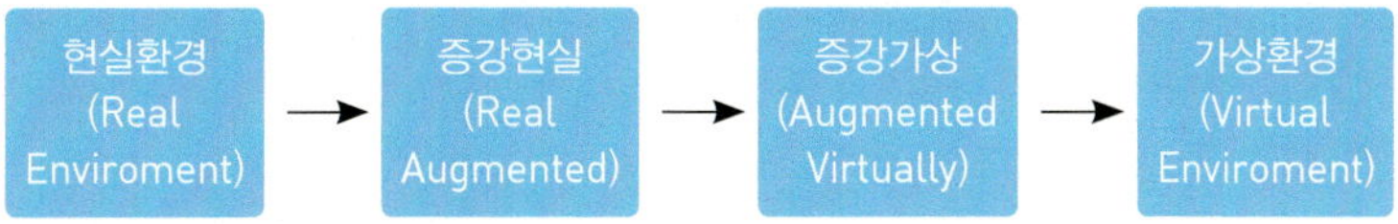

[그림 3-4] 가상환경의 정도에 따른 구분

출처: https://spri.kr/post/6053

와 로봇을 연결하여 원거리에서 가상현실 시스템을 운용하는 것을 말하며 군사용이나 의료용으로 사용할 수 있다. 데스크탑형은 일반 PC 환경과 모니터 환경에서 마우스, 조이스틱을 이용하여 입체적인 가상현실환경을 구현하는 것을 말한다. 3D TV의 경우도 데스크탑 환경의 가상현실 시스템으로 볼 수 있다. 3인칭 가상현실은 자신의 모습을 가상현실 디스플레이에 나타나게 하는 것으로 관광지나 박물관의 체험 공간, XBox의 키넥트와 같이 본인이 주인공이 되는 가상현실 게임에서 볼 수 있다.

현실과 가상의 정도에 따라 가상현실을 분류하면 현실환경Real Environment, 증강현실Real Augmented, 증강가상Augmented Virtually, 가상환경Virtual Environment으로 구분할 수도 있다.

가상현실 기술 개발은 초기는 주로 디스플레이 개발에 관심이 집중되었으나, 최근에는 가상 콘텐츠의 생산에도 많은 관심이 모아지고 있다. '타이탄즈 오브 스페이스'는 우주 공간을 체험하는 가상현실 콘텐츠이고, '유비짓 오브 뉴욕'은 뉴욕 내에 있는 캠퍼스를 둘러볼 수 있는 가상현실 앱이다.

일본의 홈즈사가 출시한 '룸VR'은 오큘러스 리프트를 이용해 부동산을 확인할 수 있는 가상현실 시스템이다. 미국의 부동산 개발업체인 할스테드도 가상공간에서 부동산을 체험하는 프로그램인 '버추얼 익스페리언스'의 데모 버전을 공개했다. 고객들은 사무실에서 원격지에 있는 부동산을 둘러볼 수 있다. 국내에서도 해운대에 건설될 101층 건물의 가상현실 체험장이 개장하였는데 모델하우스가 아닌 대형 스크린에 투사된 가상현실 디스플레이를 통해서 가구와 가전제품, 인테리어, 공간 배치를 확인할 수 있다.

가장 익숙한 가상현실의 분류는 가상세계와 실제세계를 비율에 따라 나누는 VR, AR, MR의 구분이다. VRVirtual Reality, 가상현실은 360도가 모두 디스플레이되는 장비나 시스템을 말한다. ARAugmented Reality, 증강현실은 실제세계를 컴퓨터를 통해서 보완하여 디스플레이하는 장비나 시스템을 말한다. MRMixed Reality or Hybrid Reality, 혼합현실은 실제세계와 가상세계를 혼합하여 디스플레이하며 운영과정에서 실제세계도 변화시키는 기법이다(출처: VR? AR? MR? Sorry, I'm confused. The Foundry, www.thefoundary.co.kr). 하지만 VR, AR, MR의 세 가지 개념은 실제 시스템이나 장비에서는 뚜렷이 구분되지 않는 경우도 있다.

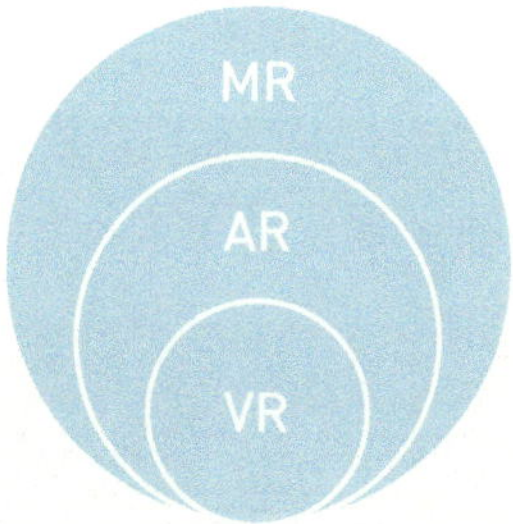

[그림 3-5] MR, AR, VR의 관계도

출처: http://www.eeboard.com/news/%E6%99%BA%E8%83%BD%E7%A1%AC%E4%BB%B6vr%E5%8F%98ar%E5%92%8Cmr/

VR, AR, MR의 세 가지 개념의 세부 내용과 제품들에 관해서 자세히 알아보자.

VR Virtual Reality이란 가상의 세계를 내가 살고 있는 현실의 공간처럼 느낄 수 있도록 하는 장비나 시스템을 말한다. VR Virtual Reality의 어원은 프랑스의 극작가인 토낭 아르토가 자신의 극장을 의미하는 단어로 처음 사용했다. 마이런 크루거는 1970년대에 VR과 유사한 의미로 '인공현실 Artfical Reality'이라는 단어를 사용하였다. 미국 컴퓨터 과학자 재런 래니어는 1980년대 후반에 'Virtual Reality'라는 단어를 지금의 가상현실을 의미하는 단어로 사용하기 시작했다.

VR의 구현을 위해서는 머리에 장착하는 장비인 HMD Head Mount Display가 필요한데, 1968년에 이반 서덜랜드가 최초로 개발한 HMD는 너무 무거워서 천장에 고정해야 했다고 한다.

VR 콘텐츠의 시초는 MIT에서 1977년에 만든 '아스펜 무비 맵'이라는 가상현실 맵으로 콜로라도의 아스펜으로 가상여행을 떠나는 콘텐츠였다. 1991년에 일리노이 대학의 토마스 데판티는 사각형 공간에 대형 디스플레이를 배치한 '몰입형 투영 디스플레이 CAVE, Cave Automatic Virtual Environment'를 제안하기도 했다.

VR기술은 현실의 공간을 배제하므로 필연적으로 현실 공간을 안 보이게 하고 가상의 공간만 출력하는 장비가 필요하다. VR로 구현한 비행기 콕핏 시뮬레이터는 비행기 조종훈련에서 오랫동안 사용되고 있다. 최근 VR 장비의 개발은 HMD의 해상도와 편의성에 초점이 맞추어져 있다. VR 장비는 착용할 경우 현실 공간을 볼 수 없으므로 몰입도가 극대화된다. 또한 중력 등 물리적 법칙에 위배되는 상황도 마음대로 구현할 수 있어서 상상력을 크게 자극할 수 있다. 그래서 VR

기술은 SF영상이나 게임 등에 많이 적용되곤 한다.

모바일기기를 주로 전시하는 행사인 MWCMobile World Congress 2016 행사에서는 다양한 VR관련 장비와 콘텐츠를 선보였는데 최근 주목받던 웨어러블 디바이스에 대한 관심이 VR로 넘어가는 듯한 느낌이 들 정도였다. 삼성과 LG는 MWC 2016에서 VR기기를 이용한 롤러코스터 콘텐츠를 선보였고, SKT는 잠수함을 타고 바닷속을 여행하는 콘텐츠를 보여주기도 했다. 스포츠 및 레저용 캠코더를 선도하고 있는 고프로는 자전거를 타고 건물 위를 넘나드는 VR 콘텐츠를 공개하기도 했고, 포드는 음악을 들으면서 자동차 드라이브를 경험하는 VR 콘텐츠를 보여주기도 했다. 최근 ICT 기술을 적극적으로 활용하고 있는 자동차 회사들도 VR 콘텐츠 개발에 활발히 나서고 있다. VR 장비 업체 VIVE는 우주공간에서 총을 쏘며 돌아다니거나 바닷속을 헤엄치

[그림 3-6] 대표적인 VR장비인 오큘러스 리프트

출처: http://platum.kr/archives/28774

며 물고기를 잡는 콘텐츠를 선보였다(출처: 이학준, 차세대 플랫폼 가상현실(VR)이 넘어야 할 산과 가능성, 플래텀, 2016).

VR 시스템을 구현하는 두 축은 VR하드웨어 장비와 VR 소프트웨어 콘텐츠이다. VR 하드웨어 장비는 영상의 디스플레이와 데이터의 입력을 위해서 필요한데, 데이터 입력을 위해서는 HMD에 GPS 센서나 회전과 균형을 감지하는 자이로 센서, 가속도 센서나 마우스와 트랙 형태의 장비를 사용하기도 한다. 트랙 형태로 걸음걸이를 버툭스의 '옴니'와 같은 트래드밀 장비를 이용하기도 한다. VR 콘텐츠는 360도의 화면을 동시에 출력해야 하는 경우가 많으므로, 기존 콘텐츠의 변형보다는 360도를 촬영할 수 있는 특수한 카메라나 컴퓨터를 이용하여 다시 제작하는 경우가 많다.

〈표 3-2〉 주요 VR 장비 현황

구분	회사명	장비명
PC/게임콘솔 이용	페이스북	오큘러스
	소니	플레이스테이션 VR
	HTC	Vive
스마트폰 이용	구글	카드보드
	LG	360 VR
	삼성	기어VR

출처: 이우근(2016), '끝없는 가능성을 향해 열리고 있는 가상현실의 문', 엘지경제연구소.

AR Augmented Reality은 현실 공간에 가상 공간을 덮는 형태의 가상현실 시스템으로 보통 증강현실로 부른다. AR과 VR의 가장 큰 차이점은 VR이 가상의 공간만 집중하는 데 비해서, AR은 현실 공간과 가상 공간을 적절히 배치한다. AR 콘텐츠의 많은 부분은 현실의 공간이 차지하게 되므로 VR에 비해 콘텐츠 생산 속도가 아주 빠르다. 또한, AR 기술은 스마트폰 등 기존 장비를 그대로 활용하여 운영할 수도 있으므로 VR보다 확산이 훨씬 빠르다. 대표적인 AR 게임인 포켓몬GO의 경우 스마트폰으로 게임을 할 수 있다.

〈표 3-3〉 주요 AR 장비 및 게임 현황

구분	회사명	장비/게임명
독립기기	MS	홀로렌즈
	구글	구글 글래스
스마트폰 이용	나이엔틱	포켓몬GO

출처: 이우근(2016), '끝없는 가능성을 향해 열리고 있는 가상현실의 문', 엘지경제연구소.

MRMixed Reality은 '혼합현실'이라고 부르는 가상현실 분야로, VR과 AR이 시각적 효과에 머무르는 데 비해, 실제 현실에서 가상 체험을 할 수 있게 해준다. MR 기술을 적용하면 원자력 내부 체험이나, 자연재해 체험이 가능하다. 얼마전 NASA미항공우주국는 마이크로소프트의 가상현실 장비인 '홀로렌즈'를 이용해 화성의 표면을 체험하는 'Destination Mars'라는 가상현실 체험 행사를 진행한 적이 있다. 홀로그램 기법과 MR 기술을 이용해 운영된 이 행사에서 참석자들은 MR 기술을 통해 가상의 화성을 체험할 수 있었다(출처: 임화섭, 〈실리콘밸리 리포트〉 화성 위를 걷는다. NASA-MS 홀로렌즈 체험기, 연합뉴스, 2016).

MR 장비는 수백만원대로 매우 고가지만 VR이나 AR보다 훨씬 뛰어난 기술을 보여준다. MR은 홀로그램기술을 이용하여 별도의 디스플레이 없이도 구현이 가능하다. MS의 홀로렌즈처럼 안경 형태의 장비를 착용하는 경우도 있지만 대부분 육안으로도 체험이 가능하다. 미

〈표 3-4〉 주요 MR 장비/소프트웨어 현황

구분	회사명	장비/게임명
독립기기	MS	홀로렌즈
3D 렌더링 앱	MS	홀로스트디오
3D 영상통화 앱	MS	스카이프
유적지 탐방 앱	MS	홀로투어
영상 스토리텔링 앱	MS	액션그램
게임	MS	프래그먼츠
게임	MS	영 콘커
게임	MS	로보레이드

출처: http://www.bloter.net/archives/251004

국의 스타트업인 '매직리프'는 홀로그램 기술을 이용해서 체육관에서 고래가 등장하는 가상현실을 체험할 수 있게 해주었다. 센서리웨어라는 구글 글래스와 비슷한 안경 형태의 MR 장비를 개발하고 있는 매직리프는 구글, 퀄컴 등으로부터 5억 4천만 달러 투자를 약정 받기도 했다.

003

가상현실 분야 최신 창업 트렌드

가상공간, 3D 게임 등 가상현실과 관련된 제품은 오래전부터 판매되었지만, 수준이 조악해서 많은 사람들에게 실망을 주었다. 그 이유는 낮은 수준의 디스플레이 해상도와 그래픽 처리장치의 속도 때문이었다. 최근 게임기, PC의 그래픽 처리장치가 슈퍼컴퓨터의 성능에 버금갈 정도로 발달하고, UHD, 4K 등 실물과 큰 차이가 나지 않는 해상도를 가지는 디스플레이가 등장하면서 가상현실과 관련된 기업의 창업이 줄을 잇고 있다. 페이스북, MS 같은 거대기업들도 오큘러스를 인수하거나 새로운 가상현실 스타트업의 인수를 물색 중이라고 알려져 있다.

IT 컨설팅업체인 IDC가 발표한(2016. 4) 자료에 따르면 가상현실 분야는 2020년까지 179조원 규모로 성장할 것이라고 한다. 이용자수도 2015년 전 세계 670만 명에서 2018년에는 1억 7천만 명으로 늘어날 것으로 예상된다(statista, 2016, Number of archieve virtual reality users world wide from 2014 to 2018, www.statista.com). 가상현실 기술은 극장이나 게임 분야를 주요 타깃으로 보고 있다. 성인용 콘텐츠가 가상현실 분야를 주도할 수도 있다. 포르노 등 성인 콘텐츠가 가상현실과 결합되는 것에 대해서는 우려의 목소리도 있는데, 인터넷 등 ICT 기술의 발전에 성인물이 큰 영향을 미친 것처럼 가상현실 분야의 발전에도 영향을 미칠 것이라는 주장도 있다.

가상현실 시스템은 현재 PC나 스마트폰을 대체하는 새로운 플랫폼이 될 가능성도 높다. 가상현실 분야가 현재의 PC와 스마트폰, TV 등 대부분의 ICT 기기 시장을 대체할 수도 있을 것이다. 교육분야의 경우 역사 교육 등에서 VR 장비를 통해 전쟁의 역사를 체험해 볼 수도 있을 것이다. AR 장비를 이용하면 유적지 등을 방문했을 때 문화유산 등 관련된 콘텐츠를 확인할 수도 있을 것이다. 의학분야의 교육에서 가상현실 기술을 이용한다면 생생한 실습이 가능할 것이다. 최근 부각되고 있는 무인 자동차의 경우 운전을 하지 않는 사람들이 멀미를 느낄 수 있는데, 가상현실 장비가 운전을 하는 것처럼 느끼게 해서 멀미를 방지할 수도 있을 것이다.

가상현실 분야에서 가장 앞서나가고 있는 곳은 게임 분야이다. 최근 포켓몬GO의 엄청난 성공에서 보이듯, 게임 콘텐츠는 가상현실 분야와 일맥상통하는 점이 많기 때문이다. PC나 비디오 게임기의 고정성을 극복하는 장비의 발달은 새로운 형태의 게임이 등장할 수 있는 가능성도 보여주고 있다. 눈과 손만 이용하는 PC게임 등에 비해서 가상현실 게임은 온몸을 이용하여 게임을 진행하고, 모든 감각을 이용하여 콘텐츠를 체험할 수 있으며, 야외 공간 등으로 이동도 가능하기 때문에 엄청난 확장 가능성이 있다.

가상현실분야를 응용할 수 있는 또 다른 큰 시장은 의료분야이다. 현재 대부분의 수술은 의사들이 직접 하고 있지만, 일부에서는 로봇 등을 이용한 수술이 시행되고 있다. 이런 수술용 로봇에는 작은 카메라가 있어서 수술 상황을 외부에서 확인을 할 수도 있지만 한계가 많다. 가상현실 기술은 이러한 의료기술에 새로운 전환점을 가져올 수 있을 것이다. 로봇을 이용한 수술은 더 원활해질 것이고, 원격 수술도 더 용이해질 것이다. 수술과 관련된 모든 의료진이 가상현실 기기를 통해 수술을 직·간접적으로 체험해볼 수 있다면 수술의 성공률은 아주 높아질 것이다. 가상현실 기술을 이용한다면 환자는 미국의 수술실에 누워 있고, 한국에서 의사가 수술을 하고, 마취나 간호는 일본에서 하는 일이 가능해질 수도 있다.

가상현실 기기는 물리적인 치료뿐 아니라 정신적인 치료에도 적용되고 있다. 삼성전자와 강남세브란스 병원은 VR 기기를 이용하여 발표공포와 고소공포를 극복을 위한 임상시험을 80여 명을 대상으로 실시하였다. 고소공포 극복 임상시험에서는 VR로 초고층 건물을 올라가는 것을 구현하여 보여주었고, 발표공포극복 임상시험에서는 면접장이나 프로젝트 발표 장소를 가상으로 구현하여 체험하게 하였다. 2주간 임상시험 결과 발표공포 완화를 위한 임상시험에서는 37여 명이 효과를 보았고, 고소공포 완화 임상시험에서는 35명이 효과를 본 것으로 드러났다(출처: 이서희, 공포·중독도 가상현실로 극복한다. 한국일보, 2016).

가상현실 장비를 진통제로도 사용할 수 있다는 주장도 있다. 가상현실 기술과 제품을 개발하는 벤처기업인 'AppriedVR'은 가상현실 장비를 이용한 치료가 진통제와 유사한 효과를 나타냈다고 발표한 바도 있는데 이 임상시험에 사용한 장비는 비교적 간단하고 저렴한 장비인 삼성의 기어VR이었다고 한다. 이런 방식의 가상현실 치료가 상용화에 성공할 경우 수술이나 치료과정에서 들어가는 수많은 비용을 절약할 것으로 기대된다(출처: 김영석, 가상현실(VR)이 차세대 진통제로 쓰일 수 있을까, 테크니들, 2016).

가상현실 기술은 우울증 치료에도 효과를 보인다고 한다. 영국의 유니버시티칼리지 공동연구팀은 VR 기술을 이용해서 우울증을 완화시키는 임상실험 결과를 발표했다. 이 연구팀은 가상의 어른과 아이 캐릭터를 등장시켜 처음에는 임상시험 대상자가 어른 역할을 하게 해서 울음을 터트린 아이를 달래는 가상의 영상으로 만든 뒤, 다음에는 아이 입장이 되어서 방금 달래는 자신의 모습을 체험하는 방식으로 임상실험을 진행했다. 임상시험결과 15명의 우울증 증세가 있는 환자 중에서 9명의 증상이 완화되었다고 한다(출처: 김상범, 우울증 치료, 난민촌 체험 가상현실(VR)의 진화, 경향신문, 2016).

교육분야에서 가상현실 기술의 적용은 학습효과를 높이는 데 기여할 것으로 전망되고 있다. 최근 낮은 비용으로 높은 교육효과를 얻기 위한 온라인 강의가 많이 시도되고 있다. 하지만 일반적인 온라인 강의는 단지 오프라인 강의를 PC화면으로 옮겨놓은 것뿐이고, 다수의 학생들을 대상으로 하기 때문에 몰입도가 떨어지는 경우가 많다. 하지만 가상현실 기술을 활용하여 일대일 맞춤형으로 참여식 수업을 진행할 경우 수업 집중도가 아주 높아진다고 한다. 가상현실 수업에 참여한 학생은 수업의 몰입도가 너무 높아서 두 시간 동안 페이스북을 한 번도 쓰지 않았다고 자랑했다고 한다. 스탠포드대학과 덴마크 기술대의 학생들을 대상으로 가상현실교육을 수행한 뒤 시험을 쳐본 결과 전통적 교습보다 가상현실 기술을 이용한 수업이 1.7배나 성적이 높게 나왔다고 한다(출처: Michael Bodekaer, This virtual lab will revolutionize science class, TED, 2016).

가상현실은 제조업에도 영향을 미칠 것으로 전망된다. '패러데이

퓨처'라는 신생 기업은 2016 CES에 FFZERO1라는 전기차를 콘셉트카 형태로 선보이면서 단번에 전기차 시장의 선두주자인 테슬라의 경쟁자로 떠올랐다. 2014년에 창업한 신생기업인 패러데이 퓨처는 시속 320km에 1,000마력짜리 전기차를 얼마전 공개했다. 패러데이 퓨처가 이처럼 단기간에 성과를 낼 수 있었던 것은 이 회사의 주요 임원 중에 BMW에서 전기차를 개발하던 사람이 있기도 했지만, 가상현실 기술을 활용해서 시험 주행 등을 진행하여 높은 수준의 제품을 개발하면서도 개발기간을 획기적으로 줄인 데도 있었다. 패러데이 퓨처가 전기차의 콘셉트카를 만드는 데 걸린 기간은 불과 18개월밖에 안된다고 한다.

제조업에 가상현실 기술을 활용하는 또 다른 사례는 비행기 제조에서 볼 수 있다. 유럽의 항공기 제조사 에어버스는 AR을 이용해 여객기 조립상태를 점검하는 기술을 준비 중이다. 비행기에 들어가는 각종 배관과 전선은 500km나 된다. 이 중 하나라도 잘못되면 큰 인명피해로 이어질 수 있기 때문에 꼼꼼하게 점검해야 하는데 AR 기술이 큰 도움이 될 것으로 기대하고 있다. 에어버스가 개발 중인 AR 기술 기반의 조립 검사 시스템은 태블릿의 카메라와 특수 센서를 활용하여, 조립된 부위를 비추면 현재 조립 상태와 도면을 비교하여 제대로 작업이 되었는지를 확인할 수 있다. 이 기술을 이용할 경우 전체 비행기의 거치대 점검작업에 걸리는 시간이 3주에서 3시간으로 줄어들 수 있다고 한다.

가상현실 기술을 가장 활발히 적용하려는 제조업 분야는 자동차 분야이다. 메르세데스 벤츠는 가상 조립 기술을 개발 중이다. 이 기술은 숙련된 작업자의 동작을 기록하여 가상의 아바타Avatar를 만든 뒤 이를 가상의 생산라인에 적용하여 최적의 생산라인 개발에 활용하는 것이다. 벤츠는 AR을 이용한 조립 불량 점검 기술도 개발하고 있다. 미국의 포드나 GM과 같은 회사는 자동차 모델의 개발과정에서 VR 기술을 활용하고 있다. 진흙을 깎아서 자동차 디자인을 만드는 클레이 모델이나 3D 프린터를 활용하는 것에 비해 HMD와 VR을 활용한 제품 디자인은 수정도 용이하고 복잡한 모형을 쉽게 만들 수 있다. 게다가 3D 모델링을 가상으로 체험하면 현실감도 느낄 수 있어서 디자인 변경에 많은 도움이 된다. 또한 원격지에 있는 담당자들과 가상현실장비를 통해 의견을 나눌 수 있다는 것도 큰 장점이다.

제조업 분야에서 가상현실 기술 적용 사례가 늘어나면서 가상현실 관련 장비나 소프트웨어 제작업체의 움직임도 빨라지고 있다. 마이크로소프트는 오토캐드로 유명한 오토데스크와 협력하여 3D 디자인 프로그램을 개발 중이다. 이전의 3D 디자인 프로그램은 평면 모니터를 통해서 디스플레이되지만 현재 개발중인 3D 디자인 프로그램은 마이크로소프트의 홀로렌즈 헤드셋을 활용하여 입체적인 가상현실 디자인을 볼 수 있게 해줄 것이다. 삼성SDS도 지난달 가상현실 기술을 이용한 창고관리 시스템을 발표했다. 이 기술은 HMD를 착용하고 가상의 창고이미지를 보면서 물품의 재고 상태 등을 파악할 수 있는데, 해외 등 원거리에 있는 창고를 직접 방문하지 않고도 물품의 관리가 가능하다는 것이 특징이다.

군사분야는 가상현실을 이용할 경우 더 극적인 변화가 일어날 수도 있다. 가상현실을 대체할 로봇이나 무인자동차, 무인비행기가 전쟁을 치루고, 사람들은 원격지에서 조종만 하는 형태로 전투를 하게 된다면, 더 이상 사람이 직접 전투에 참여하지 않아도 될 것이고, 사람이 얼마나 죽느냐에 따라 전쟁의 승패가 좌우되는 것이 아니라 장비의 파손 정도에 따라 전쟁의 승패를 판단하는 시대가 올 수도 있다. 최근 드론의 군사목적 활용이 가상현실의 군사용 목적 활용에 단초로 작용할 가능성이 크다.

부상의 위험이 높은 권투나 격투기 같은 스포츠는 가상현실 기술이 대체하여 사람이 직접 맞부딪치는 일이 없어질 수도 있을 것이다. 원자력 발전소나 조선소, 공사장 등 사고 위험이 높은 산업에서도 가상현실과 무인로봇기술을 적절히 활용한다면 산업재해를 크게 줄일 수 있을 것이다.

물론, 가상현실 관련 창업이 마냥 희망적인 것은 아니다. 게임 엔진으로 유명한 유니티의 창업자 데이비드 헬가슨은 얼마전 한국을 방문한 뒤 가진 컨퍼런스에서 "VR 장비에 사용되는 게임 콘텐츠의 절반 이상이 유니티를 사용해서 만들어지고 있고, 가상현실이 시장에 많은 영향을 주고 여러 사람들의 삶을 변화시키겠지만 그 시기가 언제가 될지는 의문이다"라고 말하기도 했다. 가상현실은 새로운 것이 만들어지는 단계이므로 앞으로 어떤 것이 나올지를 알 수 없다고도 말했다. 그가 이런 말을 했을 때는 아직 포켓몬GO가 출시되지 않은 상황이어서, 지금도 그렇게 생각할지 모르겠지만, 가상현실과 관련된 트렌드에 대한 지속적인 관심을 가져야만 가상현실 분야에서 성공적인 창업을 이끌어 낼 수 있으리라 확신한다.

학술연구 분야에서도 가상현실 기술을 활용한 연구가 활발히 이루어지고 있다. 최근 연구를 중심으로 살펴보면, 스포츠 클라이밍에서 운동 동작 자세를 분석할 때 VR 기술을 활용하여 가상의 인물을 생성하여 다양한 동작을 연구하기도 하고, 예술작품의 다양한 물리적 한계를 극복하기 위해서 가상공간 등 디지털 매체 예술에 관해서 연구하기도 한다. 또한, 달 표면의 가상 체험에 관한 최적의 데이터베이스를 도출하는 군중 애니메이션과 같은 실증적인 연구하기도 하며, 가상현실 게임이 뇌졸중환자의 스트레스와 몰입 등에 미치는 영향을 연구하여 가상현실 기술의 긍정적인 요인을 도출해 내기도 한다.

VR 콘텐츠와 관련해서, HMD 기반으로 하는 VR 콘텐츠의 종류를 분류하는 연구도 있고, VR의 콘텐츠의 색감에 관해서 세세하게 연구하는 경우도 있다. 오큘러스 리프트를 활용하는 방법에 관한 연구도 이루어지고 있고, 청소년의 자살예방교육에 가상현실 기술을 적용하려는 연구도 진행되고 있다.

이제, 가상현실관련 창업 트렌드를 살펴보도록 하자. 그동안 가상현실 분야 창업에서 가장 주목받는 분야가 VR 분야였다. 360도의 가상현실을 체험할 수 있는 획기적 기술은 다양한 창업의 기회를 엿보게 했다. 새롭게 콘텐츠를 기획하지 않아도 기존의 게임, 영화, 교육 등 기존의 콘텐츠를 변환하여 VR 콘텐츠를 생산하면 되기 때문에 비용 측면이나 생산력에서 월등할 것으로 예측되었다.

메리어트 호텔은 VR 기술을 활용하여 자신의 호텔을 방문한 고객들에게 하와이 해변이나 런던의 도심지를 간접체험하는 행사를 벌이기도 했다. 여행업은 실제 체험 후에 가치를 평가할 수 있는 분야이기 때문에 간접체험의 경험은 호텔 측에게 뛰어난 마케팅 효과를 거둘 수 있다고 판단한 것이다. 메리어트 호텔은 이 경험을 자사의 마케팅 홈페이지(http://travel-brilliantly.marriott.com)를 통해서 공개하기도 했다. 저명한 VR 전문 저널리스트인 노니 드 라 페나는 머릿속으로만이 아니라 온몸으로 스토리텔링을 체험할 수 있는 '드 라 페나'라는 가상현실 기술을 제안했다. 그는 자신이 대표로 있는 VR 기업인 엠블메틱 그룹에서 가상현실 기술로 제작한 무료 급식소 앞에서 굶주림 때문에 쓰러져 경련하는 사람의 모습을 재현하여 보여주는 'Hunger in Los Angeles'라는 가상현실 영상을 공개하기도 했다. 또한 '프로젝트 시리아'를 통해서는 로켓포가 민간인들에게 떨어진 모습을 생생하게 보여주기도 했다. 뉴욕타임즈는 Vrse라는 회사의 VR 기술을 활용하여 표지에 들어갈 사진을 제작하는 모습을 보여주었는데, 헬리콥터에서 45미터나 되는 남자의 초상화를 찍는 모습을 생생하게 보여주었다. 세계적 관광지에 대한 소개자료를 제공하는 회사인 '토마스 쿡'은 삼성 기어VR을 이용하여 정보를 제공했는데 3개월 만에 약 1만 2천 파운드, 40%의 투자수익을 얻기도 했다.

패션업계도 VR 기술을 적극 활용하고 있다. 패션쇼의 경우 객석에서는 모델들의 시각을 체험하기가 쉽지 않다. 하지만 VR 장비를 이용할 경우 모델의 입장에서 패션쇼를 체험할 수 있다. 작년에 디올은 'Dior Eye'라는 HMD를 보여주었는데, 3D 프린터로 제작된 이 제품은 스마트폰을 끼워서 패션쇼의 모든 공간을 모델의 시각에서 보여주는 제품으로, 이 장비를 쓰면 패션쇼 무대 뒤의 풍경과 사진가들, 메이크업 아티스트들의 작업을 생생하게 볼 수 있다. 디자이너 이다 클램본이 만든 'Democratic Front Row'라는 앱은 실시간으로 패션쇼를 가정에 있는 사람들에게 VR 형태로 중계하기도 했다. 이들에게는 가상현실장비로 종이로 만든 '구글 카드보드'가 제공되었다.

VR 시스템에는 몇 가지 중요한 한계가 있다. 첫째, VR 장비의 한계이다. VR 장비는 디스플레이를 안경이나 헬멧 형태의 구조에 내장하고 있기 때문에 거추장스럽고, 시야를 완전히 감싸는 구조라 오래 사용하면 어지러움을 느낄 수 있다. 모바일 기기의 본질적인 한계인 충전의 문제도 있다. 또한 고성능의 장비가 필요하다는 것도 문제점으로 드러나고 있다. 스마트폰을 기반으로 하는 가상현실 장비에서는 그나마 괜찮지만, PC 기반의 가상현실 장비는 고용량의 3D 그래픽을 처리하면서 동시에 다양한 입력을 받아야 하기 때문에 아주 높은 성능이 요구된다. 사용자의 움직임이나 입력에 따라 신속하게 그래픽이 변화하지 않으면 몰입도가 떨어지거나 멀미를 할 수 있다. 대표적인 VR 장비인 오큘러스VR과 HTC의 Vive와 연동하는 PC는 CPU가 i5 이상, 그래픽카드도 엔비디아의 GTX970 이상의 고사양을 요구한다.

둘째, 장비의 가격이 비교적 비싼 편이다. 최근 종이와 스마트폰을 이용하는 저가 제품도 나오고는 있지만, 대부분 제품은 수십만원대이고 트래드밀 등 관련 장비를 함께 구매할 경우 백만원이 훌쩍 넘어가기도 한다. 물론 앞으로 VR 관련 장비의 가격 하락이 예상되고 있어서 새로운 기회 창출이 기대되기도 한다. 현재 구글의 카드보드는 15달러 정도이고, 갤럭시 S7이나 LG의 G5도 가상현실 기술을 지원하고 있어서 장비에 대한 부담이 계속 낮아질 것이다. VR 장비에 대한 가격 부담을 극복하기 위해 고성능 장비를 갖춘 'VR방'의 창업도 시도되고 있다. 고사양 컴퓨터를 이용하는 PC게임들이 PC방을 중심으로 확산되었듯이 VR 콘텐츠의 경험과 소비도 VR방을 통해서 가능할 수도 있다. VR 분야의 콘텐츠 생산을 지원하기 위해서 최근 정부는 VR과 관련된 관광, 게임, 체험, 방송, 영상에 대해서 일명 'VR 콘텐츠 개발 지원사업'을 38억원 규모로 추진하고 있기도 하다.

셋째, VR 관련 제품의 타깃과 포지셔닝이 아직은 애매하다. 신기술 제품의 경우 특정한 마니아층이 적극 구매하여 사용한 뒤 일반인에게

까지 확산되는 경우가 많은데, VR 장비의 구매자는 게임, 영화, 교육 등 어느 한 분야에서도 확실한 마니아층을 만들어내지 못하고 있다. VR이 목표로 하는 대표적 분야인 게임업계는 아직도 롤, 오버워치 등 PC게임이 대세를 점하고 있다.

VR 사례 – 오큘러스

VR 장비는 다양한 형태로 개발되어 왔다. 하지만 디스플레이를 내장해야 한다는 단점 때문에 크기를 줄이기 쉽지 않았고, 가격도 무척 높았다. 하지만, 아주 높은 수준의 3D 화질을 몇십만원대의 가격에 구현한 오큘러스 리프트의 등장으로 VR 장비와 콘텐츠가 크게 확산되고 있다. 오큘러스의 VR 장비는 단순히 시각에만 집중한 것이 아니라 총, 트래드밀 등 다양한 입력장치로 생동감을 높여주어서 더 큰 인기를 끌고 있다. 오큘러스 VR를 창업해 페이스북에 2조 3천억원가량에 매각한 창업자 파머 럭키는 "누구나 원하는 곳으로 순간이동을 할 수 있게 하고 싶다"는 고민을 하면서 회사를 창업했다고 한다. 럭키는 가상현실을 '물리적 법칙이 허용하지 않는 것을 가능하게 하는 것'으로 정의하며, 가상현실이 일상적인 생활을 그대로 옮겨 담는 것은 아니라고 말한다.

페이스북의 CEO인 마크 주커버그는 2014년에 오큘러스 VR을 방문하여 HMD 형태의 헤드셋을 써보고 가상현실 콘텐츠를 체험한 뒤 두 달 만에 인수를 결정했다. 많은 사람들이 이 투자에 의문을 가졌으나, 마크 주커버그는 VR이 미래의 플랫폼이라고 역설하며 투자를 결정했다고 한다. 언론에서는 그동안 가상현실 분야가 지지부진했는데,

페이스북의 오큘러스 인수가 가상현실 분야를 새롭게 부활시켰다고 평가하기도 했다.

오큘러스의 CEO인 팔머 럭키의 특이한 이력도 관심거리이다. 오큘러스의 CEO 팔머 럭키는 어릴 적에 학교를 나가지 않고, 집에서 홈스쿨링으로 공부했는데, 게임 등 원하는 것을 마음대로 할 수 있었다고 한다. 10대 시절에는 비디오 게임에 빠져 살았고, 직접 게임기를 제작하는 강의를 지역 대학에서 듣기도 했다. 아이폰을 수리하며 돈을 벌어 50개가 넘는 VR 장비를 구입하기도 했지만, 마음에 들지 않자 직접 제작을 시작했고, 2011년에 시제품을 완성했다. 제품의 이름은 현실세계와 가상세계를 연결한다는 의미로 '리프트Rift'라고 지었다. 팔머 럭키는 이 제품을 인터넷 게시판에 올렸고, 이를 본 '둠'과 '퀘이크'의 전설적인 개발자인 이드소프트웨어의 존 카맥이 연락을 해서 VR 장비를 이용해서 둠3를 개발하게 되고 2012년 LA의 게임엑스포(E3)에서 성공적으로 시연한다. 이 소식을 들은 게임회사 '가이카이'의 브랜든 이리프는 투자를 의뢰했고, 한 달 뒤에 브랜든 이리브는 CEO로 참여하여 2012년 6월에 본격적인 창업을 하게 된다. 존 카맥도 이드소프트를 떠나 오큘러스 VR의 CTO로 자리를 옮긴다. 오큘러스 VR은 창업투자 전문 사이트인 킥스타트를 통해서 240만 달러를 모았고, 벤처캐피탈로부터 9천억 달러를 투자받았다. 그리고 2014년에 마크 주커버그는 20억 달러에 오큘러스 VR을 인수한다. 차고에서 만든 작은 가상현실 기기에서 또다시 창업 성공사례가 완성되었다. 가상현실과 관련된 전문가들은 2020년까지 가상현실 장비의 판매량이 3천만 대를 넘을 것으로 예측하고 있어서 VR 분야에서 오큘러스의 독주는 더욱 주목을 받고 있다.

VR 사례 — 소니 플레이스테이션 VR

소니는 오큘러스의 성공을 따라 유사한 형태의 '프로젝트 모피어스'를 출시한 바 있다. 올해는 자사의 플레이스테이션4 콘솔과 연동해서 작동하는 플레이스테이션 VR을 공개했다. 올해 10월 판매된 플레이스테이션 VR은 오큘러스나 Vive에 비해서 사양은 약간 떨어지지만, 어지러움증 등을 감소시키는 기술 등을 채택하였고 400달러의 비교적 낮은 가격으로 판매되고 있다.

VR 사례 — 삼성 기어VR

삼성 기어VR은 스마트폰을 기반을 한 제품으로 갤럭시 S6 시리즈를 장착해서 사용할 수 있다. 갤럭시 S6 시리즈의 높은 해상도를 활용해서 선명하고 또렷한 화면으로 360도 뷰가 가능한 제품이다. 스마트폰을 디스플레이로 활용하기 때문에 VR 전용장비로 보기는 어렵지만 단순한 구조 때문에 가격은 VR 전용장비의 절반도 안 되게 낮출 수 있었다. 스킨스쿠버 물안경처럼 생긴 기어VR의 앞면에 갤럭시 S6를 장착하면 화면이 두 개로 나뉘면서 VR 콘텐츠를 체험할 수 있다. 스마트폰은 VR을 위한 전용 장비가 아니기 때문에 다른 VR 장비에 비해서 발열이나 배터리, 성능 등에서 한계가 있지만, 누구나 갖고 있는 스마트폰을 응용할 수 있다는 점에서 확산 가능성이 보인다. 삼성 기어VR은 낮은 가격과 스마트폰을 활용할 수 있는 편의성 등으로 지난 5월까지 100만 대가 넘게 팔리기도 했다.

그러면 AR 관련 창업 방안은 어떠한 것이 있을까? 가상현실 분야

중 새롭게 주목받고 있는 분야가 AR이다. AR기술을 잘 이용한 대표적인 기업은 이케아IKEA로 스마트폰 앱을 통해서 AR 카탈로그를 제공하여, 고객들이 이 AR 앱을 통해서 자신의 집에 가구를 배치하면 어떻게 되는지 미리 확인할 수 있다. FXGear라는 회사는 'FXMirror'이라는 AR을 활용한 디지털거울을 개발하여 고객들이 옷을 입어보지 않아도 신체 치수를 스캔하여 미리 확인할 수 있는 제품을 선보이기도 했다. 이 제품은 거추장스럽게 옷을 갈아입지 않아도 되고 매장에 없는 제품도 시험해 볼 수 있는 편리함은 물론, 제품을 즉석에서 주문할 수 있는 기능도 갖추고 있어 의류제품의 매출 증대에 기여할 것으로 기대된다. 번역 앱인 'WordLens'는 AR 기술을 이용하여 종이에 찍힌 글자를 실시간으로 인식하여 번역된 문구를 출력해준다. 이때 종이 위에 있는 글자를 번역한 뒤 원래 글자는 나타나지 않게 하고 번역한 글자만 보여주어 AR 기술의 우수성을 잘 보여준다.

AR은 여러 측면에서 VR과 비교가 되는 기술이다

첫째, AR은 실제 세계에 덧입혀진 형태로 콘텐츠가 제작되기 때문에, 시야를 완전히 가리는 형태의 장비보다는 구글 글래스와 같이 투명한 디스플레이나 스마트폰 카메라를 이용해서 운영이 가능하다. 최근 폭발적 인기를 끌고 있는 '포켓몬GO'의 경우 스마트폰의 카메라 기능을 활용해서 투명한 주변 사물배경 위에 포맷몬 캐릭터를 등장시켜서 사실감과 가상현실을 적절히 조화시키고 있다.

둘째, AR은 스마트폰 같은 장비를 활용하거나 VR에 비해서 상대적으로 단순한 형태의 장비를 사용하기 때문에 사용하기 용이하다. 최근 차기 제품의 발매가 기대되고 있는 구글 글래스는 공공장소에서 장비 사용을 금지하는 경우가 생길 정도로 편리하고 뛰어난 성능을 갖고 있다. 요즘 인기를 끌고 있는 포켓몬GO는 특별한 부가 장비 없이 스마트폰에서 실행할 수 있기 때문에 출시 일주일 만에 700만의 경이적인 다운로드 수를 기록하기도 했다.

셋째, AR은 지도 등 기존 인프라를 활용하여 확장이 가능하다. 포켓몬GO의 경우 구글맵과 같은 지도데이터가 중요한 기능을 한다. 포켓몬GO를 출시한 나이엔틱은 구글의 사업부에서 분사하였는데, 나이엔틱의 대표인 존 행크는 구글에서 구글맵의 개발을 이끌어왔었다. 콘텐츠의 상당한 부분을 변형해야 하는 VR에 비하여 상대적으로 장비의 추가나 소프트웨어 설치 등이 용이한 것도 AR의 또 다른 장점이다.

AR 사례 – 구글 글래스

구글 글래스는 AR의 등장을 본격적으로 알린 장비이다. 안경 형태의 디스플레이에 입력장치와 녹화장치를 갖춘 구글 글래스는 그 특유의 디자인 때문에 비난과 지지를 동시에 받았지만, 실제 현실과 가상현실이 결합될 수 있는 길을 열어 주었다. 구글 글래스는 GPS와 연동되어 위치기반서비스LBS를 가능하게 하고, 쇼핑이나 운전, 관광 등에서 훌륭한 가이드 역할을 할 수 있다. 하지만 구글 글래스의 뛰어난 녹화 기능이 자칫 사생활 침해로 연결될 수 있다는 우려에 따라 이의 사용을 금지하는 움직임도 있다. 곧 신제품이 출시될 것으로 보인다.

AR 사례 — 포켓몬GO

포켓몬GO는 가상현실 분야의 새로운 발전가능성을 증명한 게임이다. 스마트폰에서 구현되는 포켓몬GO는 실재 세계 위에 위치기반의 가상현실 캐릭터를 배치하여 게이머가 이를 잡으러 다니는 형태로 진행된다. 이 게이머들은 흔히 '트레이너'라고 불리는데 자신의 캐릭터의 성장을 위해 훈련을 한다는 의미를 담고 있다. 포켓몬GO는 출시 일주일 만에 1,000만에 가까운 다운로드를 기록하는 대성공을 거두었는데, 그 성공의 기반에는 다음과 같은 요소들이 포함되어 있다.

첫째, 포켓몬GO는 기존의 캐릭터, 트레이딩 카드게임 및 지도 콘텐츠 등을 기반으로 개발되었다. 종이 카드를 이용한 트레이딩 카드게임에서 보여주었던 캐릭터 컬렉션을 가상공간으로 이동한 것이다. 이는 최근 유행하고 있는 O2O(온라인 투 오프라인)과 같은 맥락으로 볼 수 있다.

둘째, 포켓몬GO는 사용자의 몰입도를 높이면서도 단순한 입력방식으로 진행된다. 부가적인 장비 없이도 가상현실을 이용할 수 있는 데는 스마트폰이 큰 역할을 했다. 게이머들은 GPS 기반으로 적절한 속도로 걸어야만 게임을 진행할 수 있기 때문에, 지역 활성화, 보조 배터리 등 부가장비의 판매 등 예상치 못한 스필오버 효과도 나타나고 있다.

셋째, 포켓몬스터의 브랜드를 잘 활용하였다. 한국에서 유사한 캐릭터로 동일한 게임을 개발한다고 해도 포켓몬GO와 같은 성공을 기대하기는 어려울 것이다. 그만큼 포켓몬 캐릭터에 대한 브랜드 가치는 높으며, 포켓몬 등 미국, 일본 등에서 수십 년간 발전해온 비디오

게임 시장의 위력도 그대로 보여주고 있다.

마지막으로 MR 관련 창업 방안은 어떠한 것이 있을까? AR의 성공적인 확산에 따라 새롭게 떠오르는 가상현실 분야는 MR이다. MR은 가상현실에 집중한 VR과 실제 현실에 단순히 오버레이되는 AR이 융합되어, 가상현실의 조작을 통해 실제 현실이 변형되는 분야이다. 일부에서는 MR을 VR과 AR을 모두 포괄하는 개념으로 설명하기도 한다.

MR 분야는 VR이나 AR 분야에 비해서 장벽이 높은 분야이다. 관련된 장비나 기술도 높은 수준이라 많은 개발비용이 예상된다. 하지만, 원자력 발전소 점검, 화성 체험 등 비용과 관련없이 꼭 필요한 분야의 창업은 계속 이어질 것으로 보이며, 상시적이지는 못해도 이벤트 형태의 체험 공간을 운영하는 데는 강점이 있을 것으로 본다. 의료분야 등에서 MR 기술을 활용하여 창업을 한다면, 가상 수술훈련을 눈으로만 보는 것이 아니라 촉감 등 오감으로 느끼면서 큰 효과를 볼 수 있을 것으로 기대된다. 다만 이 분야의 기술개발은 스타트업이 혼자 떠맡기에는 쉽지 않을 것이므로 학교나 연구소 등과 협력하는 형태로 추진할 필요가 있다고 본다.

004

가상현실 관련 글로벌 ICT 기업들의 동향과 가상현실의 미래

이제, 글로벌 ICT 기업들의 동향과 가상현실의 미래는 어떤지 알아보자. 올해 초 삼성전자는 스페인에서 열린 갤럭시 S7의 공개 행사에서 VR 콘텐츠를 선보였다. 페이스북의 CEO 마크 주커버그도 깜짝 등장하여 오큘러스와 삼성전자가 협력하여 VR 생태계를 구현하겠다는 발언을 하기도 했다. 글로벌 ICT 기업이 가상현실에 얼마나 공을 들이고 있는지 보여주는 단적인 예다.

'파이퍼 재프리'라는 미국 투자회사는 애플은 향후 2년 안에 아이폰 및 아이패드용 VR 제품을 선보일 것으로 예측하고 있는데, 그 근거로 애플 내에 가상현실 관련 경력자가 늘어나고 있다는 점을 제시했다. 최근 애플은 VR 전문 연구자인 버지니아 공대의 더그 보우만을 영입하기도 했고, AR 전문기업인 독일의 '메타이오'와 모션 캡처 전문업체인 스위스의 '페이스시프트', 표정을 읽는 기술을 가진 '모티언트' 등 가상현실과 관련된 기업을 계속 인수하고 있어서 이런 예측이 가능성이 높아 보인다.

구글은 그 특유의 기업문화처럼 골판지로 만든 카드보드 형태의 HMD를 내놓았는데, 싸구려라서 인기가 없을 것이라는 예상과는 달리 2년 동안 500만 개가 넘는 판매량을 올렸고, 35만 시간 이상 동영상을 시청한 것으로 집계되었다. 구글은 가상현실 사업부를 출범하기도 했다.

페이스북은 앞에서 설명했듯이 오큘러스의 인수 등으로 경쟁 기업 중 가장 먼저 가상현실 분야에 관심을 가지고 투자해왔다.

005

가상현실 분야 창업, 한국시장에서 시작하자

가상현실 분야의 인기에 맞물려 정부 관련 부처에서도 가상현실과 관련된 정책들을 내놓고 있다. 2016년 6월부터 미래창조과학부는 판교의 디지털콘텐츠 체험관에서 가상현실 체험 콘텐츠를 전시하는데, 한국전자통신연구원이 개발한 VR 콘텐츠에는 '에어글라이더'라는 익스트림 스포츠, 옷을 가상으로 입어보는 '가상피팅 시스템', 3차원 여행 체험 시스템, 골프 코칭 시스템, 아바타에게 분장을 해보는 '분장시뮬레이션 시스템'이 시연되었다. 국내에도 가상현실을 직접 체험해 볼 수 있는 공간도 속속 들어서고 있다. 'VR플러스'는 PC방과 카페, VR 체험존을 통합한 형태의 가상현실 체험공간인 서울 강남에 개소하여 가상현실과 관련된 복합문화공간 역할을 하고 있다. 주요 장비는 오큘러스 리프트, HTC Vive 등이며, 향후 다른 장소에 공간을 추가할 계획도 하고 있다고 한다.

국내 VR 게임 개발 사례

국내에서도 VR과 관련된 게임 및 콘텐츠 관련 개발 노력은 활발하게 이루어지고 있다. 스크린 골프업체인 마음 골프는 가상현실과 연동한 제품인 '티업골프'를 준비 중이다. 네오위즈는 온라인 대작 게임 '에스커'를 출시하면서 가상현실 버전도 함께 공개하였다. 에스커의 VR 버전은 오큘러스 VR의 제안에 따라 기획하였다고 한다. 가상현실 게임분야에서 가장 선두에 있는 기업 중 하나인 스코넥 엔터테인먼트도 오큘러스와 협력하여 MWC2015에 '모탈 블리츠'라는 3D 슈팅게임을 발표하였다. 또한 코카콜라와 협력하여 환타와 관련된 VR도 제작했고, 연예기획사와 협력하여 '아이돌 유니버스'라는 게임을 개발 중이다. 무버는 연예인들의 사생활에 관심이 있는 팬들을 위해서 연예인들의 생활을 가상현실 기술을 통해 제작하여 인피니트, 스텔라의 뮤직비디오를 네이버캐스트 VR 채널을 통해 공개한 바가 있다. 어반베이스는 건축가들이 모여서 실내공간정보를 VR 플랫폼으로 변환하는 기술을 개발 중인데, 건축물의 2D 도면을 몇초 안에 3D 도면으로 바꿀 수 있는 기술을 개발하기도 했다.

VR 하드웨어 단말기에 대한 개발은 많은 비용과 기술축적 등의 문제 때문에 쉽지는 않은 분야이다. 특히 VR 장비에 들어가는 디스플레이의 개발은 제품 성공의 핵심 요소 중 하나이다. 하지만 눈앞에 설치되는 디스플레이는 작은 크기에 고해상도를 구현해야 하기 때문에 일반적인 LCD나 OLED 공정으로는 만들기가 쉽지 않다. 국내업체인 라온텍은 반도체 공정이 아닌 'LCoSLiquid Crystal on Silicon' 공정에 특수거울과 액정을 이용하여 VR용 마이크로 디스플레이를 생산하는 기술을 개발하였다. 직접 생산은 하지 않는 팹리스 업체인 실리콘아츠는 그래픽카드의 성능을 획기적으로 향상시킬 '레이 트레이싱' 기술을 공개했다. 이 기술은 각 화소의 신호를 추적하는 형태로 시뮬레이션을 구현하여 계산시간을 획기적으로 줄여줄 수 있어서 사실적인 이미지 구현에 큰 도움이 될 것으로 기대되고 있다. 실리콘아츠는 레이트레이싱 기술로 2015년 주목해야 할 반도체 벤처기업(EE Times, 2015)에 선정되기도 했다.

가상현실 기술, 늦었더라도 서두르지 말고 천천히 실행해야 한다. 가상현실과 관련된 성공적인 제품들이 속속 등장하고, 포켓몬GO의 놀라운 성공에 반사적으로 '한국형 포켓몬GO'를 만들자거나 '한국 캐릭터로 AR 제품을 개발해서 미국의 실리콘밸리 등에서 성공신화를 만들자'는 주장이 나올 수 있다. 실제로 얼마전 한 교육콘텐츠 기업에서 VR 관련 프로젝트를 개발하고 싶다는 말을 전해 들은 적이 있다. 기존 교육콘텐츠를 일일이 VR로 바꾸는 데는 적지 않은 비용이 들 것 같아 속사정을 알아보니 정부에서 관련 예산을 준비 중이라는 정보를 들어서 서둘러 관련 프로젝트를 준비하려는 것이라고 했다. 다행히 중도에 방향을 바꾸어서 프로젝트 추진은 중단했다고 들었지만 자신의 역량을 파악하지 않고 무작정 유행을 좇는 것은 좋지 않은 방향이라고 생각된다.

이런 접근은 기업 전체를 위기에 빠트릴 수 있는 무모한 접근 방법이다. 포켓몬GO의 성공에는 구글이라는 거대기업의 구글맵과 구글어스 기술이 녹아 있다. 또한 수십 년간 세계적인 성공을 거둔 일본의 캐릭터회사도 협력하고 있다. 아직도 종이카드를 갖고 다니면서 서로 교환하며 포켓몬 캐릭터를 열심히 확산시키고 있는 일본의 '오타쿠'들이 없었다면 포켓몬GO의 성공은 쉽지 않았을 것이다.

가상현실 분야의 창업도 외국에서 들려오는 성공 소식에 섣불리 글로벌 창업을 꿈꾸기보다 국내시장부터 먼저 장악할 필요가 있다. 이에 관해서 지난해 만난 한국에서 벤처기업으로 크게 성공하여 미국을 오가며 스타트업을 육성하고 있는 한 벤처인큐베이터의 충고가 기억난다. "실리콘밸리에서 보기에 한국 벤처 스타트업은 초보수준이다. 몇몇 성공사례에 혹해서 실리콘밸리 등 글로벌 창업을 꿈꾸는 것은 무모하다. 꼭 해외로 진출하려면 한국에서 어느 정도 기반을 닦은 뒤 진출하는 게 성공가능성이 높다. 그리고 한국도 그렇게 작은 시장이 아니다. 글로벌 기업으로 성공하기 위해서라도 한국에서 먼저 성공할 필요가 있다."

또한 포켓몬GO의 성공에 현혹되어서 무작정 비슷한 게임을 출시하려 한다면 이는 또 다른 실패로 이어질 수밖에 없을 것이다. 포켓몬GO의 성공사례에서 보이듯 자국 내에서 성공 가능성 있는 아이템을 개발하여 제품, 서비스 등을 출시할 필요가 있다.

가상현실 관련 국내 창업사례

ICT 및 게임 분야에서 한국이 선두에 있는 분야는 RPG 등 PC게임 분야와 카카오톡, 네이버 밴드와 같은 소셜미디어 분야, 그리고 삼성, LG 등의 스마트폰 하드웨어 분야이다. 이 분야들에서 가상현실 관련 제품이나 서비스, 아이템이 나온다면 포켓몬GO를 뛰어넘는 우수한 게임이나 서비스가 등장할 수 있을 것이다.

가상현실 기술의 양과 음

가상현실 기술과 장비의 확산에 한편에서는 우려의 목소리도 나오기도 한다. 가상현실 기술이 몰입도가 너무 뛰어나서 가족 등 주변 사람들과 의사소통이 더 없어질 것이며, 특히, 얼굴을 완전히 감싸는

〈표 3-5〉 가상현실 기술 관련 국내 주요 장비업체 현황

업체명	사업내용	비고
스카이라이프	3D시스템 구축	
티엘아이	3D TV 컨트롤모듈 제조	
상보	3D 디스플레이 필름소재업체	
레드로버	3D 하드웨어와 소프트웨어	
나무가	3D센싱카메라 모듈개발	
에스피지	4DX체어에 핵심적인 기술을 CGV에 공급	
골프존유원홀딩스	VR시뮬레이션 시스템개발	
에스에스컴텍	가상현실 관련 제품 출시	
이랜텍	가상현실 스마트글래스 개발	
에스코넥	삼성전자 기어VR 부품공급업체	
동운아나텍	오토포커스 구동칩 전문회사	
한국큐빅	홀로그램 필름 특허취득 및 VR렌즈 관련업체	

출처: 키움증권(2016), 가상현실 관련주 VR 대장주 총모음.

형태의 HMD와 같은 장비는 주변사람들과 소통을 완전히 차단할 것이라는 주장도 있다. 아직은 어지러움증 때문에 오랫동안 HMD를 착용하는 것은 어려워서 이런 현상이 문제가 되지 않을 것으로 보이지만, 최근 포켓몬GO의 열풍에 따른 부작용에서 보이듯, 문제점을 사전에 제거하려는 노력도 동시에 진행되어야 할 것이다.

국내의 주요 기업들이 가상현실 관련 분야 투자에 선불리 나서지 않고 있는 것도 생각해봐야 할 부분이다. 대형게임 업체인 엔씨소프트, 넥슨, 넷마블 등은 가상현실 분야에 적극적으로 뛰어들지는 않고 있다. 가상현실 분야는 장비와 콘텐츠에 워낙 많은 비용이 들어가서 그렇기도 하지만, 현재 기술로는 게임 등에서 VR 장비의 처리 속도가

낮을 수밖에 없으며, 두통이나 피로누적, 부상의 위험 등도 있을 수 있기 때문에 관망하는 자세를 갖고 있는 듯하다. 이런 양상이 과거 아이폰의 등장 때 시기를 놓쳐서 기업의 존폐가 위험해진 사례와 유사한 형태로 가게 될지, 아니면 현명한 선택이 될지는 어느 정도 시간이 지나야 확인될 수 있을 것이다.

가상현실 기술은 사회의 다양한 문제점을 해결하는 데 기여할 수도 있다. 작년에 유엔은 에볼라 바이러스로 5,000명가량이 숨진 라이베리아의 실상을 가상현실 콘텐츠로 만들어 공개하기도 했다. 이 가상현실 콘텐츠에서는 에볼라에 감염되었다가 완치되어 면역력이 생긴 뒤 주위 환자의 치료를 위해서 자원봉사를 하고 있는 데콘티 데이비스라는 여성의 관점에서 참혹한 라이베리아의 현실을 간접 체험할 수 있는데, 영상이 공개된 후 적지 않은 반향을 일으켰다. 유엔은 시리아 난민촌의 현실을 다룬 가상현실 영상인 '시드라 위의 구름'을 만든 적도 있는데, 요르단 난민촌에 사는 난민소녀 시드라의 일상을 보면서 유엔 난민관련 후원자의 1/6가량이 영감을 받았다고 한다. 이 사례는 가상현실 기술의 긍정적인 측면을 잘 보여준다.

가상현실 기술과 관련된 다양한 주장 중에서 가장 확실한 것은 가상현실 분야가 아직도 걸음마 단계라는 것이다. 이제 겨우 시각과 촉각, 청각을 일부 이용한 가상현실 장비가 출시되고 있는 정도이다. 후각, 미각 등 사람의 오감을 모두 활용하는 가상현실 기술은 2030년 정도에 가능할 것으로 예상되고 있다. 그만큼 기회가 많이 남아 있다고 볼 수 있다.

3D printing

제4장

3D 프린팅

윤영진

영진이는 건축디자인학과 졸업반이다. 수업시간에 다루는 건축물 구조나 디자인을 정밀하게 확인하기 위해 주로 3D 프린팅을 활용한다. 또한, 졸업 과제물 제출을 위해 한 학기 동안 디자인한 건축 모형을 3D 프린터로 출력하여 제출했다. 대부분의 학생들이 3D 프린팅을 활용한 과제를 제출하여 서로의 작품을 보다 쉽게 이해할 수 있었다. 특히, 과거에 선배들이 밤새서 졸업 작품을 만들던 것을 옆에서 돕던 것을 생각하면 피식하는 웃음이 나온다. 지금은 모델링만 하면 반나절 안에 원하는 모형을 만들어 낼 수 있고, 수정도 순식간이기 때문이다.

학기가 끝난 후, 떠난 여행에서는 평소 관심이 많던 자동차를 보기 위해 디트로이트 모터쇼에 직접 다녀왔다. 그곳에서 3D 프린터로 출력된 자동차를 보았다. 저녁에 방문한 호텔에는 영진이의 사진을 합성해 제작한 3D 프린팅 피규어가 웰컴 패키지로 준비되어 있었다.

001

창조적 행위를 위한 최적의 도구, 3D 프린팅

3D 프린팅이란 디지털 데이터를 가공하여 3차원 설계도 설계 및 구성을 통해 적층 혹은 분출형 출력방식으로 입체적인 물질을 프린팅하는 기술을 말한다. 기존(2D) 프린팅은 종이나 사물의 평면에 활자나 그림 등을 단면 출력하는 기술이다. 이러한 기존의 프린팅은 전후(x축), 좌우(y축)로 운동하여 결과물을 출력하는 방식이다. 하지만 3D 프린터는 기존의 프린팅(2D)에 상하(z축)운동을 더한 방식이다. 이러한 3차원 출력 방식은 설계한 3D 도면을 바탕으로 3차원적인 물품을 출력할 수 있다. 3D 도면은 3D CADComputer Aided Design와 같은 3D 모델러(3D 모델링 프로그램 통칭) 또는 3D 스캐너 등을 통해 설계하거나 제작한다. [그림 4-1]의 3D 프린팅 작동원리를 보면 보다 수월하게 이해할 수 있다.

3D 프린팅은 재료에 따라 크게 두 가지의 원리로 작동된다. 합성수지 등의 재료를 적층하여 쌓는 방식과 덩어리 형태의 재료를 깎는 방식이 있다. 이 중 덩어리 형태의 재료를 깎아내는 방식을 3차원 조각기 방식이라 한다. 3차원 조각기 방식은 커다란 합성수지를 데이터에 따라 깎아내어 제품을 생산한다. 비교적 매끄럽게 출력할 수 있으나 색상 표현을 위해서는 다수 개의 합성수지를 복합적으로 사용하는

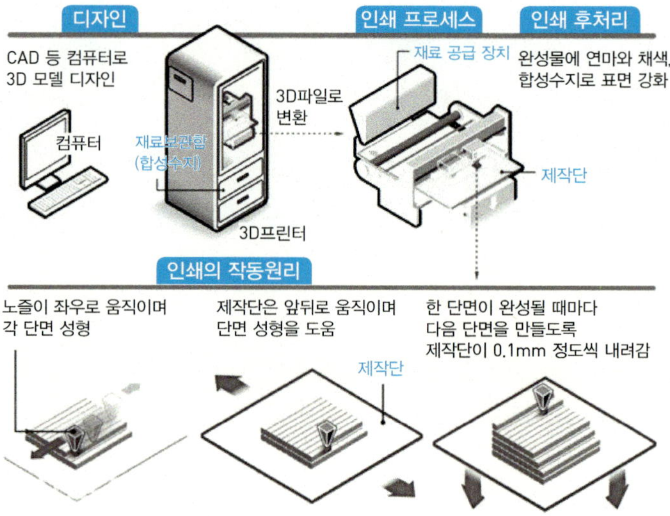

[그림 4-1] 3D 프린팅의 작동원리

불편함이 있다.

반면 적층을 통해 출력하는 방식을 쾌속조형 방식이라 한다. 쾌속조형 방식은 CAD와 같은 3D 모델러 혹은 3D 스캐너를 통해 설계된 설계도 데이터를 기반으로, 가루 혹은 액체를 응고시킨 후, 0.01~0.08 정도의 두께로 레이어를 쌓아 출력하는 방식이다. 석고나 나일론, 플라스틱을 녹인 액체, 플라스틱 등을 주 재료로 이용하며 재료에 따라 출력 기술이 조금씩 차이를 보인다. 3차원 조각기 방식과 달리 쾌속 조형 방식은 레이어 적층을 통한 방식으로 물품을 출력하기 때문에 실제 곡선을 100% 구현하지 못하며 레이어 층이 육안으로 보여 매끄럽지 못한 느낌을 주는 단점이 있다. 하지만 이러한 단점은 점차 해소될 것으로 보인다.

1984년 설립된 미국의 3D 시스템즈의 척 헐Chuck Hull 또는 Charles W. Hull에 의해 최초로 3D 프린터의 개발 및 특허를 출원했다. 이 제품은 SLAStereolithography 방식으로, 액체 형태의 광경화성수지에 레이저를 투과해 입체 형태를 구축하는 방식이다. 이를 시작으로 플라스틱을 녹여 적층하는 FDMFused Deposition Modeling 방식, 파우더를 원료로 쓰는 SLSSelective Laser Sintering 방식 등의 다양한 3D 프린팅 출력 방식이 등장하면서 치열한 기술 경쟁을 벌이고 있다.

30년 역사를 지닌 3D 프린터가 근래에 와서야 주목 받기 시작한 이유는 기술 방식과 원천기술에 대한 특허권에 있다. 2004년 FDM 방식의 특허가 종료됐으며, 2014년 2월에는 SLS 방식의 특허도 만료되었다. 특허 존속기간이 만료되면 그 기술은 누구나 활용할 수 있는 기술로서 오픈소스를 통한 배포에 있어 법적인 제약을 받지 않는다. 때문에 누구나 사용할 수 있는 공용 기술이 된다. 특허의 만료와 원천기술의 오픈소스화를 통해 3D 프린터와 그 기술은 다양한 제조사에 의해 다양한 형태로 보급될 것이다. 이에 따른 단가의 하락과 공급의 증가는 필연적이라고 할 수 있다. 때문에 3D 프린팅은 소수만이 이용할 수 있는 고가의 장비가 아닌 누구나 사용할 수 있는 보편적인 장비로 변모되고 있다. 이러한 특허의 만료와 함께 3D 프린터 전문가들이 3D 프린팅에 주목하는 이유는 바로 제조업의 혁신 측면 때문이다.

3D 프린터의 장점은 생산 설비의 교체 없이 3D 모델러를 통한 설계도의 수정을 통해 새로운 혹은 개량된 제품을 즉시 생산할 수 있기 때문이다. 이는 기회비용에 대해 많은 부분을 해소해 준다. 특히 신속한 조형 복제기술을 일컫는 렙랩프로젝트Replicating Rapid-prototyper는, 이러한 과정 속에서 더 나은 3D 프린터로 진화하게 되었고, 3D 프린

터가 스스로 3D 프린터에 필요한 부품을 출력해 낼 수 있게 되었다. 그리고 이 프로젝트에서 착안하여 메이커봇과 같이 자체적으로 진화를 거듭하는 3D 프린터를 만드는 회사들이 생길 수 있었다. 또한 3D 프린터를 제조하는 것뿐 아니라 3D 프린터를 활용하는 방식에 있어서도 이러한 공유의 문화, 즉 'opensource'의 문화가 강력하게 적용되고 있다. 3D 프린팅을 활용하여 프로젝트를 함께 진행하고 아이디어를 공유하는 거대한 오픈소스 커뮤니티를 통해 3D 프린팅은 개인에서 산업까지 모든 이들에게 더욱 다가서고 있다. 이외에도 'Thingivers'라는 메이커봇 3D 프린터 회사가 자체적으로 운영하는 홈페이지를 통해서 디자인 파일(도면)을 공유하고 다운받아 3D 프린터를 통해 물건을 만들어 낼 수 있다.

전문칼럼 1

"창조" 그 이야기의 새로운 시작점에서 본 "3D Printing"

'창조'라는 말의 의미가 인간의 행위로 사용된 것은 인류 역사상 채 200년도 되지 않았다. 사실 19세기 이전에는 '창조'의 주체는 오직 '신'이었다. 창조주인 신과 피조물인 인간의 관계를 상징하던 '창조'라는 단어가 19세기 말 니체에 의해 인간에게 부여된 것이다. 성서주의에서 피조물에 불과하던 인간이 당당히 과거에는 존재하지 않았던 것으로부터 가치를 창조하는 주체로 정의된 것이다.

니체가 말한 신의 죽음은 초인(Übermensch)으로서 인간의 재탄생을 의미한다. "가치의 변천, 그것은 곧 창조하는 자들의 변천이기도 하다. 창조자가 되지 않을 수 없는 자는 끊임없이 파괴를 하게 마련이니 … 중략 … 먼저 파괴자가 되어 가치들을 부숴버려야 한다." 니체가 정의하는 초인을 현대의 기술적 의미로 굳이 해석한다면 '파괴적 기술'이라고 정의될 수 있을 것 같다. 더불어 파괴적 기술이란 궁극적으로는 가치의 변천시키는 모든 것으로 해석될 수 있다. 3D Printing을 바라보는 우리의 시각이 단편적인 요소 기술의 발전이 아닌 사회적 가치의 변천을 이끄는 총합(융합)적 기술 측면에 집중해야 하는 이유이다.

처음 내가 3D Printing에 대하여 이야기를 들은 건 1990년대 후반이었다. 그때 같은 Lab에 있던 동료가 스타트랙에서 나오는 사물이동 기술이 개발되었다는 이야기를 한 것이다. 어떻게 그런 기술이 있을 수 있나 하고 알아보니 3D 프린팅을 통한 원격제조 기술이었다. NASA에서 우주정거장에 부품을 매번 왕복선을 통하여 제공하는 방법을 개선하기 위하여 3D Printing 기술을 적용하고자 한 것이다. 데이터의 흐름이 곧 제품의 흐름과 동일하게 된 것이다. 과거 수십 년간 학자들이 연구했던 수많은 물류 최적화 모델이 무색해진다. 기술모델 자체는 단순하였지만 그 가치는 가히 파괴적이라 할 수 있다.

특정 기술이 가치의 변천을 이끌기 위해서는 기존의 가치형성 체계를 파괴시킬 수준으로 혁신적이어야 한다. 전술한 바와 같이 3D Printing은 기술의 단조로움에 비추어 매우 파괴적 성향을 갖추고 있다. 복잡한 생산과정을 단순화하고 고도화된 산업가치사슬을 해체시키기에 충분한 효용성을 지녔다. 이제 누구든지 생산자가 될 수 있으며 더 나아가 강력한 장벽으로 작동했던 제조역량을 단순 서비스 역량으로 전락시킬 정도이다. 이제 우리는 제조를 서비스하는(Manufacturing as a Service) 경제구조로 들어가고 있으며 순수한 의미의 Mass Customization이 실현되는 시점에 와 있다.

가치의 변천을 이끄는 또 하나의 동인은 사회 전체가 쉽게 사용할 수 있을 정도의 높은 활용성을 가지는 것이다. 이러한 측면에서 볼 때, 각 개인들이 활용하는 다양한 컴퓨팅 기술 및 디바이스의 생태계에 3D Printing은 쉽게 편입된다. 3D Printing을 활용하는 개인들은 가치 소비자이자 생산자가 될 수 있으며 이는 가치창출력이 상호작용에 의해 극대화될 수 있음을 의미한다. 손쉽게 활용될 수 있는 스캐닝, 모델링 S/W와 이를 통해 생산된 다양한 BM과 IP를 유통할 수 있는 기반이 구축된다면 사실상의 새로운 경제 기반이 조성되는 것이 아닌가 생각된다. 이러한 측면에서 최근 3D Printing에 대한 정부를 포함한 다양한 사회 주체의 논의는 매우 시의성 있는 노력이라고 볼 수 있다.

정부 및 민간차원의 자발적 참여 환경의 조성 또한 중요한 고민거리 중 하나일 것이다. 3D Printing을 단순한 산업 혁신기술에 국한하지 않고 가치의 변천을 이끄는 주제라고 본다면 민·관이 공동의 역할을 통하여 사회적 가치로 이끌기 위한 활성화에 노력을 기울여야 할 것이다. 특히 산업 및 사회 저변에 걸친 가치의 변화를 생성하고 소비하는 주체는 민간이기 때문에 활성화에 대한 교육 및 인증, IP 유통, 신BM과 기술 개발 등에서 기업의 적극적 참여가 유도되어야 할 것이다.

002

3D 프린팅을 활용한 비즈니스 사례의 급증

3D 프린터는 촬영용 카메라 등과 같은 정밀 기기의 부품에 대한 작업이 필요한 곳에서도 적극 활용되고 있다. 이러한 정밀기기의 부품과 몸체를 한 번에 출력할 수 있기 때문에 전자기기 또한 출력할 수 있다. 또한 디자인 및 설계 도안을 통해 일정수준의 지식을 가진 자라면 누구나 출력할 수 있다는 장점으로 새로운 제품 및 부품개발 시 빠르게 시제품을 제작해 시험해볼 수 있는 RPRapid Prototyping이 가능하다. 이러한 특성은 과거 Design을 거쳐 Forging Components, Grinding, Milling, Assembly 등의 단계를 통해 시제품을 제작해야 했던 것에 비해 시간과 비용을 대거 단축할 수 있다. 또한 적용 소재의 상용화가 합성수지(플라스틱)에서 점차 금속소재, 목재, 고무, 바이오 등 다양하게 확대되어 가면서 적용 분야 또한 지속적으로 확대되고 있다.

유럽과 아메리카의 활용사례

최근 열린 디트로이트 모터쇼에서 3D 프린터로 출력된 자동차가 눈길을 끌었다. 미국 자동차 제조업체인 로컬모터스가 3D 프린팅으로 만든 자동차 '스트라티'를 선보였기 때문이다. 이 자동차는 탄소섬유가 들어간 분말형 플라스틱합성수지를 레이저 혹은 전자빔으로 사출해 응고시키는 방식으로 출력해 냈다. 공동 창업자 겸 최고경영자CEO인 제이 로저스는 "올 연말 24시간으로 단축해 종국에는 1대당 10~12시간 안에 제조하는 것이 목표"라고 말했고 곧 상용화할 예정이다. 자동차 공학박사인 로니 러브는 자동차제조업에서 3D 프린터 활용 비율은 5년 뒤 약 1조 3천억원, 지금의 5배에 이를 것으로 전망된다는 입장을 밝혔으며 3D 프린터 덕분에 2만 개가 넘는 자동차 부품은 50개 정도로 줄어들 것이며, 소재의 개발 여부에 따라 엔진까지도 출력할 수 있는 시대가 올 것으로 보인다고 예측했다.

최근 유럽항공방위산업체EADS는 3D 프린터로 자전거를 출력해 '에어바이크'라고 명명했다. 에어바이크가 특별한 이유는 기존처럼 바퀴와 페달, 안장 등의 자전거를 구성하는 부품들을 따로 제작해 조립하여 완성한 것이 아니라 자전거 한 대를 완성품으로 출력했기 때문이다. 출력한 직후 페달링을 통해 바퀴가 굴러가며, 조립을 통한 제작이 아니기 때문에 그로 인해 주기적인 점검과 수리를 하지 않아도 된다. 에어바이크는 나일론 가루를 붙인 레이어를 쌓아 출력했다. 강철이나 알루미늄으로 만든 기종 자전거보다 약 40%나 가볍다. 가장 매력적인 점은 3D 설계를 수정하면 내 체형과 기호에 맞게 안장 높이와 바퀴 크기, 색깔과 디자인을 바꿀 수 있다는 것이다. 세상에 하나뿐인 맞춤형 자전거를 출력하는 것이다.

지난해 7월 말 영국 사우스햄튼대에서 출력한 무인항공기 SULSA는 알루미늄 조각을 퀼트Quilt처럼 이어 붙여야 하는 번거로움을 덜어주었다. 비행기의 날개는 공기마찰을 줄이고 양력을 받기에 적합한 타원형 모양으로 만든다. 하지만 이 모양은 한 번에 만들 수가 없어 여러 조각을 하나하나 이어야 했다. 이러한 점을 해소하고자 연구팀은 3D 프린터로 나일론 가루를 적층해 비행기를 출력한 뒤 레이저로 후처리를 진행했다. 완성된 비행기는 배터리와 엔진을 달고 최고 시속 160km까지 비행할 수 있다. 이러한 사례를 접한 EADS의 에어바이크 연구팀은 여객기를 한 번에 출력하는 기술을 개발하고 있다.

의료산업에서는 3D 프린팅 기술이 구원자의 손길 역할을 톡톡히 하고 있다. 벨기에의 의료보조기 제조회사인 ACMI에서 3D 프린터로 골반뼈 출력에 성공했다. 기존의 기술로는 환자의 몸에 딱 맞는 보형물을 만드는 일이 불가능했다. 게다가 보형물 외에 다른 의료보조기구 혹은 대체재를 환자의 체형과 환부에 맞춰 제작하는 것은 비용과 시간의 소비가 크며 다양한 변수에 대처하는 것이 불가능에 가까웠다. 하지만 3D 프린팅 기술의 출현으로 이러한 난점이 해소되고 있다. 대상 환자의 환부나 체형에 맞춘 제작이 가능해졌다. 3D 스캐너를 통해 해당 부위를 스캔한 뒤 보형물을 출력하면, 환자의 체형이나 환부에 꼭 맞게 제작이 가능한 것이다. 또한 환자의 제형과 환부에 맞는 적합성뿐만 아니라 이를 제작하는 데 필요한 시간과 비용 또한 절감할 수 있게 되었다. 3D 프린팅을 통해 출력한 골반뼈는 인체 골조직과 동일한 설계로 골조직과 유사한 형태의 호흡도 가능하도록 제작되었다. ACMI 연구팀은 인공 뼈에 혈액을 공급하는 기술을 완성해 가까운 미래에 상용화할 예정이다.

아시아의 활용사례

일본 도쿄대에서는 3D 프린팅 기술을 이용한 이식용 피부, 뼈, 연골 제작에 성공했다. 일본 도쿄東京대병원 연구팀과 후지필름의 합작으로 병이나 화상 등으로 인해 상실한 피부·뼈·연골·관절 등을 환자의 환부와 피부 형태에 맞게 제작해 이식할 수 있는 기술을 개발한 것이다. 또한 3D 데이터 수정을 통해 2~3시간이라는 짧은 시간 안에 원하는 조직을 제작할 수 있게 되었다. 현재 일본에는 소, 돼지 등의 동물 조직과 플라스틱 소재를 활용해 인체 이식용 조직을 만드는 기술이 이미 개발되어 있지만, 이렇게 만들어진 조직은 각종 감염증상의 위험이 있어 인체 조직에 동화되는 데 2~3년의 시간이 필요한 단점이 있었다. 그러나 이번에 3D 프린팅을 통해 개발된 기술은 이식 시 발생하는 각종 감염증상의 위험성을 크게 감소시킨 것이 특징이다. 3D 프린팅의 기술력이 나날이 발전하면서 생필품 복제, 물건의 디자인 재창조뿐만 아니라 사람의 목숨까지 살릴 수 있게 될 것을 기대할 수 있다.

또한 글로벌 스포츠 브랜드 나이키의 신발 주문자상표부착생산OEM 납품업체인 창신에서도 3D 프린터를 활용하고 있다. 3D 프린터를 통해 다양한 디자인과 인체공학적인 형태의 신발의 정밀한 시제품을 만들어낼 수 있다. 이렇게 되면 기존 공정보다 작업속도가 빨라지게 된다. 대량생산을 하기 위한 사출금형(금형이란 주어진 형상의 물품을 만들기 위해 사용되는 성형용 도구. 성형 재료를 이것에 넣어 가열, 가압해서 목적의 성형품을 만드는 것이며 사출은 금형의 한 유형이다)을 하기 전 시제품을 만들어서 데이터 오차를 수정하는데 기존의 방법으로 시간과 비용의 소요가 큰 작업을 빠른 시간에 완성해낼 수 있게 됐다. 이와 같이 3D 모델링은 상품을 만들어내는 것에 있어서 시간과 비용을 절감해주고 신발산업에 있어서도 3D 프린팅이 유용하게 사용되고 있음을 알 수 있다.

뿐만 아니라 3D 프린팅 산업이 태양광 산업과도 접목된다면 부가가치 창출의 양과 가격대비 효율성은 극대화될 것이다. 기존의 평면적인 태양광 패널 대신 입체적으로 패널을 제작하면 태양광 포획량과 에너지 생산이 증가할 것이라는 연구 결과가 발표된 바 있다. 한국에너지기술평가원의 손창식 태양광PD는 “3D 구조의 태양광 패널은 전기 에너지를 생산하기 위한 태양광 에너지 피크 시간을 2배 가까이 증가시킬 수 있다”며 “태양전지 제작 기술과 3D 프린터 기술의 융합은 태양광 산업의 미래 기술 및 산업 경쟁력 확보를 위한 핵심 기술이 될 것”이라고 밝혔다.

위와 같은 3D 프린팅의 활용사례들을 통해 3D 프린팅과 타 산업의 융합을 위한 연구는 활발히 전개될 것이고 밝은 전망을 눈앞에 두고 있다. 앞으로 우리들의 미래는 좀 더 편리하고 스마트한 세상이 될 것이다. 3D 프린팅의 활성화에 따라 제품의 디지털화, 즉 IP화로 하나의 제품을 생산하는 데 드는 인건비, 전기료, 원자재 등 자본의 거대한 지출을 줄일 수 있게 될 것이다. 3D 프린팅에 관심을 가진 사람이라면 예견하는 결과이겠지만 이는 첨단기술과 더불어 우리의 일상과 밀접한 사이가 될 것이다.

003

3D 프린팅은 제조-서비스의 최적 어플리케이션이다

서비스업이란 비물질적 생산물을 제공하는 산업이다. 서비스라는 말의 어원은 라틴어로 노예를 뜻하는 'servus'에서 왔다. 경제활동에서 말하는 서비스란 생산된 재화를 운반·배급하거나 생산·소비에 필요한 노무를 제공하고, 개인적으로 남을 위하여 돕거나 봉사하는 행위를 말한다. 즉 서비스란 구체적인 형태를 띠고 있지는 않지만 경제적 가치가 있으며 경제행위의 대상이 되는 재화를 생산하는 활동이라고 정의할 수 있다.

서비스는 산업 내에서 차지하는 비중이 매우 높은 산업으로 알려져 있다. 동시에 서비스의 활용이 커짐에 따라 국가 경쟁력이나 기업 경쟁력까지도 변화시킬 수 있는 중요한 요소가 될 수 있다는 특성을 가지고 있다. 점차 서비스산업의 비중과 중요성이 커지면서 무형으로 실체가 쉽게 인지되기 어려웠던 서비스품질의 개념을 정립하고 품질관리에 대한 관심이 높아졌다. 서비스를 잘 활용하게 된다면 제품을 생산하는 기업이나 순수한 서비스를 제공하는 기업 모두 높은 경쟁 우위를 가질 수 있으며, 차별화를 제공할 수 있는 요소가 되어 제품 자체가 가지고 있는 요소들과 서비스가 어우러져 고객의 만족도와 고객충성도를 향상시킬 수 있다.

최근에는 제조업과 서비스를 구분하는 것이 애매해지는 단계에 이르렀다. 예전에는 제조업체가 제품을 제조하면, 서비스업이라 할 수 있는 부분은 그저 그 물건들을 판매하는 판매업이 대부분이었다. 그러나 최근 제품을 생산하고 공급하는 데 주력했던 제조업체가, 서비스 중심으로 사업모델을 바꾸는 사례들이 부각되고 있다. 일명 "제조업의 서비스화"가 이루어지고 있는 것이다. 미국의 비영리 환경 전문 연구기관인 Tellus Institute가 美EPA에 제출한 보고서(1999)에 서비스화를 제조업과 전통적인 서비스업과의 구분을 애매모호하게 하는 제품에 근거한 서비스 출현이라고 평가했다. 한국 기업의 경우, 지난 2009년 웅진코웨이는 제조업 중심의 기업 체질을 서비스 기업으로 탈바꿈하기 위한 서비스 혁신을 시작했다. 정수기 렌탈서비스뿐만 아니라, 수질유지관리 등 혁신적인 서비스를 도입하여 2000년 대비, 2009년 500%의 매출성장률을 보였다. 이러한 요인이 발생하는 요인은 여러 가지가 있는데, 첫 번째로 말 그대로 '제조와 서비스의 구분이 모호'해졌기 때문이다. 예를 들어, 음식점에서 음식을 손님에게 서빙해주는 것이 서비스분야라고 한다면, 주방 안에서 음식을 제조하는 것은 제조업인가 서비스업인가, 제조업이라고 가정한다면 그 음식에 사용되는 식료품들을 만드는 것이 제조업이 아닌가. 다양한 서비스업들이 발달하면서 제조업과 서비스업을 구분하는 것은 더욱 애매해지고 있다. 3D 프린팅 기술이 발달하면서 제조회사에서 제품을 받아와 서비스를 제공하는 기업들은 이제 간단한 물품들을 직접 출력해 서비스를 제공할 수 있게 되었다. 더욱 제조업과 서비스업의 경계가 모호해지는 것이다. 또 한 가지 이유로는 고객이 필요로 하기 때문이다. 과학과 기술의 발전으로 이미 뛰어난 성능의 제품들이 시장에 쏟아져 나오고 있고, 그로 인해 시장은 포화상태에 이르렀다. 선택의 여지가 많아진 고객들은 이제 단순히 제품의 구매에서만 만족을 그치지 않고, 그 이후의 관리, 소위 애프터서비스를 원하게 되었다. 제품을 구매한 후 더욱더 철저하고 꼼꼼한 관리, 다양한 서비스들을 기대하게 된 것이다.

서비스화는 다양한 관점에서 분류할 수 있는데, 가장 일반적인 분류체계 두 가지로는, 첫째, 서비스화가 제조업의 가치사슬Value Chain에서 일어났는가, 아니면 제조업이 서비스 영역으로 사업을 확대했는가에 따라 나눌 수 있다. 둘째, 제품 지향적product-oriented인가, 아니면 사용 지향적use-oriented인가 아니면 성과 지향적result-oriented인가에 따라 크게 세 가지 유형으로 분류하는 방법이 있다. 제품 지향적 서비스는 위에서 말한 애프터서비스로, 제품 판매에 그치지 않고, 유지, 보수, 사용방법 자문에 관한 서비스를 제공하는 것이다. 사용 지향적 서비스는 기존의 제품판매 형태가 아닌 제품의 소유권은 생산자에게 있으며 다수의 사용자가 제품을 사용하거나 공유하는 사업모델이다. 리스제품에 주로 적용되는 서비스로, 제품에 대해 사용자가 공동으로 사용 가능한 제품 공동이용product pooling사업, 사용자가 제품을 구매하는 것이 아니라 제품 사용에 따라 지불하는 서비스에 따른 지불pay per service사업도 이에 해당된다. 정수기 임대사업이나, 복사기, 자판기 임대사업, 택시 등이 이에 해당된다. 마지막으로 성과 지향적 서비스는 고객과 공급자 사이에 미리 제품에 대한 가격을 결정하여 계약하는 것이 아니라 상호간 노력을 통한 성과에 대해 이익을 배분하는 사업모델이다. 그리고 공급자와 사용자 사이에 직무상의 실행 성과에 대해 사전 계약하에 공급자 주도로 제품의 기능이 관리되는 직무상의 성과functional result 사업모델도 있다. 이처럼 제품과 서비스 간의 융합이 활발해지고 있는 시점에서 유의할 것은 기업은 서비스에 치중하여 제품개발에 게을리해서는 안 된다는 점이다. 또한 제품과 서비스 융합단계에서 각 분야의 이해관계자들 간 갈등조정도 동반되어야 할 것이다.

서비스의 특성을 살펴보면 일단 4가지로 분류할 수 있다. 첫 번째로 무형성이다. 모든 서비스가 공유하고 있는 특성으로서 눈에 보이지 않음을 의미한다. 서비스 자체는 형태로 나타날 수 없다는 점에서 무형으로 나타날 수밖에 없다. 다음으로 변동성이 있다. 대부분의 서비스는 고객과 서비스 제공자가 직접 접촉함으로써 제공되기 때문에 상황에 따라 동일한 서비스가 다른 결과를 가져올 수 있고, 제공자가 동일하더라도 제공된 서비스에서 차이를 보일 수 있는 등 변동되어 나타날 수 있다. 세 번째로 소멸성이 있다. 소멸성은 재고가 존재할 수 없다는 말로, 서비스의 대부분이 생산과 동시에 고객에게 제공되며 소멸된다는 의미이다. 마지막으로 동시성이 있다. 서비스는 고객과 직접 접촉하면서 서비스를 생산하고 전달하며 고객이 서비스 제공 프로세스를 구성하는 중요한 요소가 되는 이유라 할 수 있다. 이처럼 서비스는 4가지의 성격을 띠며 고객에게 제공되고 있다.

서비스업은 물자 생산 대신에 서비스를 제공하는 산업으로, 제1차 산업인 농·임·수산업이나 제2차 산업인 제조업, 광업, 건설업을 제외한 모든 분야를 포함한다. 도소매·음식·숙박·운수·통신·금융·관광·국방과 법·행정을 포함한 정부의 모든 행위도 서비스업에 포함된다. 서비스 산업이 국내 경제 성장과 고용에서 차지하는 비중이 2007년 통계로 GDP 비중 60%, 2007년 고용 비중 66.6%로 고용에서 높게 나타나는 산업임을 알 수 있다. 또한 서비스 분야는 우리나라뿐만 아니라 세계적으로도 비중이 큰 산업이라는 것을 알 수 있다. 현재까지 서비스업 분야는 점차적으로 늘어나고 있는 시점이고, 그에 따른 서비스업의 중요성도 날로 커지고 있다. 어떠한 상품, 제품 등을 생산해내기보다 소비자에게 직접 접촉하거나, 접촉하지 않아도 소비자의 요구를 충족시키면서 만족을 이끌어내는 것이 서비스는 중요한 역할을 한다. 제품을 생산하는 제조업은 기본적으로 소비자와의 마찰이 적다 보니 소비자와의 만남을 통해 직접 보고 마주하며 서비스를 제공해야 하는 서비스업은 더욱 소비자에게 귀 기울여야 하는 경우가 많다. 깊게 생각해보지 않아도 우리의 일상에 서비스업은 굉장히 가까이 위치해 있고 빈번하게 자신이 서비스를 받아왔다는 사실을 알 수 있다. 커피숍에서 점원에게 커피를 받은 것, 의사가 환자에게 진료하는 것과 학교에서 선생님이 학생들을 가르치는 것 등이 서비스이기 때문이다. 서비스와 제조의 가장 큰 차이는 서비스는 무형이고 제조는 유형이라는 것이다. 제조라는 단어 자체에서도 알 수 있듯이 어떠한 제품을 제조, 만들어 생산해내는 것을 말하며 유형물로 존재할 수 있다. 하지만 서비스는 무형 그 자체이다. 제품처럼 만들어질 수 없는 부분이며 서비스를 직접 행해져야 하는 부분이기에 무형이라고 할 수 있다. 그리고 제조업에서는 구매 시 소유권이 이전되지만 서비스는 소유권의 이전이 없다는 것이다. 또한 제품은 되팔 수 있지만 서비스는 다시 되팔 수 없다. 이와 같은 제조와 서비스의 차이점은 더 다양하며 [그림 4-2]를 보면 손쉽게 이해할 수 있다.

클라크C. Clark는 전체산업을 3개 부문으로 분류하고, 서비스업을 제3차 산업이라고 하였다. 그에 의한 산업분류에 따르면, 제1차 산업에

제조		서비스
유형의 제품	↔	무형의 서비스
구매 시 소유권 이전	↔	소유권은 이전되지 않음
재판매 가능	↔	재판매 불가
구매 전 제품확인 가능	↔	구매 전 서비스는 존재하지 않음
소비에 앞서 생산이 이루어짐	↔	생산과 소비가 동시에 일어남
생산과 소비는 공간적으로 분리	↔	생산과 소비가 동일 공간에서 일어남
제품은 운송될 수 있음	↔	제품은 운송될 수 없음 (다만 제공자가 고객에게 이동은 가능)
판매자가 생산	↔	구매자가 생산과정에 참여, 생산 일부 수행 가능
기업과 고객간 간접적인 접촉	↔	대부분 직접 접촉이 필요
제품은 수출될 수 있음	↔	서비스는 정상적으로 수출될 수 없음 (서비스전달 시스템은 가능)
판매와 생산을 기능적으로 분리해 조직할 수 있음	↔	판매와 생산은 분리될 수 없음
제품은 재고로 저장될 수 있음	↔	서비스는 재고로 저장될 수 없음

[그림 4-2] 제조와 서비스의 차이점

는 농업·목축업·수산업·임업·수렵업 등이 포함되어 있으며, 제2차 산업에는 제조업·건설업·가스·전기공급업·광업 등이 포함된다. 그리고 서비스업인 제3차 산업에는 상업·금융업·보험업·운수업·통신업·관광업·선전업·공무·가사노동 등과 기타 비물질적 생산을 담당하는 모든 업무가 포함되어 있다. 이 서비스업 부문은 바인트로브D. Weintroub와 마그도프H. Magdoff에 의하여 다시 5개 부문으로 세분화되었는데, 그 내용을 살펴보면 다음과 같다. 이미 생산된 재화를 취급하는 산업: 운수·통신업·도매업·소매업 등, ② 금융·재산을 취급하는 산업: 금융업·보험업·부동산업 등, ③ 전적으로 개인적 서비스만을 제공하는 산업: 사무활동·자유업·대인서비스업 등, ④ 공무업, ⑤ 제1·2차 산업에서 관리·사무를 담당하는 업무 등이다. 그리고 슈메너Schumenner는 바인트로브D. Weintroub와 마그도프H. Magdoff와 다르게 서비스 프로세스를 분류하여 [그림 4-3] 같은 서비스 매트릭스를 만들었다.

슈메너Schumenner는 고객과의 접촉 정도와 주문화, 그리고 노동의

노동집약의 정도 \ 상호작용과 고객화의 정도	낮음	높음
낮음	**서비스공장** 항공사 화물트럭회사 운송 호텔 휴양시설	**서비스 숍** 병원 자동차 정비소 기타 정비 회사 백화점
높음	**대량 서비스** 소매점 도매점 학교 상업은행의 소매측면 행정	**전문 서비스** 의사 변호사 회계사 건축사 IT 광고기획

[그림 4-3] 슈메너의 서비스 프로세스 매트릭스

출처: 오선일·유병우·강경식, 「슈메너(Schmenner)의 서비스 프로세스 메트릭스를 통한 서비스 만족도 측정에 관한 연구(SERVQUAL과 SERVPERF 간의 비교를 중심으로)」

집약도에 의해 서비스를 네 가지 형태로 분류한 서비스 매트릭스를 개발하였다. 노동의 집약도는 전문화의 정도를 뜻한다. 노동의 집약도란 한 단위의 생산물을 산출하는 데 투입된 생산요소 중에서 노동이 점유하는 비율이 상대적으로 높을 때 그 점유율이다. 그리고 상호작용은 고객과의 커뮤니케이션이 얼마나 잘 이뤄지는가를 나타내며 고객접촉도와 동일한 말이다. 고객접촉도란 서비스 생산시간 중 고객과 집적 접촉하는 시간의 비율을 뜻한다. 고객접촉도가 높을수록 서비스시스템과 고객 사이의 상호작용이 커지게 된다. 고객화의 정도는 개별화의 뜻으로 고객이 원하는 주문에 따라 얼마나 맞춤형으로 이뤄지고 있는가를 나타낸다.

이에 따라 분류된 서비스공장은 노동의 집약도가 낮고 고객과의 상호작용 및 개별화 정도가 낮은 서비스산업이다. 서비스공장은 대규

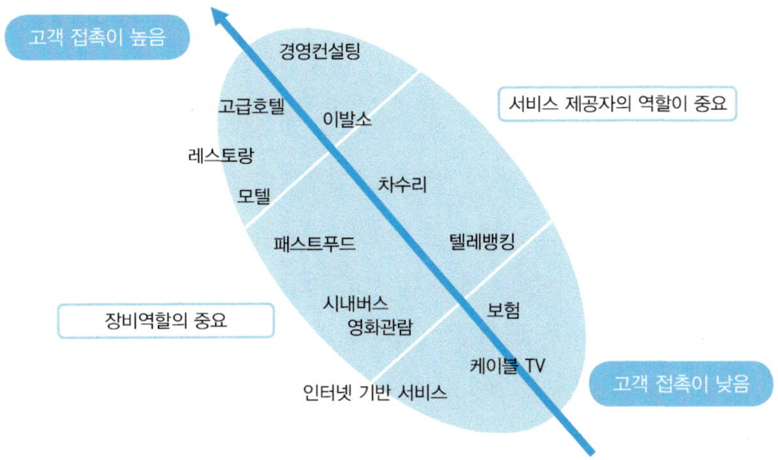

[그림 4-4] 서비스 산업 분류

출처: ks-sqi

모 설비를 이용하여 고객에게 제공하는 서비스가 표준화되어 있다. 그러한 대규모 생산을 통하여 가격을 낮추는 것을 목적으로 한다. 그리고 이러한 서비스공장에서 고객과의 상호작용과 개별화의 정도가 더욱 높아지게 되면 서비스숍이 된다. 서비스숍은 노동의 집약도가 낮으면서 고객과의 상호작용 및 개별화 정도가 높은 서비스부문이다. 고객의 접촉과 주문화의 정도가 높아지면서 고객의 욕구는 일률적이게 되지 않고 점차 다양해지면서 수요가 증가하게 된다. 그래서 서비스공장만큼은 아니지만 고객의 수요를 충족시키기 위해 병원, 백화점, 정비소와 같은 규모로 서비스를 제공하는 업체를 말한다. 대량서비스는 노동집약적이면서 고객과의 상호작용 및 개별화 정도가 낮은 서비스업체이다. 대량서비스에 속하는 서비스업종으로는 학교, 은행, 도매점, 소매점 등이 있다. 전문서비스는 대량서비스가 고객과의 상호작용과 주문화 정도가 증가함에 따라 전문서비스로 전환되는데 수요는 많지 않지만 전문성으로 비용이 대체적으로 높게 측정된다. 전문서비스에는 의사, 변호사, 회계사, 건축가, 컨설턴트 등이 있는데 이 중 변호사로 예를 들자면 의뢰인과 1대1 상호작용으로 접촉성의 정도가 높아 그리하여 높은 개별화를 달성한다. 고객의 수는 적지만 과정에 초점을 맞춤으로써 높은 비용을 감당하게 되는 것이다. 주로 서비스공장과 대량 서비스에 속한 서비스기업은 기능 위주의 서비스 프로세스를, 서비스숍과 전문 서비스에 속한 서비스기업은 고객의 욕구에 따라 수행되는 고객화 위주의 서비스 프로세스를 갖추고 있다. 앞서 우리는 산업별 유통구조 중 제조업과 제조업의 유통구조를 설명하였다. 지금 다룰 서비스업에서 유념해야 할 것은 서비스 그 자체의 유통구조가 아니라, 서비스업종에서 사람들(소비자, 고객)에게 더 나은 것을 제공하기 위해 제품을 만드는 과정에서 나오는 서비스를 유통구조화한 것이다. 서비스 그 자체의 추상적인 것을 IP화해서 3D 프린터로 출력한다는 것이 아니라는 것이다. 비물질적으로 존재하는 서비스를 IP화시킬 수 없을 뿐더러 서비스 자체의 유통구조를 만들 수 없다. 물론, 업체마다 서비스를 매뉴얼화해서 각 매장으로 유통화시키는 것은 가능하다. 하지만 이는 단지 업체마다의 규칙을 규정해놓는 것일 뿐, 직원교육과정에서 교육시키면 되는 것이지 서비스를 지재(IP; Intellectual Properties)화할 필요가 없다. 서비스의 규칙이 적혀진 종이를 IP화해서 출력하는 것이라면 모를까 말이다. 서비스공장, 서비스상점, 대량서비스, 전문서비스의 유통구조를 보면 이 같은 말을 쉽게 이해할 수 있을 것이다.

지금 세계에서 가장 영향력 있는 상품은 서비스이다. 이와 같이 두 개의 산업은 서로 이어져 있으며 제조업과 서비스업을 별개의 산업이라고 생각하지 않아야 한다. 사실 제조와 서비스의 개념은 모호하다. 자동차의 부품을 출력하여 수리해주는 행위나 고객의 자동차를 수리하기 위해 부품의 IP를 만들어주는 행위(이를 흔히 제조라고 생각한다)나 결국은 소비자가 요구하는 대로 제품을 만들어주기 위한 서비스이기 때문이다.

004

서비스공장 방식의 3D 프린팅 거래 모형 — 호텔 유통

슈메너의 서비스 프로세스 매트릭스([그림 4-3])에서 볼 수 있듯이 서비스공장은 상호작용과 고객화의 정도가 낮으며, 노동집약도의 정도 또한 낮게 나타나는 서비스라 할 수 있다. 이 말은 즉, 고객과의 서비스 과정에서 접촉도가 낮음을 의미하며, 고도로 자본이 집약적인 서비스임을 말한다. 고객과 1 : 1 방식으로 이루어져 접촉성이 높은 맞춤형 서비스로 이루어지는 서비스숍이나 전문서비스 같은 경우와 달리 서비스공장은 고객화의 정도가 낮아 고객으로 인한 불확실성이 낮아지므로 서비스 생산공정을 보다 효율적으로 설계할 수 있다. 또한 서비스공장에 속하는 항공사, 호텔 등은 하나의 큰 자본으로 이루어지는 경우로 자본집약도가 높다는 것을 알 수 있다. 노동집약도의 정도에서도 예를 들어 호텔은 호텔 그 자체로 운영되는 서비스로서 기계화가 높고 노동력은 낮음을 의미한다. 고도로 자본집약적인 서비스일수록 올바른 자본 의사결정, 고가의 생산능력을 충분히 활용할 수 있는 세심한 일정 계획이 필요하다는 특징을 가지고 있다.

고도로 자본집약적인 서비스로 노동집약도가 낮고, 고객과의 상호작용 및 고객화의 정도가 낮은 서비스공장에는 호텔, 항공사, 운수회사, 리조트 등이 속하며, 이 중에서도 호텔을 중점적으로 다루어 볼 것이다. 호텔에서는 어떤 구조로 서비스공장 형태가 이루어지고, 어떤 특징을 가지고 있는지 서비스 유통구조와 함께 알아보자.

서비스공장에서 대표적인 예로 호텔을 들어 서비스 유통구조를 설명하고자 한다. 일단호텔은 누구나 익히 알고 있듯이 숙박을 기본적으로 고객에게 제공하는 곳이다. 숙박 외에도 식·음료를 제공할 수 있는 시설을 갖추고 있으며, 고객이 원하는 서비스를 제공하는 장소 또는 그러한 서비스 업체를 호텔이라 칭한다. 호텔의 기능을 크게 3가지로 분류할 수 있다. 첫째로 서비스 안내 및 판매와 객실 정비 및 접객 등 인적 서비스 기능, 다음으로 고객을 위해 호텔 시설을 제공하는 물적 서비스 기능, 마지막은 인터넷이나 팩시밀리와 같이 고객에게 편의를 제공하는 기타 서비스 기능이 있다는 점에서 호텔이 다양한 서비스를 제공하고 있다는 것을 알 수 있다. 이처럼 호텔이 고객에게 제공하는 서비스는 고객의 편리와 만족을 위해 다양하게 나타나고 있다.

기존에는 숙박을 중심으로 서비스가 이루어졌다면, 이제는 다양한 형태로 고객을 위해 제공되고 있다. 몇 가지 예를 알아보면, 룸서비스는 객실에서 식사를 하거나 음료, 주류 등을 마시고 싶을 때 이용하며 메뉴를 선택해 전화를 걸면 객실로 배달해주는 서비스이다. 또한 아무리 호텔이라 할지라도 안전하다고 할 수 없기에 안전 금고를 통해 귀중품을 보관해주는 서비스도 있으며, 세탁 서비스, 모닝콜 서비스, 비즈니스센터 운영 등의 다양한 서비스가 존재한다. 한국의 호텔 중 하나인 서울 신라호텔을 예로 들어보면, 고객이 편안하고 만족할 수 있도록 다양한 서비스를 제공하고 있다. 고객의 숙소를 위한 공간뿐만 아니라 쇼핑을 위한 공간을 마련하기도 하며, 야외수영장, 실내체육관 운영 등으로 운동과 휴식을 조화롭게 즐길 수 있도록 하였다.

또한 각종 이벤트를 진행하기도 하고, 결혼식, 미팅을 위한 장소를 마련하기도 하며 시즌마다 다양한 패키지를 운영하고 있다. 이처럼 호텔은 이제 숙소만을 위한 곳이 아닌 휴식과 여유를 즐길 수 있는 장소로 자리 잡았다. 호텔은 많은 고객들을 위해 서비스를 제공하고 있어 고객에게 직접 맞춤 서비스를 하지 못하는 점을 가지고 있다. 1:1의 방식을 취하고 있는 것이 아닌 하나의 호텔이 다수의 고객을 거느리고 있는 1:N의 방식으로 이루어졌다는 말이다. 그래서 호텔은 고객과의 상호작용과 고객화의 정도가 낮을 수밖에 없다. 또한 호텔 하나 그 자체로 운영하여 많은 노동력을 요하지 않기 때문에 노동집약도가 낮음을 알 수 있다. 이와 같은 경우를 가진 호텔이 고객의 만족을 위해 서비스를 제공하는 측면에서는 다양하게 나타나는 것을 볼 수 있었다. 기존에 호텔이 서비스를 고객에게 제공하는 차원이 아닌 호텔이 3D 프린팅 기술과 접목하여 서비스를 제공할 경우를 생각해보면 어떠한 서비스 유통구조가 나타나게 되는지 알아보도록 하겠다.

[그림 4-5]를 보면 일단 고객은 Hotel 서비스를 이용하게 된다. 여기서 숙박을 위해 고객은 호텔을 찾게 될 것이고, 식사, 휴식 등을 위해서도 호텔을 이용하게 된다. 호텔이라는 하나의 공간에서 다양한 서비스를 고객은 제공받으며, 호텔은 고객의 만족을 위해 서비스를 제공하게 된다. 그리고 호텔을 이용한 고객을 위해 호텔은 각종 이벤

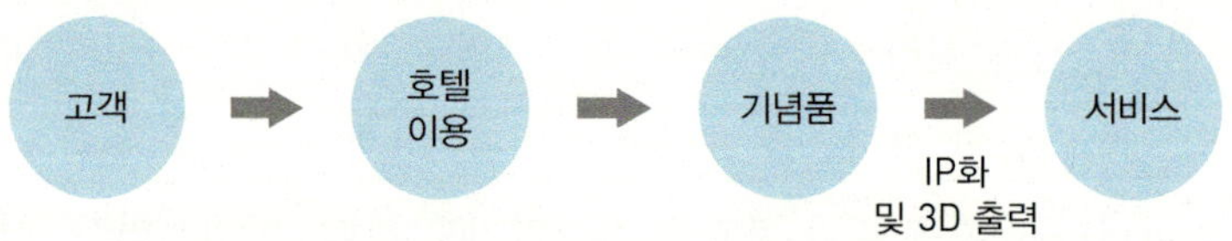

[그림 4-5] 서비스공장 – 호텔 유통구조

트와 기념품을 마련한다. 여기서 기존 형태라면 호텔은 많은 고객들을 위해 대량으로 같은 제품으로 만들어진 기념품을 나누어줄지도 모른다. 실제 서비스공장의 항공사와 같은 경우에도 항공을 이용하는 고객에게 항공사의 로고가 박힌 볼펜, 수첩, 열쇠고리 등을 기념품으로 제공하고 있다. 하나의 호텔이라는 공간을 이용하는 고객은 많기 때문에 호텔에서는 똑같은 물품을 대량으로 주문해 고객들에게 나누어 줄 수밖에 없다. 그러면 그 기념품을 받은 고객은 다른 사람들과 똑같은 물건에 만족스러움을 느끼지 못할 수도 있다.

때문에 호텔은 고객에게 기념품에서도 특별함을 느낄 수 있도록 하기 위해 다른 차원으로 생각해 보아야 한다. 그래서 여기서 IP화되어 3D 프린팅이 이루어질 수 있다. 3D 프린터 제작으로 활용도가 높은 피규어를 예로 들어 호텔 서비스를 이용하는 고객을 위한 기념품이라 생각해보자. 호텔 서비스를 이용하는 고객에게는 피규어를 기념품으로 제공한다는 것에서 기존과는 다를 바가 없다고 생각할 것이다. 하지만 여기에 3D 프린팅을 접목시킨다면 다른 이야기가 된다. 3D 프린팅으로 피규어를 만들어내는 대신에 호텔 서비스를 이용한 고객의 사진을 합성하여 고객만의 특별한 피규어를 만들어 내는 것이다. 거기에 호텔의 이미지인 로고까지 새기면 호텔만의 피규어가 되는 것과 동시에 제공받은 고객에게도 자신만의 특별한 피규어가 될 수 있다. 여기서 고객은 호텔 서비스에서도 만족을 받을 수 있지만, 더 나아가 개성이 담긴 기념품을 받게 되어 호텔에 대한 만족스러움이 두 배가 될 것이다. 그래서 이와 같은 호텔링 서비스를 제공함으로써 부가가치가 더욱 크게 나타날 수 있다. 기존의 방식과는 달리 고객에게 맞춤으로 서비스를 하게 됨으로써 얻게 되는 이익이 더욱 커진다는 말이 되는 것이다. 현재 실제 사람과 똑같을 정도로 유사한 피규어 모형이 3D 프린터로 제작할 수 있는 시점이 되었고, 호텔, 항공사 등에서 이용 고객에 한해 기념품을 고객과 닮은 모형의 피규어를 제공해준다면 더욱 서비스 차원에서도 이익을 볼 수 있을 것이다. 기존과는 다른 서비스를 행한다면 고객 측면에서 만족을 느끼며 앞으로 호텔 서비스를 자주 이용하게 될 수 있다. 피규어뿐만 아니라 또 다른 호텔 기념품을 생각해본다면, 호텔 이용에 가장 중심인 숙박 외에도 식사를 하기 위해 호텔을 찾는 고객이 많을 것이다. 그래서 식사를 위해 방문하는 고객을 위해서는 고객만의 특별한 접시, 수저 등에 특별함을 부여하는 것이다. 예를 들어 호텔 레스토랑을 이용하는 고객에 한해 음식이 올려진 접시에 고객의 이름, 이니셜을 새겨 제공하거나 수저, 젓가락과 같은 고객이 사용하는 식사 도구에도 새겨줌으로써 고객이 색다른 느낌을 받게 할 수 있다. 이와 같이 호텔이 제공하는 다양한 서비스 외에 기념품에서까지 고객의 만족을 위해 생각한다면, 호텔이 얻게 되는 이익이 커질 수 있다. 이용 고객이 모두 똑같은 제품의 기념품을 받게 된다면 흔하고 평범한 물건에 불만족을 느낄 수 있지만 고객마다 다른 기념품을 3D 프린팅으로 출력해 받음으로써 호텔이 얻는 가치 또한 높아지게 된다. 이렇게 기념품 하나로도 IP화&3D 출력하여 제공함으로써 기존과는 다른 방식의 호텔링 서비스가 이루어지게 되는 것이다. 이제는 기존과는 다른 특별하고, 색다른 차원의 창의적인 생각으로 서비스를 제공해야 하는 시대가 왔다. 그래야 고객의 입장에서도 서비스 제공자에게 신뢰를 얻고 서비스 이용을 할 수 있으며, 평범하지 않은 독특하고 조금은 개성을 가진 다양한 서비스로 고객만족을 할 수 있다.

005

서비스숍 방식의 3D 프린팅 거래 모형 — 자동차정비

서비스숍은 노동의 집약도가 낮으면서 고객과의 상호작용 및 개별화 정도가 높은 서비스업체이다. 이 보고서에서 서비스숍, 서비스상점과 같은 말로도 표현하고 있다.

서비스상점에서 대표적인 예로 자동차 수리 센터를 꼽아 서비스숍의 유통구조를 설명하고자 한다. 고객은 자동차 정비소를 찾아가 자동차의 고장난 부분을 수리받고자 할 것이다. 그러면 정비소는 찾아온 고객에게 점검을 해주는 서비스를 제공해줄 것이다. 그리고 문제가 발생한 부분의 결점을 발견하여 부품을 갈아 껴 주거나 흠집이 난 부분을 도색으로 수리해줄 것이다. 여기까지가 기존의 자동차 정비과정이었다면 3D 프린터의 도입으로 전 산업에 생산의 효율성과 비용의 절감이 도래될 시대에는 자동차 부품을 갈아 껴야 하는 상황이 발생하면 자동차 제조사에 미리 자동차의 부품을 납품받지 않았어도 회

[그림 4-6] 서비스상점의 유통구조 I

사에서 제공하는 부품 IP를 3D 프린터로 출력하여 단기간 내에 고객의 자동차를 수리할 수 있게 될 것이다. 자동차 부품의 IP를 출력하고 수리해주는 바로 이 과정에서 또다시 서비스가 발생하게 된다. 고객은 자동차 정비소의 만족스런 수리로 인해 결과적으로 서비스에 만족을 느끼게 된다. 그리고 위 그림에서 'IP화 및 출력물'이라고 했는데 자동차 수리센터에서 부품의 IP를 출력하지 않고 고객이 원한다면 IP를 줄 수도 있다. 고객은 자신의 가정에 구비된 3D 프린터, 또는 거리에 생긴 3D 프린터숍에서 그 IP화된 부품을 출력할 수 있겠으나 현실적으로 부품을 뽑아서 자신이 조립한다는 것은 자신이 자동차정비공이 아닌 이상 불가능하다. 'IP화 및 출력물'이라고 하였으나 일반적으로는 자동차 수리업체에서 부품의 IP를 출력하여 자동차 정비공의 손길을 거쳐 자동차 수리가 완성될 가능성이 크다. IP화된 부품을 고객의 수리의 목적이 아니라 IP를 이용하여 자신이 이익을 얻기 위한 목적으로 또 다른 곳에 유통시키더라도 이는 문제되지 않는다. 그 IP에는 원저작자의 저작권이 들어 있기 때문에 어느 사이트에서 유통되던지 원저작자인 자동차회사는 이익을 벌어들일 수 있기 때문이다. 고객이 유통 사이트에 자신이 애초에 자동차 수리센터에 자동차 부품의 IP를 받으면서 지급한 금액보다 더 높게 측정하여 사이트에 올린다면 회사 측에서는 높아진 금액만큼의 퍼센트의 저작권료를 가져가기 때문에 손해 볼 것이 없다. 게다가 고객이 자동차 부품의 IP를 외관상으로 더 멋있게 디자인하여 Refresh하게 되어 유통시킨다면 기업의 입장에서는 자신의 기존 제품에 창작성이 더해지면서 회사의 앞으로 저작권이 명시된 새로운 제품을 갖게 되는 것이다. 하지만 불법은 생겨날 수 있다. 정상적인 사이트가 아닌 암흑의 루트로 판매금액

[그림 4-7] 서비스상점의 유통구조 Ⅱ

을 명시하지 않은 채 어느 누구나 공유하게 되는 현상이 일어날 수 있다는 말이다. 이는 현재로서는 어쩔 수 없는 일이다. 어떻게든 IP를 암호화시켜 놓아도 어떻게든, 언젠가는 IP의 불법유통은 생겨날 것이다. 그러나 예방차원에서의 행동은 취할 수 있다. 고객이 정비소에 자동차를 수리 맡기러 왔을 때 정말 고장이 나서 필요한 부품의 IP를 소비자가 원한다면 넘겨주는 방식을 취하는 것이다. 그리고 애초에 IP를 받아 직접 조립하겠다는 사람이 없겠거니와 그러한 사람이 있다면 자동차정비공 자격증이 있는 고객에게만 자동차부품의 IP를 제공하는 방법이 있을 수 있겠다. 그렇게 되면 IP를 넘겨받는 자는 극소수에 불과하게 될 테고 불법유통이 이뤄진다는 것을 알게 되면 최초 유포자도 쉽게 색출해낼 수 있을 것이다.

고객과의 상호작용과 개별화 정도가 높은 자동차 수리센터 업종은 고객이 원하는 욕구에 따라 기존에 회사에서 제공된 IP를 베이스로 하여 새로운 디자인의 부품 IP를 탄생시킬 수 있다. 그리고 이 IP를 가지고 부품을 출력하여 교체해주거나 고객의 요구에 따라 멋있고 효율적으로 변한 부품의 IP를 MPMarketplace에 올려 다른 사람들과 공유할 수 있다. 여기서 다른 사람들이란 일반인도 포함되지만 대부분은 기업중심이다. 예를 들면 고객이 보닛에 홈파서 날렵한 절개선을 만들어 달라고 한다. 이는 외관상으로 멋진 디자인일 수 있겠으나 기능적인 측면에서도 비가 내릴 때 더 쉽게 내려가게 하고 그 모습 또한 멋있게 보일 것이다. 그리고 IP가 Refresh되어 MP에 올려질 때 고려해야 할 점이 두 가지 생긴다. 하나는 자동차정비사에게는 본사에서 제공된 부품의 기본 IP를 고객이 원하는 대로 변형할 수 있는 능력이 뒷받침되어야 한다. 기존에 정비사들은 필기, 실기시험을 거쳐 자동차정비기능사, 자동차정비산업기사, 자동차정비기사, 자동차정비기능장 자격증을 취득해야 했지만 3D 프린터 도입으로 인해 이러한 고객의 요구를 충족시킬 수 있도록 자동차 부품의 IP 설계도면을 조작할 수 있는 자여야 할 것이다. IP 설계도면을 다룰 줄 아는 종업원의 능력이 중요해진 것이다.

그리고 또 다른 하나는 고객의 아이디어가 첨가되어 있기 때문에 변형된 자동차 부품의 IP를 MP에 올릴 때, 판매가격의 문제와 이익배분의 문제가 있다. 판매가격의 문제는 고객이 원하는 가격으로 판매할 것이냐 본사에서 고객의 아이디어로 변경된 IP의 가격지정을 어떠한 기준으로 선정할 것인지 매뉴얼화하느냐이다. 물론 후자일 때는 고객이 부품의 IP 변형을 요구할 때 미리 그 내용을 숙지시켜야 할 것이다. 그리고 가장 중요한 이익배분의 문제가 있다. 정비사가 부품의 IP를 변형시켰다고 해서 고객의 아이디어의 가치를 무시할 수도 없는 노릇이다. 이 또한 본사의 매뉴얼대로 비율을 정하여 이익배분하거나 본사에서 파생된 정비소가 아니라 개인사업자의 자동차 정비소라면 사장님이 미리 정해놓은 기준대로 고객의 아이디어 가치가 평가되어야 할 것이다.

MP에 올려진 변형된 부품의 IP가 사이트상에서 소비가 많아진다면 IP 하나만으로 부품의 원저작자인 기업도, 정비사도, 고객도 이익을 얻게 된다. 이때 소비는 두 가지로 이루어질 수 있다. 하나는 소비자가 변형된 자동차 부품의 IP가 마음에 들어서 값을 지불하고 IP를 사서 자동차 수리센터에 맡겨 부품이 교체된 자동차를 고객이 얻을 수 있는 것이고 다른 하나는 기업이 MP에 올라온 변형된 IP를 관심 있게 보고 자동차 신제품 출시에 이용할 수 있게 되는 것이다.

IP 특성상 한번 값을 지불하면 10번이고 100번이고 IP 설계도면대로 제품을 출력해낼 수 있기 때문에 자동차 기업이 타 기업이 원저작자인 IP Refresh 제품을 한번 값을 지불하면 몇백 번이고 생산을 위해 뽑아낼 수 있지만, 자동차기업이 다른 회사에서 출시한 부품을 Refresh된 것을 사용하여 자신의 기업의 자동차에 사용하진 않을 것이라고 예상된다. 일단 한번 값을 지불할 때 원저작자인 타 기업에게 이익이 돌아가기 때문에 자신들의 회사제품이 원저작자인 제품들을 사용할 가능성이 크다. 한번 IP값을 지불하더라도 자신의 회사에 이익이 되는 쪽을 택할 것이고 타 회사의 부품은 자신들의 자동차에 사이즈가 맞지 않고 결합되는 부분이 일치하지 않을 수도 있기 때문이다. 그러나 한번 값을 지불하더라도 너무 마음에 들어서 그것을 가지고 신제품을 유통시킨다고 한다면, 그 IP의 본래 주인인 타 기업은 본인의 제품이 회사 측에 단 한 번의 이득만을 얻고 수천만 대를 생산하여 이익을 올리고 있는 그 기업이 탐탁치 않을 것 같다고 생각되면 IP에 락을 걸어서 기간을 정하여 다운받은 이후로 정해진 기간 내에만 IP를 출력할 수 있도록 정해놓는 것도 방법이 될 것이다. 노동의 집약도가 낮고 고객과의 상호작용 및 개별화 정도가 높은 자동차 수리센터는 고객의 욕구가 일률적이지 않고 수요는 많아지기 때문에 3D 프린팅의 도움으로 다품종을 실현하고 부품을 정비소 내에서 출력하게 되면서 납품받는 불필요한 시간을 줄이게 될 것이다. 또한 많은 수요를 충족시켜 주문이 밀리는 일도 거의 없을 거라 생각된다. 사실 제조와 서비스의 개념은 모호하다. 자동차의 부품을 출력하여 수리해주는 행위나 고객의 자동차를 수리하기 위해 부품의 IP를 만들어주는 행위(이를 흔히 제조라고 생각한다)나 결국은 소비자가 요구하는 대로 제품을 만들어주기 위한 서비스이기 때문이다.

006

대량 서비스 방식의 3D 프린팅 거래 모형 — 교육서비스

경제활동을 하기 위해선 사고팔 수 있는 대상이 있어야 하는데, 그것을 재화와 용역으로 구분한다. 재화는 물건을 만들어 내는 일을 담당하는 산업을 말하며, 즉 제조업이라고 하고, 용역을 만들어 내는 산업은 서비스업으로 말한다. 여기서 용역은 다른 말로 서비스라고 할 수 있다. 서비스업은 제조업과의 다른 점들이 나타날 수 있는데, 상품을 만드는 것이 아닌 그 상품을 판매하거나 전달하는 과정 안에서 소비자들이 조금 더 편리함을 느낄 수 있도록 하기 위한 서비스를 제공하는 것이다. 서비스를 제공하는 생산자 입장에서는 어떻게 하면 소비자가 만족할 수 있는 서비스를 제공해 많은 이익을 창출할 수 있는지 생각하며, 서비스 전략을 짜게 된다. 서비스업 중에서도 대량 서비스를 다루어 볼 것이다. 대량 서비스는 서비스업에서도 노동집약도의 정도는 높게 나타나지만, 고객과의 상호작용과 고객화의 정도가 낮게 나타나는 서비스라 할 수 있다. 고객과의 상호작용이란, 서비스를 제공하는 자가 서비스 생산 시간 안에서 고객과 얼마나 많이 직접 접촉을 하나를 의미한다. 대부분 소비자와의 만남을 통해 직접적으로 고객의 요구를 받아들이면서 서비스를 취하는 경우가 많다. 하지만 직접 소비자와 만남을 통해 서비스를 제공하는 경우도 있지만,

그렇지 않은 경우도 있다. 예를 들어 인터넷 쇼핑, 통신 판매 등을 보면 소비자와는 직접 접촉하지 않음에도 불구하고 서비스가 이루어지는 경우를 볼 수 있다. 이와 같은 고객과의 상호작용이 낮은 서비스가 대량 서비스이다. 대량 서비스는 1 : 1 방식이 아닌 1 : N의 방식으로 서비스가 이루어지는 형태이기 때문에 고객 한 분, 한 분 직접 만나 서비스가 이루어지기에는 시간과 비용이 많이 들 수 있다. 서비스를 제공하는 자는 한 명으로 서비스를 제공받는 자보다 적은 수이기 때문에 상호작용이 잘 이루어지기에는 힘들다는 것이다. 하지만 서비스를 제공받는 고객들이 많음에도 불구하고 세심하게 관리하고, 서비스를 제공해야 하는 의무를 이행해야 한다. 또한 노동의 집약도가 높은 서비스일수록 대규모(대량)를 세심하게 관리해야 하는 특징을 가지고 있어 여기에 대량 서비스가 해당된다. 이처럼 대량 서비스는 '대량'이라는 단어로 설명되듯이 많은 양의 서비스가 이루어지기 때문에 많은 소비자들을 적은 생산자가 전부 서비스를 제공할 수 없는 이유로, 고객과의 상호작용이 낮고, 노동의 집약도는 높다고 할 수 있다. 상호작용과 고객화의 정도는 낮고, 노동집약도는 높은 대량 서비스에는 소매업, 도매업, 학교, 소매금융 등을 예로 들 수 있다. 이 중 대표적으로 학교는 어떻게 대량 서비스 체제를 운영하고 있으며, 학교에서 어떤 유통구조를 가지고 서비스가 이루어지고 있는지 알아보도록 하겠다.

대량 서비스 체제를 운영하는 곳 중 하나인 학교는 일반적으로 서비스구조로 설명해보면 다수의 고객에 해당되는 많은 학생들이 존재한다. 그리고 이 많은 고객(학생)들을 관리하고, 서비스를 제공하는 서비스 제공자는 바로 교수 혹은 선생님이라 말할 수 있다. 학교 안에서 하나의 반을 예로 들어 설명해보면, 30~40명의 많은 학생들이 수업을 듣기 위해 한 공간 안에 모여 있고 학생들을 위해 수업이라는 서비스를 제공하려는 선생님이 존재한다는 것이다. 이 말은 즉 1 : N의 형태를 취하고 있는 것을 볼 수 있다. 대량 서비스는 많은 양(N)을 1이라는 하나가 서비스 체제를 운영하기 때문에 학교 내에서 이와 같은 형태가 나타나게 되는 것이다. 선생님이라는 서비스 제공자는 다수의 고객인, 즉 학생들에게 각각에 해당하는 교과목을 가르치거나, 다수의 학생들을 세심하게 관리함으로써 서비스를 제공하고 있다. 교육이라는 서비스뿐만 아니라 도덕적 예절, 입시·취업 정보 서비스, 리더십 활동, 공동체 생활 등 학생들이 학교를 통해 배워 나갈 수 있는 부분을 통틀어 서비스를 제공하고 있다고 볼 수 있다. 이처럼 다양한 서비스를 제공받고, 제공하는 학교라는 시설에서 선생님과 다수 학생 간의 서비스 과정이 이루어지고 있음을 알 수 있다.

지금까지 기본적으로 학교라는 곳에서 어떻게 대량 서비스가 이루어지고 있는지 알아보았다면, 이제 학교 안에서 대량 서비스가 IP와 접목되었을 때 어떠한 서비스 유통구조가 만들어지는지 알아보고자 한다.

대량 서비스 체제인 학교에서 IP와 접목하면 [그림 4-8]과 같은 서

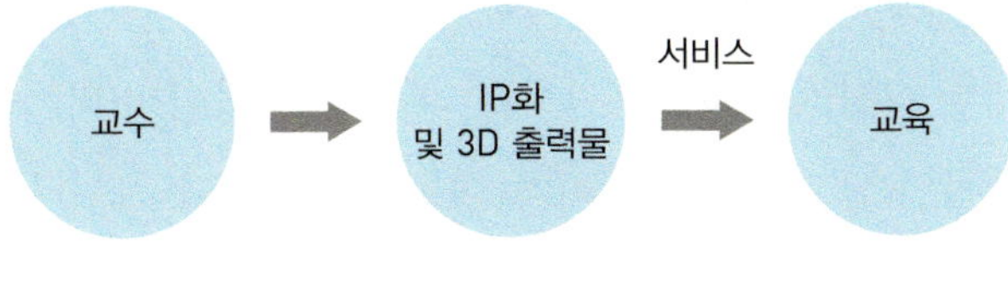

[그림 4-8] 대량 서비스 – 학교 유통구조 I

비스 유통구조가 나타난다. 교수가 강의라는 서비스를 제공하는 차원에서 IP와 접목하지 않은 대량 서비스 구조와 비슷해 보이지만, 중간에 IP화 또는 IP 출력이라는 부분을 통해 차이가 드러난다.

학교 중에서도 대학교의 건축학과를 예로 들어 살펴보자. 일단 대학교는 각각의 특성을 가지고 있는 학과들이 있으며, 배우는 것들도 저마다 다르고 다양한 서비스를 제공하고 있다. 그리고 대학교마다 각 학과에는 교수가 존재한다. 이러한 교수로부터 그 학과 학생들은 학과에 맞는 교육 서비스와 활동들을 제공받고 있다. 그중 건축학과는 건축물의 설계·건축·유지 등을 위한 이론과 기술체계를 연구하며, 설계 활동을 통해 기능적이고 아름다운 건축물을 창작하는 능력 개발을 중점을 둔 학과를 말한다. 이론적인 부분도 포함되지만 대부분 건축학과 특성상 실기수업을 통해서 직접 학생들이 건축물 등을 소규모 크기로 만들어보는 내용을 담고 있다.

건축학과에서 실기 수업을 통해 건축 모형을 직접 제작하는 시간이 많아질수록 학생들이 배워나가는 과정은 더 고도의 건축 모형과 전문적인 내용이 필요해진다. 그래서 교수는 학생들에게 기존의 교육을 넘은 교육 서비스를 하기 위해 IP화된 체계를 결합하여 수업을 진행하게 된다. 학생들이 소규모 건축물을 만들기 전에 교수의 강의와 이론적인 부분을 교육 받은 후 직접 만들게 된다. 이 과정에서 교수는 학생들에게 강의하기 위한 수업 자료인 건축 모형을 필요로 하게 된다. 기존에는 직접 제작함으로써 시간과 비용을 많이 소비할 수밖에 없었고, 수작업을 요하는 작업이기 때문에 자칫하다 크기나 모양이 정확하지 않을 수도 있다. 만약 건축학과 교수가 전공 수업 중 필요로 하는 수업자료를 학생들에게 제공해주는 경우에서 이 같은 부정확한 자료를 나누어 준다면 다소 불미스러운 일이 일어날 수 있다.

건축학과 교수가 다수의 학생들에게 대량 서비스를 제공하기 위해 수업 자료에 쓰이게 되는 건축 모형, 건축물 등을 3D 프린터로 출력해 사용한다면 기존에 했던 방식과는 다르게 더 정확하고 편리하다는 장점을 가질 수 있게 된다. 이렇게 3D 프린터로 출력한 건축 모형을 건축학과 교수는 수업 자료로 이용하거나, 학생들에게 제공하게 된다.

대량서비스 체제로 이루어진 대학교 중에서 건축학과 예에서 본 서비스 유통구조는 결국 건축학과 교수가 손수 작업으로 제작할 수 없었던 수업 자료를 3D 프린팅을 통해 IP화 및 IP를 출력하여 이를 다수의 고객인, 즉 많은 학생들에게 강의라는 서비스를 제공해주는 것이다. 여기서 IP화함으로써 얻어진 출력물을 학생들에게 제공하여 수업이 이루어지는 서비스를 통해 부가가치는 더 커지고, 많은 이익을 창출될 수 있다. 기존에 IP를 접목하지 않은 상태에서 대량 서비스가 이루어진다면 더 큰 부가가치를 형성하기에는 역부족일 수 있었지만, IP화를 접목시킴으로써 고차원적인 서비스 형태가 나타나 기존 방식보다는 더 큰 부가가치를 형성할 수 있게 되었다.

대량 서비스 학교 유통구조 I에서 범위를 넓혀 교수가 학생들에게 서비스하기 위해 IP화하여 출력한 수업 자료(건축학과로 말하자면 건축 모형 IP 및 출력물)를 다른 대학교의 교수가 이용할 수 있도록 하나의 MP를 형성해 공유하는 구조로 만들어질 수 있다. 처음 서비스 제공을 하기 위해 수업 자료를 IP화한 교수는 MP에 IP 설계도면이나 출력물 등을 올림으로써 일반적인 유통구조 1일 때보다 더 많은 이익을 창출할 수 있게 된다. 또한, MP에 올려진 수업 자료를 필요로 하는 다른 각 대학교의 건축학과 교수는 MP를 통해 거래를 할 수 있으며 수업 자료를 갖게 된다. 구매한 IP 설계도면이나 출력물을 많은 교수들은 제각기 변형하거나 수정하여 또다시 자신의 수업에서 필요에 맞게 사용할 수 있다. 그래서 수업에 이용하여 많은 학생들에게 강의라는 서비스를 제공할 수 있게 되는 것이다. 이것이 순환되어 돌고 도는 구조로 형성된 것이 바로 [그림 4-9]의 대량 서비스 학교 유통구조 Ⅱ를 말한다.

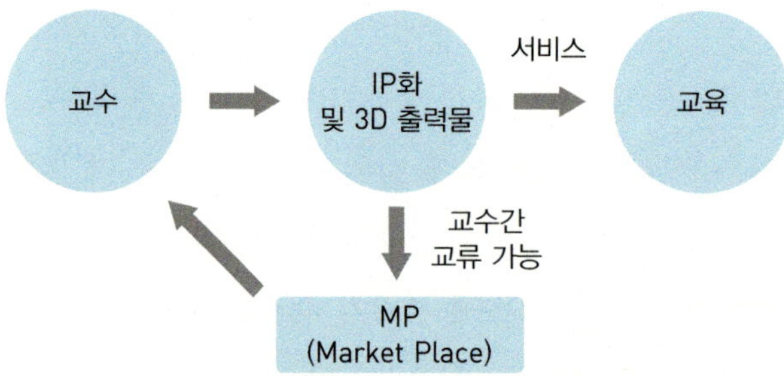

[그림 4-9] 대량 서비스 — 학교 유통구조 Ⅱ

007

전문서비스 방식의 3D 프린팅 거래 모형 — 병원서비스

전문서비스는 노동집약도가 높고 상호작용과 고객화 또한 높은 서비스이다. 노동집약도란 생산 1단위에 소요되는 투하노동력의 비율을 말한다. 쉽게 말해, 어떤 부가가치를 창출해 내기 위하여 투입되는 인간의 노동력의 양을 노동집약도라고 한다. 노동집약도가 높을수록 같은 양의 부가가치를 창출하는 데에 투입되는 노동량이 작아진다는 것을 의미하며, 따라서 노동집약도를 낮추는 것은 생산성을 향상시키는 것이고 이는 경제가 고도화된다는 말과 동일하다. 그러나 산업별 특성상 노동집약도를 낮출 수 없는 직종들이 존재한다. 의사와 변호사, 회계사나 건축가는 고객과의 상담을 통해 그들이 원하고 필요로 하는 것을 파악해 낼 필요가 있다. 고객의 Needs는 각자마다 모두 다를 것이고 이를 모두 수용하고 각자에 맞는 서비스를 제공하기 위해서는 어떠한 자본재나 기계로 서비스를 제공하는 것이 아니라 그 분야에 대한 고도의 전문성을 가진 인력이 직접 투입되어야 한다. 대량서비스의 학교 같은 경우도, 학생들을 가르치는 데에는 기계로 대체될 수 없다.

또한 전문서비스는 상호작용과 고객화의 정도가 높은데, 이것이 높다는 것은, 즉 서비스를 설계하거나 또는 고객에게 서비스를 제공하는 과정에서 고객이 참여되는 정도가 높다는 것을 의미한다. 다시 말해 고객과 1대 다수로서 접근하는 것이 아니라 1대1로 접근하여 고객맞춤서비스를 제공하는 것이다. 전문서비스인 의사, 변호사, 회계사, 건축가는 각 개별적 고객과 1대1 컨설팅을 통하여 그들이 원하는 것을 파악하고 그에 맞는 서비스를 제공한다. 이는 노동집약도가 높다는 점에서 공통점을 가졌던 대량 서비스와 다른 점인데, 대량 서비스는 자본재 또는 기계로 대체될 수 없는 서비스를 제공한다는 점에서 전문서비스와 동일하나, 고객과의 접촉 정도, 즉 고객과의 상호작용의 정도에서 차이를 보인다. 전문서비스가 고객과의 접촉에서 1대1의 구조를 보였다면, 대량 서비스는 서비스 생산자 한 명당 다수의 고객과 접촉하여 1대 다수의 구조를 띠는 것이다. 대량 서비스인 학교 같은 경우 선생님 한 명당 다수의 학생들을 할당하여 그들을 교육하는 시스템으로 이루어져 있다. 전문서비스는 위 설명과 같이 고객맞춤서비스를 제공하는 특성을 지니고 있다. 따라서 이렇게 각각의 고객에게 맞춤화된 전문서비스를 제공할 때 요구되는 기구나 도구들도 또한 대부분 Job shop의 특성을 지니고 있을 것이다. 예를 들어 의사들은 환자의 수술을 위해, 그 환자에게 맞는 특수의료기기가 필요할 수 있다. 건축가의 경우, 환자가 요구하는 디자인을 반영한 건물모형이 필요할 수 있다. 이처럼 환자의 요구나 상태들을 반영해서 물품들을 소량으로 제작하는 다품종 소량생산체제는 많은 시간과 비용이 들기 마련이다. 또한 고객화의 접촉이 높은 서비스산업인 경우에는 일관된 서비스품질을 유지하는 것이 중요하다. 그러나 3D 프린팅을 이용한다면, 간단한 IP 제작만으로 쉽고 간편하게 다양한 품종들을 소량으로 그리고 정확하게 출력해낼 수 있다. 이러한 편리성 때문에 이제는 각각의 전문서비스 직종에도 3D 프린팅이 자리매김할 것으로 전망된다. 각 산업별 전용 3D 프린터가 개발된다면 이러한 추세는 더욱 확산될 것이다. 현재도 의료분야에서 3D 프린터로 출력한 의료기기들로 환자들을 치료한 사례가 많이 보고되고 있다. 아직까지는 3D 프린터 기업체가 의사들의 주문을 받고 자체적으로 생산하는 체제로 운영되고 있지만, 3D 프린터의 보급이 확산된다면 이제는 의사들이 자체적으로 IP를 제작해 병원에서 즉석으로 출력하는 것 또한 가능할 것이다.

고객과의 접촉 정도와 주문화 그리고 노동집약의 정도가 높은 전문서비스의 특성상 전문서비스는 고객과 1대1로 접촉하는 경우가 많으며, 서비스공장과 서비스숍과 달리 자본제 기반 서비스가 아니다. 즉 기계로 대체될 수 없는 서비스이기 때문에 인력을 많이 필요로 하는, 다시 말해 노동집약도가 높은 직종으로 구성되어 있다. 고객과 1대1로 접촉하며, 높은 노동집약도를 가지고 있는 변호사, 의사, 회계사 등이 전문서비스에 포함된다. 그중 의사와 3D 프린팅 산업이 접목된다면 어떤 유통구조가 발생할지에 관하여 연구해보도록 하자.

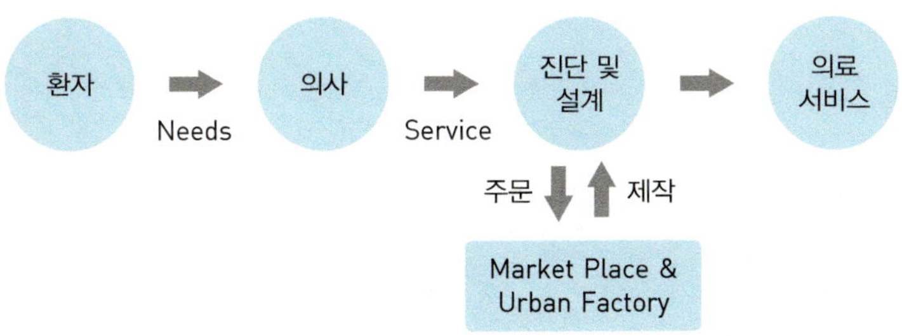

[그림 4-10] 전문서비스 – 의사와 3D 프린팅 기술이 접목된 통합적 유통구조

[그림 4 - 10]은 전문서비스 중 의사와 3D 프린팅 기술이 접목되어 나타난 유통구조를 통합적으로 나타낸 그림이다. 위 그림은 3가지의 유통구조를 통합해 놓은 모형인데, 개별적으로 살펴보면 다음과 같다.

의사와 3D 프린팅 기술이 접목된 첫 번째 유통구조는 [그림 4 - 11]과 같다. 우선 환자는 의사에게 자신의 상태를 살필 것을 요구한다. 의사에게 방문함으로써, 자신의 상태를 살피고, 아픈 곳이 있으면 치료를 해줄 것을 요구하는 것이다. 의사는 이렇게 찾아온 환자의 상태를 살핀다. 환자의 상태를 진단하는 것이다. 여기서부터 의사의 서비스는 시작된다. 이 때, 환자와 의사는 1대1로 접촉하게 된다. 고객과의 접촉 정도가 높아지는 것이다. 의사는 환자의 정확한 상태를 살피고 어떤 부분에 어떤 치료나 약물이 적합할지를 살핀다. 수술이 필요할 경우, 각 개별적 환자의 몸 상태에 따라 다양한 치료법을 연구한다. 이때, 의사는 환자에게 요구되는 특별한 의료장비들이 요구될 수 있다. 이 과정에서 3D 프린터를 이용하는 의사는 환자의 몸에 맞는 수술 도구를 3D 프린터로 출력하는 계획을 세우게 될 것이다. 각각의 환자마다 미세한 차이를 요하는 하는 수술도구가 필요할 시, 3D 프린팅으로 이를 출력한다면 미세한 부분을 빠르고 정확하게 출력될 수 있다. 따라서 의료분야와 3D 프린팅의 결합은 엄청난 시너지를 낼 수 있을 것이다. 현재에도 다양한 의료용품들이 3D 프린터로 출력이 가

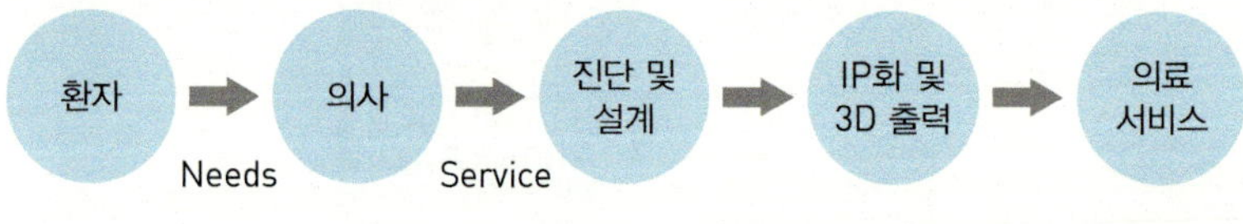

[그림 4 - 11] 전문서비스 – 의사와 3D 프린팅 기술이 접목된 첫 번째 유통구조

능하며, 수술에 필요한 도구들도 3D 프린터로 많이 제작되는 추세이다. 최근 순천향대 병원과 서울삼성병원에서 3D 프린터로 소화기내시경 기구를 제작해 종양 제거 수술에 성공했다는 발표가 나왔다. 내시경 끝에 끼워서 체내 시야 확보와 수술을 돕는 데 쓰이는 내시경 캡은 각 환자의 병변 위치에 따라 그 모양과 크기를 다르게 사용하는 것이 좋지만, 현재까지는 기술의 한계상 주로 획일적인 모델을 사용해 왔다.

이처럼 기존의 내시경 캡을 사용할 경우, 시야가 좁아질 수 있고 병변 위치에 따라 접근이 원활하지 못할 수 있다. 또한 내시경 캡 부속기구를 제작할 때도 금속 모형 제작과 같은 이유로 비용과 시간이 많이 요구되었다. 그러나 3D 프린터로 내시경 캡을 제작한다면, 디자인을 변경하여 다시 제작하는 데 소요되는 시간은 하루 정도면 충분하다. 따라서 제작 시간과 비용이 절약될 수 있다.

고무계열의 재료를 사용하였으며, 불투명한 고무, 투명함 고무 등 다양한 재질과 형태로 제작되었다. 기존 금형 제작방식으로 제작할 경우, 미세한 부분을 조절하기도 힘들 뿐만 아니라, 잘못 제작되었을 경우, 다시 제작하기 위해 비용과 시간이 낭비될 수 있다는 점을 고려할 때, 내시경 캡을 3D 프린팅으로 제작한다면, 그 효용가치는 엄청날 것임을 예상할 수 있다. 내시경 캡 외에도 다양한 의료기기들이 3D 프린터로 제작되고 있다.

윌리엄 루트라는 디자이너가 만든 이 의족은 3D 프린팅 기술을 이용하여 만든 의족이다. 이 의족은 티타늄과 고강도 플라스틱 같은 재료로 만들어졌으며, MIT 바이오메카트로닉스 연구소가 개발한 핏소켓FitSocket이라는 기술을 이용했다. 압력센서를 이용해서 환자의 조직

중 부드럽고 딱딱한 정도를 측정, 환자의 몸과 맞는 인터페이스를 제작했다는 것이다. 또한 윌리엄 루트는 그 외형까지 고려하여 매우 세련되고, 마치 예술작품 같은 의족을 제작하기 위해 노력했다고 한다. 그는 후에 이 의족을 만드는 데 3D 프린터 출력비용만 필요하게 될 수 있다고 말했는데, 3D 프린터 기술이 발전하고 대중화가 더 진행된다면 가격이 더 떨어질 것이라는 의미이다. 3D 프린터로 개발한 의족은 비단 인간에게만 국한되지 않는다. 개가 쓸 수 있는 의족 또한 3D 프린팅으로 이미 제작되어 유통되고 있다. 기존의 개 휠체어는 자유롭게 움직이는 데 한계가 있어 큰 효과를 거두지 못한다고 한다. 그러나 이 개의 다리에 맞게 저장된 스캔 데이터를 바탕으로 3D 프린터의 설계도를 제작하여 새로운 의족을 개발하였다.

기존의 불편했던 휠체어를 사용할 때에는 방향도 잡기 힘들 뿐만 아니라, 미는 힘 또한 많이 요구하여 개에게 많은 피로감을 주었고, 그 크기도 비대하여 제어하기도 힘들었다. 또한 개의 다리에 최적화되어 맞춰진 것이 아닌 표준형으로 제작된 것이라 많은 불편함을 주었다. 하지만 3D 프린팅을 통해 출력한 의족은 개의 다리를 정밀하게 스캔하여 3D 프린터로 미세한 부분까지 잡아내어 출력하였기 때문에 편안한 착용감을 주었다. 크기도 휠체어보다 훨씬 축소되어 높은 활동성을 주었다. 그러나 현재에는 기술이 의사 본인이 직접 그 기구를 제작하는 것이 아니라, 다른 3D 프린터 회사들에게 요청하여 제작하는 방식으로 이루어져 있다. 그러나 미래에 3D 프린팅 기술이 더욱 발달한다면, 각각의 의사들이 저마다 자신의 사무실이나 병원에 3D 프린팅을 두고 환자를 진단한 내용을 바탕으로 자신들이 필요한 도구들을 직접 IP화해서 출력해 낼 것이다. 이렇게 출력해낸 것을 이용하

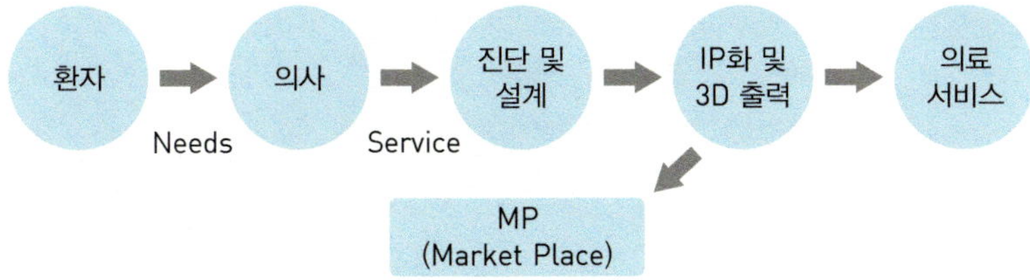

[그림 4-12] 전문서비스 – 의사와 3D 프린팅 기술이 접목된 두 번째 유통구조

여 의사는 환자에게 수술을 진행하게 된다. 이때, 출력할 때 드는 비용이 100원이라고 가정한다면, 높은 전문성을 필요로 하는 수술 같은 의료 서비스는 1,000만원 이상의 부가가치를 창출해 낼 것이다.

이에 그치지 않고 의사는 자신이 개발한 IP, 즉 3D 설계도면을 Medical Marketplace에 올려 공유, 판매할 수 있다. Medical Marketplace는 아직 현존하지 않은 Marketplace이지만, 3D 프린팅 기술이 대중화되어 각 분야에 활발히 이용된다면 미래에 생겨날 수 있는 Marketplace이다. Medical Marketplace는 의료 자격증이 있는 사람들만 가입하고 거래할 수 있는 온라인 의료시장으로, 이 사이트에 가입하고 유통하기 위해서는 의료기기의 특성상 그 위험을 고려해 까다로운 조건과 자격에 통과해야 할 것이다. 이 사이트는 의사 본인들이 제작한 다양하고 획기적인 의료용품 IP가 리뉴얼되어 다른 환자에게 적용될 수 있는 특성을 지닌다면 사고파는 것이 가능하다. 의사들 간의 IP 유통시장인 셈이다. 뿐만 아니라 이 시장에서는 각자 자신들의 노하우를 담아 만든 IP들에 대한 정보를 공유할 수도 있다. 사이트가 커뮤니티의 특성을 지닐 수 있는 가능성을 열어 많은 의사들을 유입할 수 있게 하는 것이다. 만일 이러한 시장이 활발해진다면 혁신적이고

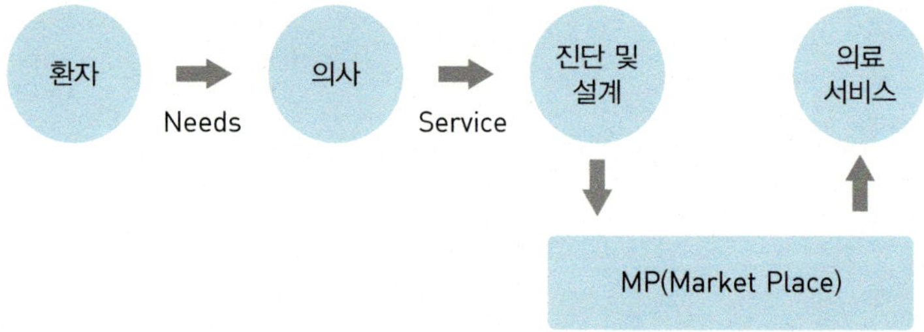

[그림 4-13] 전문서비스 – 의사와 3D 프린팅 기술이 접목된 세 번째 유통구조

다양한 의료기기들의 발달을 가져올 수 있고, 따라서 의학은 더욱 진보될 것으로 전망된다.

의사가 환자를 진단한 후, 필요로 하는 의료기기가 Medical Marketplace에 존재하는 IP를 구매하여 환자의 몸에 맞게 수정한 후 출력하는 것이 더욱 효율적이라고 판단할 시에, 의사는 처음부터 IP를 제작하는 것이 아니라, Medical Marketplace에서 바로 IP를 구매할 것이다. IP를 구매한 후, 자신이 진단한 환자를 스캔한 것을 바탕으로 IP를 재구성하는 것이다. 그런 다음 의료서비스인 수술을 진행한다. 세 번째 유통구조는 많은 시간과 기술들이 축적된 후에 활발히 진행될 것으로 보인다. 미래에 3D 프린팅 기술이 더욱 발달하고, 모든 병원들마다 3D 프린터가 기본적으로 구비될 쯤에는 의사들이 많은 혁신적이고 다양한 IP들을 개발할 것이다. 그렇게 되면 Medical Marketplace도 매우 활발히 운영되어 의사들은 기본적이고 복잡하지 않는 IP들이 필요할 때면 바로 Medical Marketplace에서 필요한 IP들을 구매할 것이다. 이처럼 Medical Marketplace가 잘 운영된다면, 의사들이 IP를 설계하는 시간을 단축시켜줄 것이다.

008

O2O 거래모형과 Urban Factory의 일반화

미래에는 의료에 국한되지 않고 다양한 서비스 분야에서 3D 프린팅 기술이 용이하게 사용될 것으로 전망된다. 네 가지 서비스 프로세스 매트릭스 중에서도 특히 전문서비스는 고객의 참여도가 높은 서비스이므로 다품종 소량생산의 특성이 뚜렷하게 드러난다. 때문에 다양한 품종을 필요할 때마다 출력할 수 있는 3D 프린팅의 장점을 가장 잘 활용할 수 있는 분야일 것이다. 위에서 언급한 것처럼 건축가는 고객과의 컨설팅 후 건축모형을 고객의 요구를 반영하여 출력할 수 있고, 변호사는 자신의 피고인과 범행사건을 논의할 시 모형제작을 하는 데

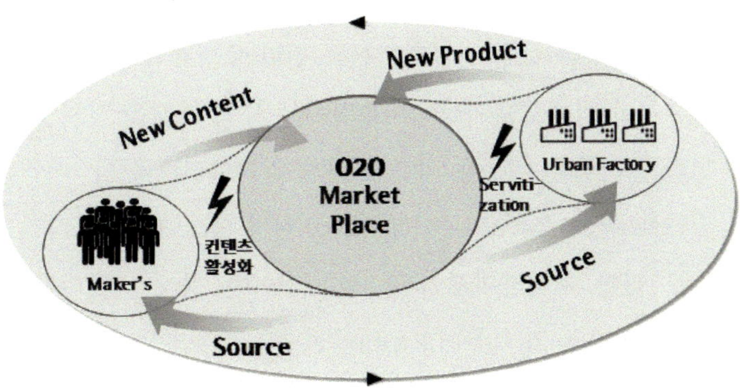

[그림 4-14] 플랫폼과 Urban Factory

에도 이용될 수 있을 것이다. 이 밖에도 다양한 전문서비스 분야에서 3D 프린팅은 유용하게 사용될 수 있을 것이다.

3D 프린팅으로 인해 제조업과 서비스업에 많은 변화가 올 것이다. 현재 산업은 크게 제조업과 서비스업이라는 형태로 구분하고 있다. 하지만 3D 프린팅으로 인해 이러한 구분이 무의미해지며 후에는 통합될 것으로 보인다. 이는 현재 모든 산업에서 추구하고 있는 제품에 서비스를 더하는 '제품의 서비스화Product Servitization, 서비스에 상품을 더하는 '서비스의 상품화Service Productization' 서비타이제이션Servitization을 가속화할 것으로 보인다.

이러한 3D 프린팅으로 인한 서비타이제이션Servitization은 의료Medical 분야에서 활발히 이루어지고 있다. 환자의 몸무게와 체형 균형에 맞춘 의수·족 3D 프린팅 핏소켓FitSocket 서비스, 환자의 식도 형태 및 종양의 형태에 맞춰 최적화된 3D 프린팅 내시경 캡 서비스, 환자의 골 결손 부위에 딱 맞는 보형물 및 대체재를 프린팅할 수 있는 3D FIT 등 기존에 제조와 서비스로 나뉘어져 있는 의료기기와 의료 서비스의 경계가 점차 사라지고 있다. 향후 의사는 모든 환자에 체형을 고려해 의료보조기구나 수술 시뮬레이션을 위한 모형제작 등을 직접 설계하거나 유사한 설계도를 구입 후 수정하는 등의 과정을 거쳐 3D 프린팅을 통한 출력물을 이용해 의료 서비스를 진행할 것이다. 아직은 법 규제 및 인프라의 부족으로 인해 3D 프린팅 O2O Platform과 Urban Factory로 인한 서비타이제이션Servitization에는 한계가 있다. 하지만 향후 O2O Platform과 Urban Factory가 구축된다면 위와 같은 변화가 올 것으로 예상한다.

전문칼럼 2

“새로운 국부론의 서막, 재화의 확산에서 가치의 확산으로”

1700년도 후반 유럽의 경제 환경은 급변하고 있었다. 기름진 옥토를 기반으로 중농주의를 대표했던 프랑스와 신대륙 발견과 무역을 바탕으로 중상주의를 대표했던 스페인에 대항하여 산업혁명을 중심으로 성장한 영국이 세계 부국으로 성장하고 있었다. 사실 대륙의 외진 섬나라인 영국이 유럽의 강대한 부국을 제치고 강국으로 성장할 수 있었던 배경에서는 과거 중세의 산업구조를 혁신시키는 파괴적 기술과 사상이 있었다. 바로 1776년에 발간된 국부론이다. 다들 익숙한 분업의 원칙과 이기심의 긍정 그리고 보이지 않는 손으로 대표되는 경제학적 사상이 대두된 것이다. 하지만 국부론의 진정한 핵심은 '재화의 확산'이다. 국가의 부는 '몇몇 귀족과 대상인이 보유한 금의 양이 아닌 사회 저변에 얼마나 재화가 확산되어 있는가'라는 것이다.

이 따분한 경제학적 고전모델의 핵심 논조에 대하여 2014년 오늘을 사는 우리의 대답은 나름 긍정적인 듯하다. 산업적 효율화가 충분히 이루어졌고 대량생산체계가 완비된 시장경제하에서 '재화의 확산'은 교환경제의 효율성을 기반으로 보이지 않는 손에 의해 이루어지고 있다. 이러한 효율성은 거시적 분업과 같아서 각 계층에 따른 차별적 경쟁 우위 중심의 생산체계를 가속화시키고 궁극에는 생산자와 소비자를 뚜렷하게 양분하는 경제구조를 확립하게 하였다. 하지만 이 과정에서 재화를 만들어내는 생산 주체들(Makers)을 중심으로 기술과 자본이 집중되었고 새로운 생산 주체들의 창의적 참여를 제약하는 거대한 장벽이 되었다. 제한된 생산주체들은 교환경제의 효율성을 다양성으로 확대하는 수준으로까지 발전시키지 못하고 있다.

아담 스미스의 단순한 재화의 확산만으로는 다양성을 설명하기 어렵다. 또한 극단적 효율성을 가진 경제구조가 진화할 수 있는 유일한 출구는 다양성에 기반한 창조 능력이라고 볼 때 몇몇 Makers에 의해 이루어지는 창조력은 매우 제한적인 것처럼 보인다. 더 많은 생산주체의 자발적 참여가 필요하며 이들이 만들어내는 창의적 아이디어는 즉각적으로 상품화되고 유통되어 교환경제의 또 다른 축이 되어야 한다. 즉, 사회 각층으로 단순한 재화의 확산을 넘어선 가치의 확산이 이루어져야 한다. 그리고 이러한 새로운 생산주체의 창의력을 상품으로 쉽게 가치화시킬 수 있는 기술이 3D 프린팅이다.

3D 프린팅은 기존의 가치사슬을 붕괴시킬 정도로 매우 파괴적이면서도 단순하다. 이 중 가장 중요한 것은 생산자와 소비자의 이분법적 분류를 무력화시킨다는 점이다. 소비자는 자신이 머릿속으로 상상하는 나만의 상품을 실체화할 수 있으며 더 나아가 생산은 자가화(自家化)되고 상상만이 거래될 수 있다. 결국 상상이 가치를 만들게 되고 단순한 재화의 확산을 넘어선 진정한 의미의 광범위한 '가치의 확산'이 이루어진다. 3D 프린팅은 분업에 의한 효율성 가치를 넘어선 다양성의 가치를 제공하며 누구나 새로운 생산자 더 나아가 창조자가 될 수 있는 기회를 제공하고 있다. 이러한 측면에서 3D 프린팅 상상공간의 확대와 체험 인구의 확산 노력은 가까운 미래에 나타날 보편적 산업 가치를 추구하고 있다는 점에서 매우 고무적이다.

새로운 국가의 부(富)에 대한 논의가 늘 고민이다. 창조경제는 분명 이 시대에 어울리는 국부론인 듯하다. 이러한 새로운 국부론을 실현시킬 수 있는 중요한 전략적 수단이 3D 프린팅이다. 이를 위한 사회적 기반을 구축하는 것은 국가의 부를 창출하기 위한 시작점이 될 것이다. 다수의 창의 Makers를 지속적으로 발굴하고 사회 저변의 비생산인구조차 손쉽게 자신의 창의력을 상품화할 수 있도록 온/오프라인에서 창의공간을 확대하여야 한다. 더 나아가 다양한 사회 계층을 위한 교육프로그램의 강화 등의 노력이 함께 이루어져야 한다. 이것이 새로운 국부론의 서막이 될 것이며 재화의 확산이 가치의 확산으로 변모하는 시발점이 될 것이며 새로운 경제체계의 기반이 될 것이다.

IoT

Internet Of Things

제5장

Human IoT

이의철

의철은 아침에 일어나면 홍채 인식을 통해 스마트폰을 켜고 중요 메일을 확인한다. 최근 헬스케어 서비스를 통해 건강 식단 섭취와 일정 수준 이상의 운동량을 제안 받았기 때문에 출근 준비로 바쁜 아침이지만, 서둘러 아침 식사를 준비한다. 아침마다 꼭 챙겨 먹는 건강 식단은 온도 센서가 내장된 프라이팬과 스마트폰 앱을 사용하여 건강에 좋다는 조리 방법 그대로 만든다. 아침식사를 하면서 홍채 인식 기능이 제공된 스마트TV를 통해 원하는 채널을 보면서 정보를 검색해본다. 홍채 인식 기능이 제공되는 스마트TV를 구입한 이후부터는 리모콘을 찾지 않고도 원하는 메뉴를 실행할 수 있어 매우 편리해졌다. 출근 준비를 마치면 손목에 스마트 워치를 착용하는 것도 잊지 않는다. 스마트 워치를 통해 출근길 걸음수를 확인하고 주간 활동량을 분석하여, 부족한 운동량은 주말에 보충한다. 평소에는 심박수와 스트레스 정도를 측정하여 휴식이 필요한 시기를 알려주기도 한다. 이러한 정보는 헬스케어 서비스와 연동되어 건강 상태를 상시 모니터링해주고, 데이터로 축적되어 예방적 건강관리 및 맞춤형 질병치료까지도 가능하도록 해준다.

001

Intro

IoTInternet of Things는 컴퓨터 이외의 전자기기나 일반 사물까지도 인터넷과 연결되어진 것을 의미한다. 물리적으로 연결된 것이 중요한 것이 아니라, 이 연결을 통해 데이터가 오간다는 것이 중요하다. 사물이 인터넷망에 포함되어 있다는 것은 사람이 어디서든 해당 사물을 조작할 수 있다는 의미와 해당 사물로부터(엄밀히 말하면 사물에 내장된 센서로부터) 얻어지는 데이터를 수집할 수 있다는 의미를 가진다. IoT의 활용분야는 매우 방대하여, 여기서는 "인간친화적", "인간중심적" IoT 분야로 범위를 좁히고 이를 Human IoT로 명명하기로 한다.

Human IoT의 대표적인 예로는 최근 핫 이슈가 되고 있는 웨어러블 디바이스를 들 수 있다. 기존에 착용하던 손목시계, 목걸이, 안경을 컴퓨터화함으로써, 인간이 컴퓨터를 착용하고 다닌다는 것이다. 꼭 웨어러블 형태가 아니더라도, 사람의 감정 또는 건강상태, 의도를 자동으로 파악하여 그에 걸맞은 컴퓨팅 서비스를 제공하려는 context awareness 컴퓨팅 분야는 20여 년 전부터 뜨거운 관심을 받아왔다. 감지sensing 기술의 발전과 컴퓨터 하드웨어의 경량화가 이루어지면서, 도전해야 하는 분야로만 인식되는 이 분야가 점점 현실화되고 있는 것이다.

Human IoT 기술의 핵심은 NUINatural User Interface와 NUXNatural User experience이다. NUI는 말 그대로 자연스러운 사용자 인터페이스로서, 기존에 사람과 사람이 의사소통 수단으로 사용하던 말speech, 시선gaze, 몸동작posture, 손동작gesture을 통해 사람이 컴퓨터에게 의사를 전달하거나 명령하는 것을 의미한다. 기존의 키보드와 마우스가 필요 없어지는 것이다. NUX는 자연스럽게 사용자의 경험에 기반을 둔 Human IoT 하드웨어와 소프트웨어를 설계design함을 뜻한다. IoT 시스템을 통해 같은 목적을 달성하더라도 얼마나 편리하고 빠르게 달성할 수 있느냐가 핵심이다. NUX와 자주 따라다니는 키워드가 "감성Emotion"이다. Human IoT 시스템을 경험하는 사람의 감성을 인식하고, 마치 사람과 대화하듯 감성을 표현(출력)해 주며, 컴퓨터가 생성해 낸 대상과 자연스럽게 상호작용하는 것은 가까운 미래의 Human IoT 기술의 가장 중요한 요소인 것이다.

002

사물인터넷의 정의 및 특성, 적용 분야

사물인터넷Internet of Things, IoT의 정의는 사람뿐만 아니라 모든 사물이 언제 어디서나 서로 접근할 수 있도록 연결된 네트워크이다. 데이터 수집과 통신 능력을 이용해 물리적, 가상적 대상들을 연결하는 글로벌 네트워크 인프라라고도 정의된다. 통신망과 인터넷의 확대로, 다음을 순차적으로 실현하는 사회기반 — ① 센서가 부착된 스마트 기기로 물리적 세계 감지 및 식별, ② 수집된 데이터를 네트워크를 통해 전송 및 가공·분석, ③ 가공·분석하여 생산된 정보 교환 및 공유, ④ 이를 물리적 세계 통제, 정밀 관리 및 과학적 의사결정 등에 활용(중국 정보산업부) — 이라고 정의되기도 하였다.

사물인터넷은 사물things을 데이터의 생산(수집), 교환 및 분석, 사물간 능동적 상호작용의 주체로 참여시킴으로써 기존 인간 중심 통신 패러다임을 한 단계 진화시킨 것으로 평가된다. 유선통신 및 모바일 인터넷 등 인간 중심 인터넷Internet of People, IoP은 PC와 스마트폰 등과 같은 특정 사물 간 연결을 통해서 정보의 생산이 이뤄졌고, 그 매개체로 인간의 개입이 반드시 필요했다. 반면 사물인터넷은 인간의 명시적인 개입 없이도 사물들 간에 상호 협력적으로 센싱(정보 생산), 네트워킹, 정보 교환 및 처리 등을 수행하고 자율적으로 상호 반응하는

지능적 관계를 형성한다는 점이 특징적이다. 특히, 환경 변화에 사물 스스로 자동으로 반응하거나 대응하는 것이 가능하다는 점에서 '자동화automation'의 지평을 한 단계 넓힌 것으로 평가되고 있다.

또한 사물인터넷은 빅데이터와 함께 정보처리computing 부문의 새로운 패러다임으로 제시되었다. 사물인터넷은 센서를 통해 수집한 데이터를 교환, 저장하는 데에 그치지 않고, 수집된 정보를 가공 및 분석하여 새롭고 유용한 정보를 재생산해 내는 과정까지 모두 포괄한다. 빅데이터 산업이 기하급수적으로 증가한volume, 빠른 속도로 유통되는velocity, 다양한variety 정보를 분석하는 기술에 관한 것이라면, 사물인터넷은 센서를 통해 수집된 수많은 데이터를 분석하여 '의미있는 방식'으로 활용하는 데에 초점을 두고 있다.

커넥티드 단말의 보급이 확대되면서 사물인터넷 기술이 미래에 창출할 새로운 시장과 경제적 가치에 대한 전망치가 다양한 IT시장조사

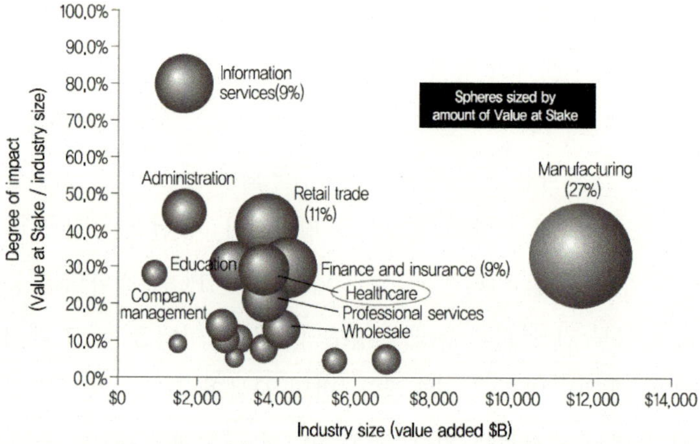

[그림 5-1] 2020년 사물인터넷 관련 산업별 가치 비중 전망(CISCO)

업체를 통해 제시되고 있다. 향후 사물인터넷 기술이 다양한 산업 부문에 적용되어 새로운 시장을 창출하고 큰 경제적 가치를 실현할 것이라는 점에서 모두 공통적인 생각을 가지고 있다. 특히, 산업별 시장규모 추정에서 헬스케어 산업은 사물인터넷 적용을 통한 시장 성장이 유망한 분야로 손꼽힌다. 우선 인터넷에 연결된 '커넥티드 단말'의 수가 급증할 것으로 예상된다. Cisco(2011)는 2020년까지 500억 개, Gartner(2013)는 260억 개 사물(스마트폰, 노트북, 태블릿 PC 등 제외)이 인터넷에 연결될 것으로 전망하고 있을 정도이다. Cisco(2013)는 향후 10년간(2013~2022) 사물인터넷 시장이 14.4조 달러 규모의 경제적 가치를 창출할 것으로 전망한다. 경제적 가치의 각 산업별 비중에서 제조업이 27%로 가장 크고 다음으로 소매업(11%), 정보 서비스(9%), 금융 및 보험(9%)의 순서이다. 헬스케어 산업은 사물인터넷 적용을 통해 1조 달러(7%)의 경제적 가치를 창출하고, 특히 환자 관리

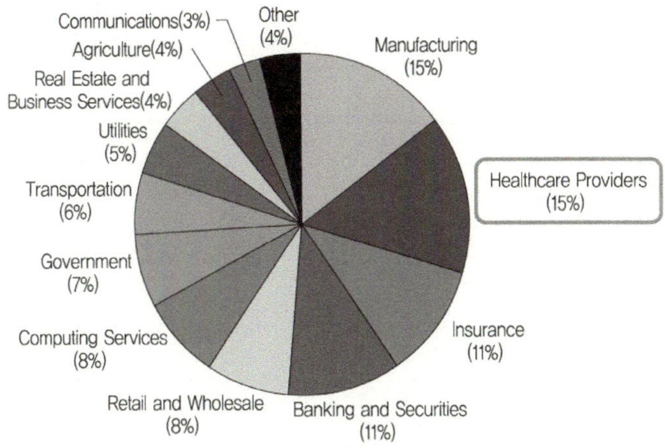

[그림 5-2] 2020년 사물인터넷 관련 산업별 부가가치 비중 전망

부문에서만 1,060억 달러의 가치를 창출할 것으로 예측된다.

한편, Gartner(2013)는 전 세계 사물인터넷 시장이 2020년까지 약 3,090억 달러에 이르고 1.9조 달러 규모의 경제적 부가가치를 창출할 것으로 전망하고 있다. 산업별 부가가치 창출 비중을 살펴보면, 제조업은 15%(약 2,850억 달러)와 헬스케어 산업이 각각 15%(약 2,850억 달러)로 그 비중이 가장 높았고 그 다음으로 보험업 11%(약 1,540억 달러) 순이다.

사물인터넷은 다양한 산업과 융합하여 새로운 시장을 창출하고 있

〈표 5-1〉 사물인터넷 적용 현황

분야	내용
헬스케어	건강보조도구, 혈당측정, 건강정보송신, 원격진료, 헬스케어 어플리케이션
홈케어	문/조명 등 제어, 지능주택 관리, LBS 방범, 스마트홈서비스
자동차	텔레매틱스, 무인자동차, 커넥티드 카, 차량 원격관리
산업	시설물 관리, 공장자동화, 유통망 검색, 오폐수 자동관리, 결제/과금 서비스
교통	교통안전, 국도 모니터링, 배기가스 실시간 감지, 디지털 운행 기록 관리
건설	선물/교량 원격관리서비스, 시설물 관리, 스마트시티
농업	실시간 작물 상태 모니터링, 온도/습도 감지 및 조정, 농작물 수확 재고관리
환경	날씨나 온도 측정 센서, 야생동물 위치 확인, 위험 물질 위치 파악
엔터테인먼트/게임	재미, 오락
에너지	중앙 전원 통제, 고압 전력 원격 검침, 전력 신청 및 공급, 에너지 하베스팅
안전	재난 예측, 재해 조기감지, 실시간 화재 및 침입경보서비스
경로추적	애완동물이나 자동차 추적
식품/급식	초밥감지 서비스, 지능형 식기도구, 단체급식 위생관리

다. 헬스케어, 홈케어, 자동차, 산업, 교통, 건설, 농업, 환경, 엔터테인먼트, 에너지, 안전, 식품 등 사물인터넷 기술과 융합 가능한 산업 분야는 다양하다. 특히, 아날로그 제품에 사물인터넷 기반 스마트 기능(상황인지, 분석 알림 등)을 내장할 경우 새로운 부가가치와 융합 서비스를 창출할 수 있어 사물인터넷 기술과의 융합을 적극 추진 중이다.

특히 헬스케어 산업은 사물인터넷이 가장 활발하게 적용되고 있는 분야로, 일반 소비자 대상 'Mass Market'의 급성장이 이뤄질 것으로 기대된다. 따라서 인간친화적 IoT 서비스와 관련된 내용을 다룰 때 살펴봐야 할 산업 분야 중 하나이다. 헬스케어 산업은 급속한 고령화와 소득 수준 증가로 인한 건강에 대한 관심 증가로 인해 소비자들의 관심과 시장 수요가 크게 급증하고 있어, 일반 소비자 대상으로 사물인터넷을 적용한 건강증진 제품 및 서비스의 개발 및 시장 출시가 활

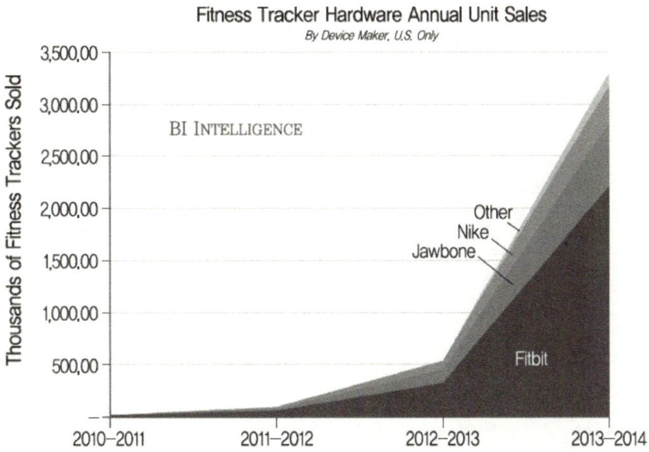

[그림 5-3] 피트니스 트래커 연간 판매량

출처: BI Intelligence(2014)

발하게 이뤄지고 판매량도 급증하였다. 대표적인 예로 피트니스 트래커의 미국 내 판매량을 살펴보면, 지난 3년간(2011~2014) 판매량이 500% 증가하였다.

한편, 사물인터넷 기술은 의료비 절감과 의료 품질 제고를 동시에 실현할 수 있어 의료서비스 부분에서의 적극적인 적용이 시도되고 있다. 가정 내 상시적 모니터링 구축을 통한 생체정보의 수집 및 활용은 예방적 건강관리 및 맞춤형 질병치료를 가능케 하여 의료비 절감과 함께 의료의 질 제고도 동시에 가능하다. 실제로 이미 미국에서는 의사의 약 20%가 원격 모니터링 시스템을 활용하여 월 평균 22명의 환자를 모니터링하고 있고, 펜실베니아 병원에서 심부전 환자를 대상으로 진행한 연구 결과에 따르면 실시간 원격 모니터링을 통해 재입원률이 38~44% 감소하고 전체 의료비용도 11% 감소하였다고 발표된 바 있다(출처: Mobihealthnews, 2014).

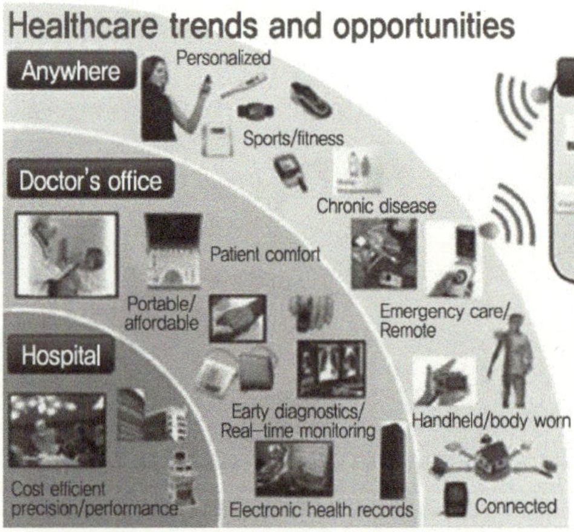

[그림 5-4] 사물인터넷과 헬스케어 산업 융합 추세

003

NUI – 사용자가 자연스럽게 조작하는 편리한 IoT

Human IoT의 첫 번째 유형은 NUI이다. NUI는 사람이 의사소통 수단으로 사용하던 말speech, 시선gaze, 몸동작posture, 손동작gesture을 통해 사람이 컴퓨터에게 의사를 전달하거나 명령하는 것이다. 컴퓨터가 경량화되면서 사물 안에 포함됨에 따라 유형적으로 보이지 않거나, 착용 가능한wearable 형태가 되면서, 기존의 키보드나 마우스를 통해 컴퓨터에게 명령을 내리는 일은 불가능하고 어색한 일이 되어버렸다.

NUI를 구현하기 위해서는 사람의 의도를 감지할 수 있는 센서sensor가 필수적이다. 센서는 실세계의 물리현상을 컴퓨터가 처리할 수 있는 디지털(숫자) 형태로 측정 및 출력해주는 것을 통틀어 말한다. 사람의 동작behavior을 측정하기 위해서는 흔히 우리가 "카메라"로 알고 있는 영상Image 센서를 이용하는 것이 대세이며, 말을 인식하기 위한 소리 센서는 "마이크"가 사용된다. 그 밖에도 최근에는 뇌파와 같은 인간의 내현적 반응을 통해 의도intention와 사고thinking를 유추함으로써, 인터페이스로 활용하는 기술 또한 시도되고 있다. 동작을 취할 수 없는 장애인들에게는 꼭 필요한 NUI 기술일 수 있다.

영상 센서 기반 방법

말(speech) 인식

말은 소리로 나타나며, 소리는 높이pitch와 음압amplitude으로 설명할 수 있다. 시간의 흐름에 따라 높낮이가 바뀌는 소리 신호는, 주파수(1초 동안 높낮이가 바뀌는 횟수)에 따라 음의 높이가 결정되고, 신호의 세기는 음압을 나타낸다. 흔히 노래를 부를 때 고음을 발성하면 해당 소리 신호의 주파수가 올라가고, 발성의 세기가 크면, 즉 시끄러운 소리일수록 음압이 올라가는 것이다.

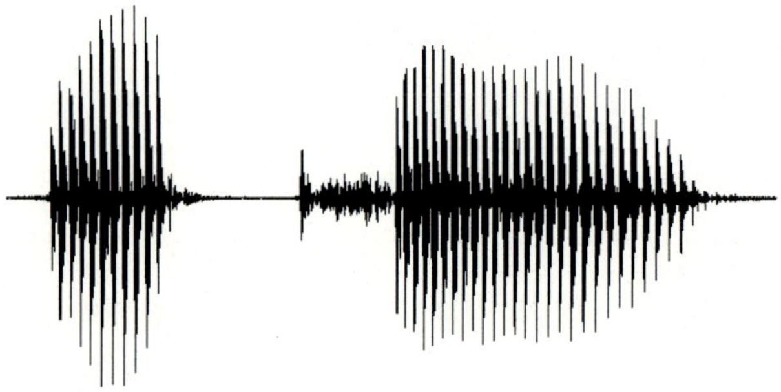

[그림 5-5] 소리 신호의 예

이러한 소리의 물리적인 특성을 기반으로, 컴퓨터 프로그램은 사람이 하는 말을 인식할 수 있다. 최근 Google Doc문서 서비스의 음성 입력 기능은 한국어까지도 거의 100% 인식하며, Apple의 기기에 내장된 Siri 서비스 또한 웬만한 명령은 모두 알아듣고 만족할 만한 반응을 보여준다.

출시하지는 못했지만, Google glass는 안경 형태의 대표적인 웨어

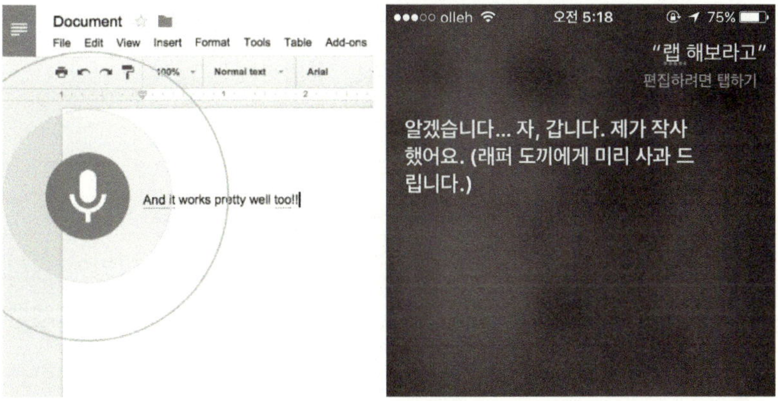

[그림 5-6] Google Doc과 Siri 서비스 화면

러블 디바이스이다. 안경 형태의 디바이스는 키보드나 마우스를 사용할 수 없음은 물론, 대세 인터페이스 방법인 터치 인터페이스를 활용할 수 없다는 문제가 있다. 안경, 헬멧, 고글 형태의 웨어러블 디바이스에 가장 잘 어울리는 인터페이스 방법이 "말 인식"인 셈이다.

하지만 말 인식 방법의 가장 큰 문제는 내비게이션 인터랙션에 불리하다는 것이다. 흔히 키보드 화살표 버튼이나 마우스의 드래깅을

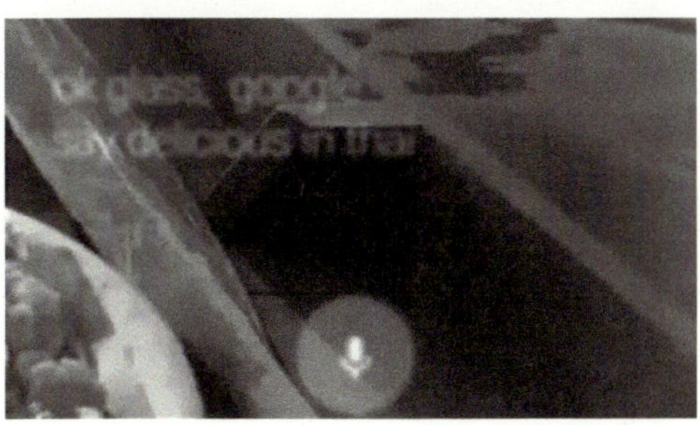

[그림 5-7] 구글 글래스의 말 인식 개념

통해 손쉽게 수행하던 인터랙션이 말로는 쉽지가 않다. 또한, 대중이 모인 공간에서 혼잣말을 하는 모양새는 평범하지는 않아 보인다.

시선(Gaze) 인식

시선을 인식하는 방법은 크게 두 가지가 있다. 전통적인 방법은 EOGElectroculogram 방식이고, 최근에는 카메라를 사용한 방법이 널리 사용된다. EOG는 눈 주위에 전극을 부착하여, 안구의 회전이 발생할 때 발생하는 표면의 신호를 취득하고 분석하여 시선 위치를 추정하는 방식이다. 꽤 정확한 것으로 알려져 있으나, 눈에 전극을 붙여야 하는 불편함 때문에 최근에는 잘 사용되지 않는다.

카메라를 통한 방법은 흔히 근적외선near infrared 조명 카메라가 사용된다. 카메라를 통해 눈 영상을 촬영하고, 해당 영상에서 소프트웨어적인 방법으로 동공의 중심을 찾는 방식이다. 지속적으로 동공의 중심을 찾아 어디를 쳐다보는지 예측하는 것이다. 동양인의 경우 동

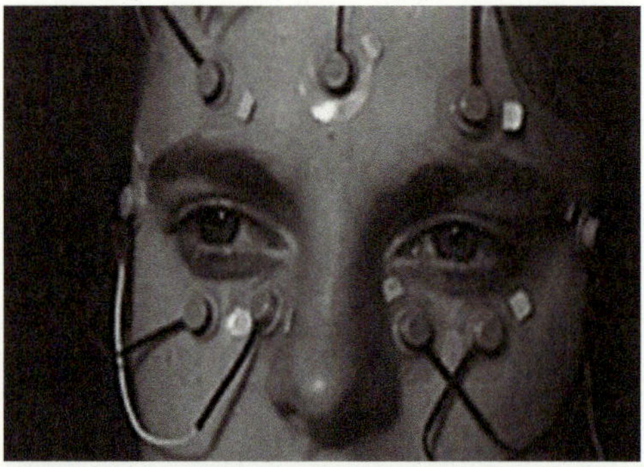

[그림 5-8] EOG 기반 시선인식 방법의 예

출처: http://image.slidesharecdn.com/eie426-eyetracking-v21-130306012606-phpapp01/95/eie426-eye-trackingv2-1-12-638.jpg?cb=1362533259

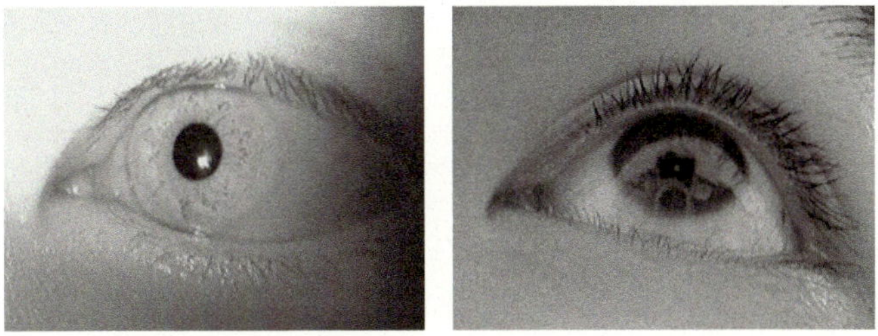

[그림 5-9] 근적외선(좌)과 가시광(우) 조명 및 카메라로 촬영된 눈 영상

공 외곽의 홍채 영역에 멜라닌 색소가 다량 포함되어 동공과의 경계가 모호하기 때문에, 일반 카메라로 눈을 촬영했을 때, 소프트웨어적인 방법으로 동공의 중심을 찾기가 어렵다. 하지만, 근적외선 카메라를 사용하면, 홍채의 멜라닌 색소량과 관계없이 밝은 홍채 영상을 얻을 수 있어, 동공 중심을 검출하기가 수월하다. 실제, 홍채인식Iris recognition 때에도 영상은 근적외선 조명과 카메라를 통해 촬영한다.

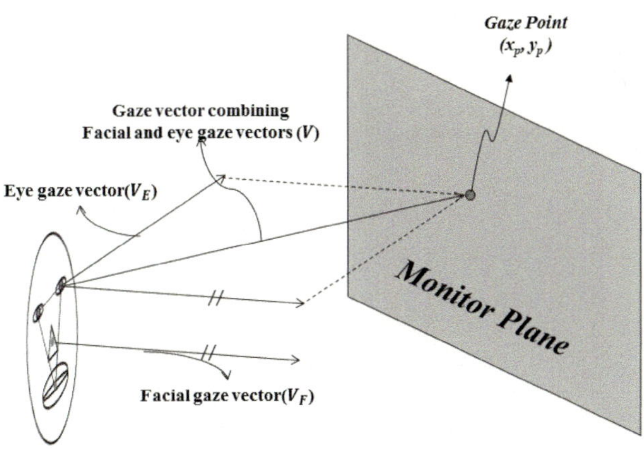

[그림 5-10] Facial gaze와 eye gaze의 개념

시선을 인식하는 것은 크게 두 가지 의미를 포함한다. 첫 번째는 얼굴 움직임에 의한 시선 변화Facial gaze를 인식하는 것이고, 두 번째는 안구 움직임에 의한 시선 변화Eye gaze를 인식하는 것이다. 사실 둘 중 하나만 인식되어야 하는 것이 아니고, 두 시선 정보가 합쳐져서 최종 시선 위치로 인식되어야 한다.

몸에서 상대적으로 작은 영역인 눈을 정밀하게 측정하고 분석해야 한다는 측면에서, 시선 인식은 NUI 방법 중 기술적으로 구현하기가 어려운 편에 속한다. 특히 눈의 크기가 작은 경우 인식률이 떨어지고, 안경을 쓴 사람의 경우 안경테가 동공 앞을 가리거나, 렌즈에 생긴 반사광 때문에 잘 동작되지 않을 수 있다. 그럼에도 불구하고, 가장 직관적이고 빠른 인터페이스 방법이며, 손이 불편한 사람에게는 더할 나위 없이 좋은 인터페이스 방법임에는 확실하다. 또한 눈 주변에서 눈을 촬영할 수 있는 카메라 장착이 수월하다는 관점에서 생각한다면, 안경 형태의 웨어러블 디바이스에 매우 어울린다. 앞서 말 인식 방법의 내비게이션 인터랙션 수행의 어려움에 대한 단점을 보완할 수 있는 훌륭한 솔루션이 될 수 있는 것이다.

몸동작(posture) 및 손동작(gesture) 인식

수년 전 Xbox 360의 몸동작 인터페이스 컨트롤러 장비인 Kinect가 윈도우즈용으로 출시되면서, 인간의 동작을 인식하는 연구를 진행하는 그룹들은 큰 충격을 받았다. 소프트웨어를 통해 알고리즘적으로 동작 인식 연구를 어렵게 진행해 왔었는데, Kinect는 앞에 있는 사람의 3차원 위치 정보를 주요 관절 단위로 실시간 검출해 주었다. 3차원적인 동작 인식을 쉽게 수행할 수 있게 된 것이다.

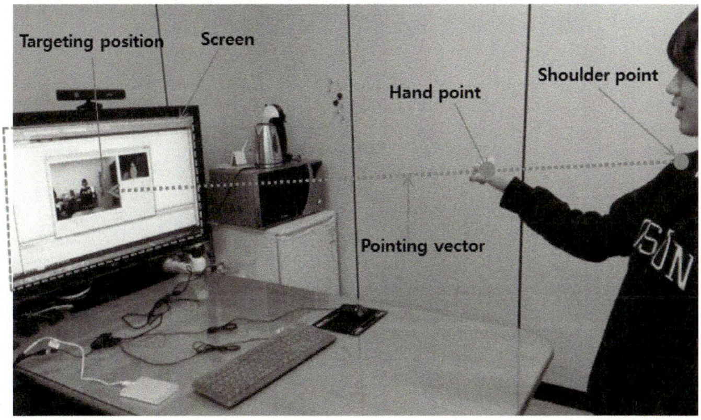

[그림 5-11] Microsoft의 Kinect를 통한 제스처 인식의 예

최근에는 Intel에서 RealSense 시스템을 출시하면서, 이러한 동작 인식을 더 작은 장비를 통해 가능하게 하였다. 동작인식뿐만 아니라 3차원적으로 정교한 얼굴인식까지 가능하다.

그 외에도 손가락의 정교한 동작을 인식할 수 있는 센서 장비도 출

[그림 5-12] Intel의 RealSense를 통한 손동작 인식의 예

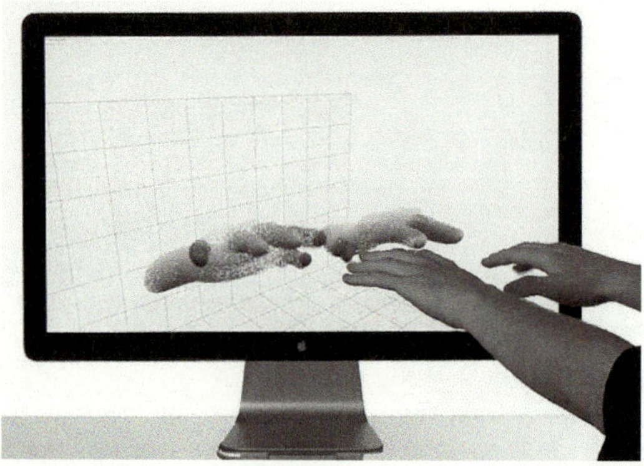

[그림 5-13] Leap motion controller

출처: http://www.planetminecraft.com/mod/leapcraft---leap-motion-controller-support-for-minecraft

시된 바 있다. Leap의 motion controller 장비인데, 양 손의 동작을 손가락 관절 단위로 3차원 좌표 분석하여 인식할 수 있는 시스템이다. Kinect, RealSense, Leap motion 장비들은 모두 적외선 카메라를 포함하고 있으며, 방식은 약간씩 다르지만 모두 깊이인지(장비로부터 물체까지의 거리를 측정) 기능이 포함되어, 깊이 영상depth map image을 기반으로 동작을 인식한다는 공통점이 있다.

또한, 스타트업인 Logbar에서 출시한 반지 형태의 Ring 제품은 반지 형태의 디바이스를 손가락에 착용함으로써, 손가락 동작을 정확하게 인식해주는 시스템이다. 위의 모든 제품들과 마찬가지로 APIApplication Programming Interface를 제공하여, 개발자가 센서로부터 얻어진 값을 활용해 다양한 동작에 따른 인터랙션을 정의할 수 있다. 이러한 API를 활용하는 것은 기존의 시스템을 활용해 또 다른 아이템을 창출할 수 있는 편리한 기반 기술이 될 수 있다. 예를 들어 지능형 자

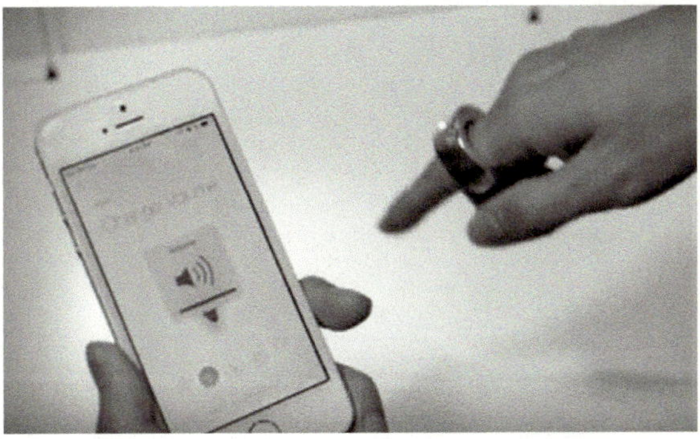

[그림 5-14] Logbar의 Ring ZERO로 스마트폰을 조작하는 장면

동차에 포함되는 졸음운전 방지나 운전자 인터페이스 등에 얼마든지 활용될 수 있으며, 이러한 솔루션 또한 훌륭한 스타트업 아이템이 될 수 있다.

전극 센서 기반 방법

뇌파(Brainwave 또는 EEG(Electroencephalogram)) 인식

뇌파는 두피에 전극electrode을 부착하고, 이로부터 얻어지는 전기적 신호의 변화를 분석하여 사람의 생각이나 의도를 유추하고자 하는 기술이다. 뇌의 반응은 사람의 생각과 연관이 깊은 중추신경계CNS: Central Nervous System와 연관되기 때문이다. 뇌파 측정은 초창기에는 의료 목적으로 사용되었으며, 법과학에서 범죄자의 거짓말 탐지나 정신분석학 분야에서 사용되어왔다. 하지만 최근에는 일반인들도 손쉽게 사용할 수 있는 뇌파장비들이 출시됨에 따라, 위에 언급한 전문 분야 외에도 간단한 컴퓨터와의 인터페이스 방법으로 활용하려는

[그림 5-15] NeuroSky의 MindWave
출처: http://store.neurosky.com/pages/mindwave

시도들도 많이 이루어지고 있다. NeuroSky에서는 다양한 형태의 뇌파 측정 헤드셋 제품을 출시하고 있으며, 기존 8~64개의 전극을 필요로 하던 뇌파 측정방식을 탈피하여, 단 하나의 노드(이마 부위)와 두 개의 레퍼런스 노드(관자놀이 주변)에서 측정되는 신호만으로 뇌파를 분석한다. 이 장비와 제공되는 소프트웨어를 통해 간단한 이진 분류 문제를 수행할 수 있으며(정확도는 개인차가 큼), 집중력 훈련 어플리케이션 등이 제공된다.

개인에 따라 동일한 생각을 하더라도 발생하는 뇌파가 다르므로, 실제 사용을 위해서는 개인별로 훈련training 또는 calibration 과정을 거쳐야 한다. 최근 발표된 논문이나 신문기사를 보면, 의수artificial hand를 장착한 장애인이 뇌파 인식을 통해 의수를 컨트롤하는 것에 성공한 경우를 많이 살펴볼 수 있다. 뇌파 신호의 개인차 극복, 센싱 장비의 소형화를 이룬다면 뇌파 인식만큼 직관적인 NUI 방법도 없을 것이다. 하지만 다른 NUI 방법들에 비하면 아직 갈 길이 멀었다는 생각이 지배적이며, NUI보다는 NUX 설계를 위한 사용자 분석을 객관적이고 정량적으로 수행하기 위한 수단으로 사용되는 경우가 실제로는 더 많다.

004

NUX — 사용자 경험에 기반을 둔 편리한 IoT

NUX는 사람의 경험을 기반으로 기계가 단순히 유용한 것을 벗어나 더욱 편리하고 사용하면서 기분 좋은 것을 의미한다. 내 기분을 알아주는 기계, 그것이 NUX의 핵심이다.

감성 IoT

기계Computer 또는 Machine는 이제 사람Human으로부터 떼어낼 수 없는 존재가 되었다. 한 회사에서 실시한 설문조사를 살펴보면 현재 10대들의 97%는 인터넷이 끊기면 세상이 불편해진다고 답했다. 20대의 81%와 30대의 60%도 그렇게 답했다. 30여 년 전 무식하게 크고 무겁던 컴퓨터를 들고 다니는 것이 아닌 이상, 사람과 친해지기 위해 기계가 갖춰야 할 요소는 꽤 많다.

최근 IT 분야에서 감성Emotion에 대해 많은 이슈가 제기된다. 기존 관점에는 유용usefulness한 기계가 위 그림에서 언급한 "기계가 갖춰야 할 요소들"을 갖추게 된다면 감성emotion형 시스템이 될 수 있는 것이다. 즉, 기계를 사용하지만 사람과 교류하면서 느낄 수 있는 감성을 느끼게 된다는 것이다.

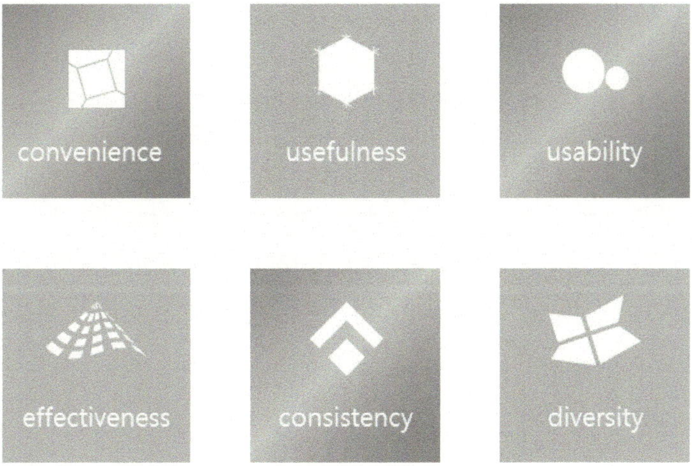

[그림 5-16] 사람과 친해지기 위해 기계가 갖춰야 할 요소들

사람은 이제 기계에게 다양한 감각 체험이 가능한 기술까지 요구를 한다. 기계로부터 오감을 만족하고, 기계와 세상에 공존하는 것 같은 느낌까지도 원한다. 결국 인간의 오감을 자극하기 위해 기존 시청각만 자극하던 멀티미디어 기술은, 후각, 미각, 촉각까지 컴퓨터가 표현하고 출력해줄 수 있는 기술 개발에 몰두하고 있다. 다양한 멀티미디어 콘텐츠나 기계가 의인화되어 사람과 소통하는 것 같은 느낌을 주며, 단순히 정보를 전달해주는 것을 넘어 사람과의 교감을 시도한다. 기계에 달린 카메라에 찍힌 사람의 얼굴 표정이나 성별을 인식하여 그에 맞는 서비스나 콘텐츠를 제공해주는 기술은 이제는 더 이상 신기한 것이 아니다.

컴퓨터는 사라지고 있다. 2000년대 들어서면서 데스크톱 컴퓨터가 모바일 형태로 진화하였고, 이제는 시계 형태로 차고 다닌다. IoT라는 타이틀 아래 각종 사물들 안에 들어가 버린 컴퓨터는 이제 더 이상 보이지 않는다. 보이지 않아도 사용하는 데 지장이 없다.

감성 IoT 기술은 네 가지 정도의 핵심 기술로부터 설명되고 구현될 수 있다.

첫 번째, 유비쿼터스 컴퓨팅이다. 유비쿼터스 컴퓨팅은 1990년대부터 언급되기 시작하였으며, 장소, 시간, 날씨 등의 상황에 유연한 서비스를 제공하는 것이 핵심이다. 결국 IoT는 유비쿼터스 컴퓨팅으로부터 유래했다고 볼 수 있다.

두 번째, 보이지 않는 컴퓨터다. 개인이 사용하는 컴퓨터와 주변 장치는 굉장히 간소화되고 보이지 않으며 사라지고 있다. NUI 기술을 사용하면 [그림 5 – 17]에서처럼 마우스도 쓰지 않을 수 있다.

사실 보이지 않는 컴퓨터는 IoT 기술의 핵심이다. IoT는 모든 사물이 인터넷망에 직·간접적으로 연결되어 있으면서, 사람이 접근할 수 있어야 한다. 또한 사물들이 센서를 포함하고 있다는 것이 중요하다. 센서는 주변의 물리적 현상을 수치화된 데이터로 획득한다. 사실 IoT와 빅데이터 기술이 거의 동시에 주요 쟁점이 되었던 것은 서로 밀접한 관계를 갖고 있기 때문이다. IoT 플랫폼에서의 사물들은 수많은

[그림 5 – 17] 마우스의 변화

데이터를 쏟아내고, 이 데이터들을 분석할 수 있어야 한다. 쏟아지는 데이터를 체계적으로 저장하고, 분석하여 사람에게 필요한 의미 있는 정보를 유추하는 기술, 그것이 빅데이터 기술이다. 아래는 재미있는 감성 IoT 기술의 사례이다. 화장실 휴지걸이가 센서를 통해 휴지의 잔량을 측정하고, 휴지를 갈아야 할 때가 되면 스마트폰 알람을 제공해준다. 배터리 방식으로 1년 동안 사용가능하다고 하는데, 정말 우

[그림 5-18] Dubbed Roll Scout 스마트 휴지걸이

출처: DFENDOOR

[그림 5-19] Pantelligent 스마트 프라이팬

출처: Pantelligent

리 삶의 깊숙한 곳까지 파고 들어와 있는 IoT 기술의 예라고 생각된다. 또한, Pantelligent라는 프라이팬에는 온도 센서가 내장되어 있으며, 스마트폰 앱과 블루투스로 연동되어 요리 시 올바른 조리 과정을 유도하고 알려준다.

세 번째는 웨어러블 컴퓨팅 기술이다. 컴퓨터를 몸에 착용한다는 것은 인체와 닿아 있다는 것을 의미한다. 인체와 닿아 있는 것은 컴퓨터와 연결된 센서를 통해 다양한 사람의 신체 반응을 측정할 수 있다는 것이다. 최근 스마트밴드나 스마트워치 형태가 많이 사용되며, 안경이나 반지, 밴드 형태의 제품들도 다양한 스타트업 아이템으로 급부상하고 있다. 스마트밴드 형태로 출시된 Electrozyme 장치는 운동을 할 때 발생하는 땀을 분석하여 건강 정보를 제공해주는 웨어러블 기기이다. 땀 성분 분석을 통해 800여 개의 신체 데이터를 알 수 있으며, 운동 중 마신 음료의 정류, 탈진 위험성, 휴식 필요 여부, 수분

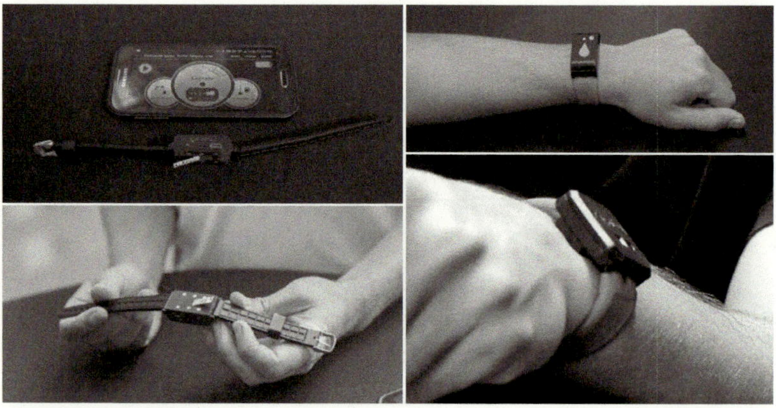

[그림 5-20] Electrozyme 운동용 스마트밴드

출처: Electrozyme

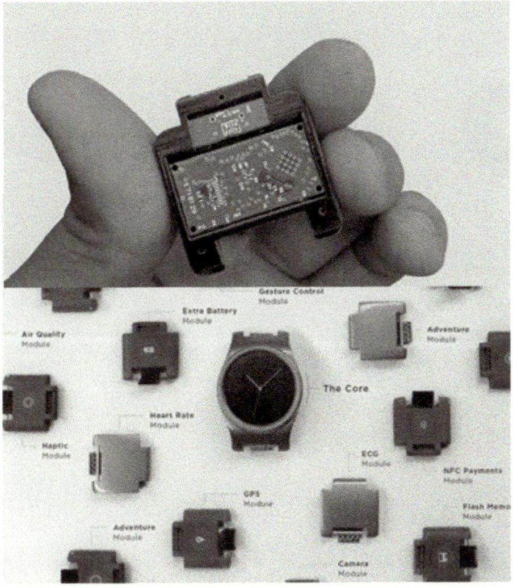

[그림 5-21] Blocks 스트랩 조립형 스마트워치

부족 여부 등의 정보를 알려준다. 또한, 유사한 형태이지만 Blocks는 사용자가 시계의 스트랩 블록을 자신이 원하는 기능에 맞게 조립해서 사용할 수 있는 스마트 시계이다. 각 블록은 디스플레이, 카메라, GPS, 동작인식, 지문인식, 심박센서, 마이크로폰, 트위터, 음악, 이메일 등의 기능을 포함한다. 잘만 조립한다면 최고의 스마트워치를 만들 수 있을 듯하다.

네 번째는 Affective Computing이다. Affective computing이란 사용자의 감성을 인식하고 적절히 반응하는 컴퓨터 또는 해당 기술을 의미한다. 인간의 감성을 인식recognition하고, 해석interpret하며, 처리process하는 과정을 통해 가능한 시스템 또는 해당 연구를 말하는 것이다. 미국의 인디고고indiegogo가 개발한 JIBO는 "세계 최초의 패밀리 로봇"이라 불린다. 인간과 같은 감성을 지녔다고 판단될 정도이며,

[그림 5-22] 인디고고의 JIBO

인공지능이 탑재되어 사용자의 표현이나 환경에 따라 적응하고 학습learning한다. 초기 출시 버전이 영어만 알아듣고 말할지라도, 지속적으로 사용하다보면 다른 언어에 적응하고 의사소통이 가능하게 된다고 한다.

감성인식

감성 IoT의 핵심은 사람의 감성을 인식하는 것이다. 사람의 감성을 정확하게 인식하는 것은 여간 어려운 일이 아니다. 사람의 감성은 2차원 평면, 즉 "쾌-불쾌"를 의미하는 가로축과 "각성-이완"을 의미하는 세로축으로 구성된 영역에 하나의 점으로 표현하는 것이 일반적이다.

사람의 몸에서 취득할 수 있는 바이오신호(뇌파 또는 심박, 땀, 체온 등의 자율신경계(Autonomic Nervous System) 반응), 음성, 얼굴표정, 행동 분석을 통해 감성을 자동적으로 인식하려는 연구들이 2000년대 초반부터 지속적으로 진행되고 있으며 일반적으로 50~80% 정도의 정

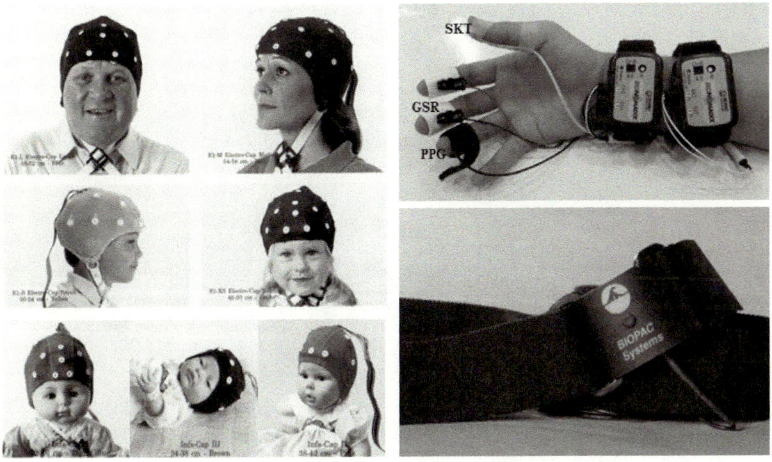

[그림 5-23] 바이오신호를 이용한 감성인식의 예

확도를 나타낸다. 하지만, 인식하려는 감성의 종류를 몇 개로 세분화할 것이냐에 따라 인식 정확도를 달라질 수 있으며, 개인차가 크기 때문에 일반화하기도 힘들다. 즉, 발표된 정확도 수치는 의미가 없다는 것이다.

MIT 미디어랩에서 시작된 Affectiva 스타트업은 Affdex라는 솔루션을 통해 웹캠으로 촬영된 얼굴의 표정을 인식한다. 10억 개에 달하는 세계 최대 표정 데이터베이스를 구축하고 빅데이터를 분석하여, 매우 상세한 얼굴 표정 분석을 수행할 수 있다. 또한 얼굴인식 전문업체인 Emotient는 구글 글래스를 통해 사람의 감성을 읽을 수 있는 어플을 개발하였다. 일반적인 감성표현인 "긍정-부정"과 기본 감성인 기쁨, 놀람, 슬픔, 두려움, 만족뿐만 아니라 확장된 복합감성인 좌절, 혼란 등을 구별하는 것이 가능하다고 한다.

[그림 5-24] 표정을 이용한 감성인식의 예

[그림 5-25] Emotient의 얼굴 표정인식 시스템

감성표현

감성의 표현은 기계가 또 다른 사람인 것처럼 감성을 표현하는 것이다. 최근 가상현실VR: Virtual Reality 및 증강현실AR 또는 MR: Augmented(Mixed) Reality 기술이 각광받으면서 실제와 같은 가상환경과 그 안에 존재하는 아바타의 표현은 감성표현 이슈와 맥을 같이한다. 국내 감성인식 기술의 선두 연구그룹인 상명대학교 황민철 교수 연구팀에서는 가상현실과 증강현실을 넘어, 지각적, 감성적, 사회적으로 실재감Presence을 포괄하는 현실에 가장 가까운 컴퓨터화된 현실을 공존현실CR: Coexistence Reality로 정의하였다. 즉 기계의 감성표현의 궁극적인 목적은 CR을 만드는 것이라고 볼 수 있다.

사람은 VR을 경험할 때 실재가 아님에도 실재감을 느낀다. 이러한 현상을 진화심리학적으로 해석하면 인간은 강력한 반증이 없는 한 오감으로 들어오는 감각 정보를 일단 사실로 받아들이는 경향이 존재하는데, 이는 일단 사실로 받아들이는 것이 생존에 유리하기 때문이라고 한다.

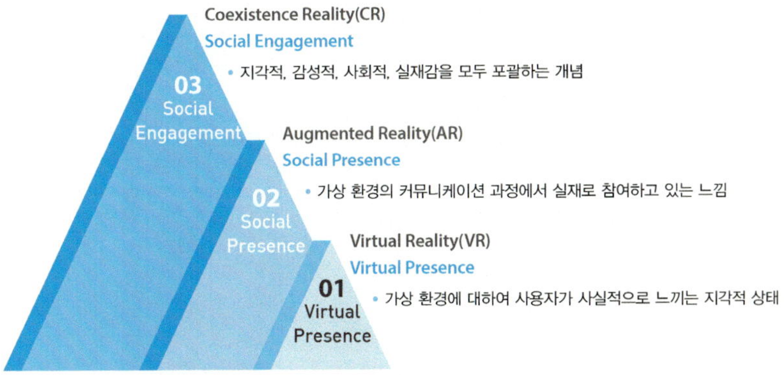

[그림 5-26] VR, AR, CR의 상대적 개념

Dexter Digital의 3차원 human avatar는 실제 사람과 똑같은 컴퓨터 그래픽스 아바타를 제시한다. 정지된 사진뿐만 아니라 공개된 동영상을 찾아보면, 눈빛과 표정이 그야말로 살아 있다. 3D 촬영과 다양한 카메라 무빙을 구현하는 특수 그립, 2D-3D 컨버팅을 통해 사실적인 3D 애니메이션을 구현한다. Faceshift는 앞서 NUI를 설명하며 언급했던 Kinect 장비의 depth map 센싱 기능을 통해 얼굴 모션을 캡처하여 사람의 얼굴 표정을 3D 그래픽으로 실시간 재구성해주는 기술을 개발하였다. 이를 활용해 애니메이션 작품을 만들거나 온라인 게임의 캐릭터 아바타를 빠르게 구현하는 데 사용된다. Facerig는 웹캠을 기반으로 사용자 얼굴의 움직임과 표정을 인식하여 실시간으로 캐릭터에 사상mapping해 주는 기술을 개발하였다.

[그림 5-27] Dexter digital의 3D human avatar

[그림 5-28] Facerig 솔루션에서 사람의 표정을 실시간으로 모사하는 캐릭터

005

바이오 휴먼 인증 기술

최근 사용되는 스마트폰에는 지문인식을 통한 휴먼 인증 기술이 일반적으로 탑재되어 있으며, 2016년 7월 갤럭시 노트7에서는 세계 최초로 홍채인식을 바이오 휴먼 인증 기술로 탑재하였다. 인간의 특징을 통해 개인을 식별하는 기술은 IoT 발전의 걸림돌인 개인정보 보호 문

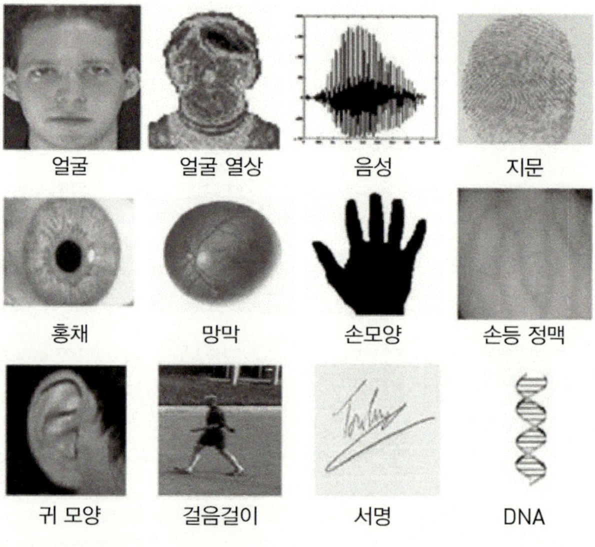

[그림 5-29] 다양한 바이오인식 방법의 예

제를 기술적으로 해결할 수 있는 핵심이 되는 중요한 기술이다.

바이오 휴먼 인증 기술은 biometric으로 불리며, 국내에서는 '생체 인식'이라는 용어로 불리다가 최근에는 '바이오인식'으로 불린다. 핀테크Fintech 개인인증 기술의 이슈화와 더불어 최근 많은 각광을 받고 있는 기술이다. '바이오인식'의 정의는 "개인을 식별하기 위해 인간의 생리적/행동적 특성을 자동으로 측정measurement하는 것" 정도로 할 수 있다. 바이오인식은 '자동automated'이라는 단어가 핵심으로, 바이오정보의 감지sensing, 특징feature 검출, 비교matching, 인식recognition, identification, verification의 모든 과정을 사람의 개입 없이 컴퓨터 기반으로 동작하는 것이다. 또한 실시간real-time이 중요한 요소이므로, 인식 정확도가 제일 높은 것으로 알려져 있는 DNA 인식은 바이오인식이라고 할 수 없다.

바이오인식은 크게 행동behavior 기반의 방법과 생리physiology 기반의 방법으로 나눌 수 있다. 행동 기반의 방법으로 대표적인 것은 화자인식speaker recognition, 키보드 타이핑인식key-stoke recognition, 걸음걸이인식gait recognition, 서명(또는 필적)인식signature recognition을 예로 들 수 있으며, 생리 기반의 방법으로는 지문인식fingerprint recognition, 홍채인식iris recognition, 정맥인식vein recognition, 얼굴인식face recognition을 예로 들 수 있다. 행동 기반의 방법은 말 그대로 행동을 관찰하는 것으로 일정 시간 동안 행동 반응 데이터를 센싱해야 한다는 단점이 있음에도 정확도 또한 생리 기반의 방법에 미치지 못하는 경우가 일반적이다. 최근에는 심장 박동, 뇌파, 시선방향 패턴을 통한 행동 기반 인식 방법이 개발되고 있으나 정확도가 만족스럽지 못하다. 아무래도 한 사람의 행동이더라도 측정할 때마다 다르게 나타나는 편차가 가장 큰 문제일 것이다. 이에 반해 생리 기반 방법들은 홍채인식이 가장 높은 정확도를 가지는 것으로 알려져 있으며, 지문인식이나 정맥인식 또한 정확도가 높은 방법으로 알려져 있다. 얼굴인식은 2000년대 중반까지도 80%대 정확도를 극복하지 못하는 수준이었으나, 최근 deep learning 기술의 발전과 더불어 Google 및 Facebook과 같은 기술선도 기업에서 99%에 육박하는 정확도를 가진다고 발표하면서 다시 각광을 받고 있다. 하지만, 조명 변화나 얼굴 자세, 안경, 모자, 마스크 착용, 표정 변화, 나이, 화장, 성형수술 등에 의한 변화에 성능이 저하되므로 여전히 가야 할 길이 멀다.

최근 이슈가 되고 있는 홍채인식을 살펴보자. 홍채인식은 동공으로 들어오는 빛의 양을 조절하기 위해 동공의 크기를 조절하는 도넛 모양의 근육들의 모양이 사람마다 다르다는 특성을 이용해 개인을 식별하는 방법이다.

전통적인 홍채인식 방법에서는 도넛 모양의 홍채 영역을 8개의 트

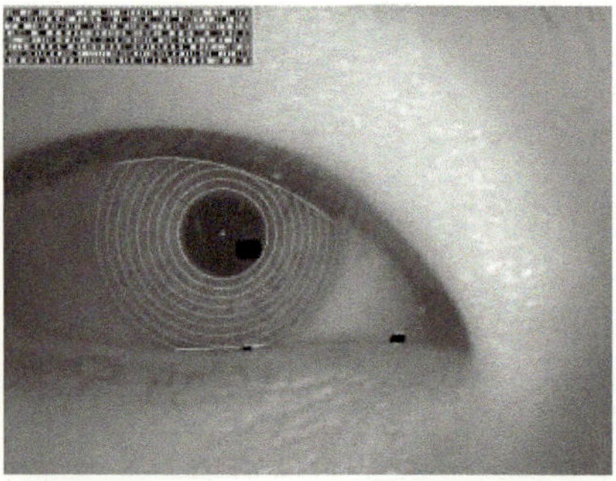

[그림 5-30] 영상처리 방법으로 적외선 눈 영상에서 홍채 영역을 8개의 트랙으로 나눈 예

* 좌측상단의 유사 바코드 패턴은 이진 홍채 특징을 0은 검정으로 1은 흰색으로 표현한 것임.

랙과 256개의 섹터로 분할하여 총 2,048개 영역에 대해 0 또는 1의 이진수를 추출한다. 결국 하나의 홍채 영역에서 2,048개의 이진 수열을 결정하므로 그 표현력은 2의 2,048제곱에 이른다. 이를 계산해보면 이론적으로는 인류가 생긴 이래 홍채가 같은 사람은 없다는 결론을 내릴 수 있다. 심지어 동일인의 양 눈의 홍채 패턴도 다르며, 쌍둥이의 홍채 또한 다르다고 알려져 있다. 하지만 실제로는 눈꺼풀 또는 눈썹에 의해 홍채영역이 가려지는 문제와, 눈 영상 촬영 당시 안구의 움직임, 안경이나 렌즈 착용에 의한 반사광 및 굴절 현상 등으로 인식률이 저하되거나 인식 자체가 불가능할 수 있다. 또한 홍채인식은 직경이 약 1cm인 상대적으로 작은 홍채 영역을 큰 영상으로 확대해서 촬영해야 하고, 이에 따라 홍채 영역에 초점을 맞춰야 하기 때문에 가변초점 및 고배율 카메라를 필요로 하고, 동양인과 같이 홍채의 멜라닌 색소가 다량 함유되어 있는 경우 홍채 패턴이 일반 카메라 영상으로 촬영되지 않으므로, 근적외선 조명을 통해 촬영되어야 한다.

결국 장비의 가격이 상승하는 문제가 있다. 사람이 눈을 정확하게

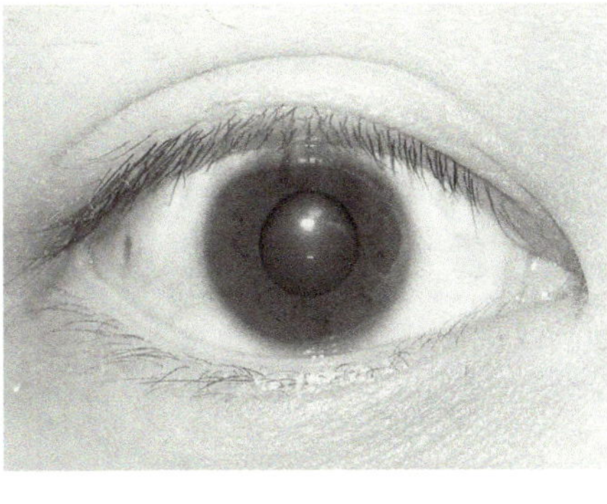

[그림 5-31] 눈을 가시광선 디지털카메라로 촬영한 영상

카메라에 맞춰야 하는 불편함도 홍채인식의 단점이다. 그럼에도 불구하고 홍채인식은 높은 정확도 때문에 여러 명의 후보군 중 입력된 홍채가 누구의 것인지 판단하는 1:N 매칭에 활용될 수 있는 몇 안 되는 바이오인식 방법이다. 사실 갤럭시 노트7에서 적외선 카메라 및 조명까지 추가하면서 홍채인식 기능을 추가한 것은 예상외이다. 스마트폰의 바이오인식 방법은 1 : N 매칭이 아닌 스마트폰 사용자의 본인 확인을 위한 1 : 1 매칭이 목적이므로, 굳이 추가적인 카메라까지 추가하면서 홍채인식 기능을 추가할 필요가 있었는지가 의문이기 때문이다.

또 다른 바이오인식 방법으로는 정맥인식 방법이 있다. 사람의 혈관은 정맥과 동맥이 있다. 정맥은 심장에 산소를 공급한 후 배출되는 피가 흐르는 혈관으로, 동맥혈에는 산소와 결합된 헤모글로빈이, 정맥혈에는 산소가 포함되지 않은 헤모글로빈이 포함되어 있다. 정맥혈의 산소가 포함되지 않은 헤모글로빈은 근적외선 조명을 흡수하는 특성을 가지고 있어, 근적외선 카메라로 피부면을 촬영했을 때, 정맥

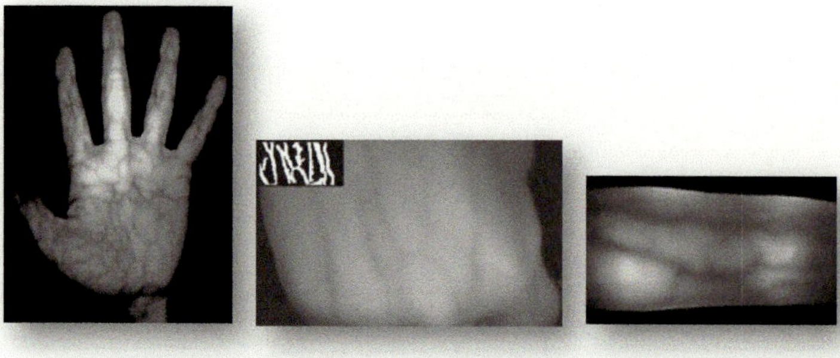

[그림 5-32] 근적외선 조명과 카메라를 통해 촬영된 손바닥, 손등, 손가락 정맥 영상의 예

혈관 경로가 다른 영역에 비해 어둡게 영상으로 촬영되는 원리를 통해 정맥 영상을 획득한다.

정맥 영상에 영상처리 방법을 적용하여 수치화된 고유의 특징을 추출하고, 이를 통해 동일인의 정맥인지 타인의 정맥인지를 확인하는 과정을 거친다. 정맥은 주변 온도에 따라 수축 또는 팽창된다는 의견이 있기는 하지만, 변화가 거의 없는 장점을 가지고 있으며, 피부 안에 존재하므로 평소에는 관찰이 불가능하고 지문과 같이 흔적을 남길 일도 없기 때문에 위변조가 어렵다는 장점도 있다. 하지만 별도의 적외선 카메라 장치가 있어야 하므로 범용성 측면에서 문제가 있고, 노출된 피부면에서만 관찰이 가능하고 피부가 상대적으로 얇은 손 부위에서 상대적으로 잘 관찰된다는 문제가 있다. 정맥은 아무래도 피부

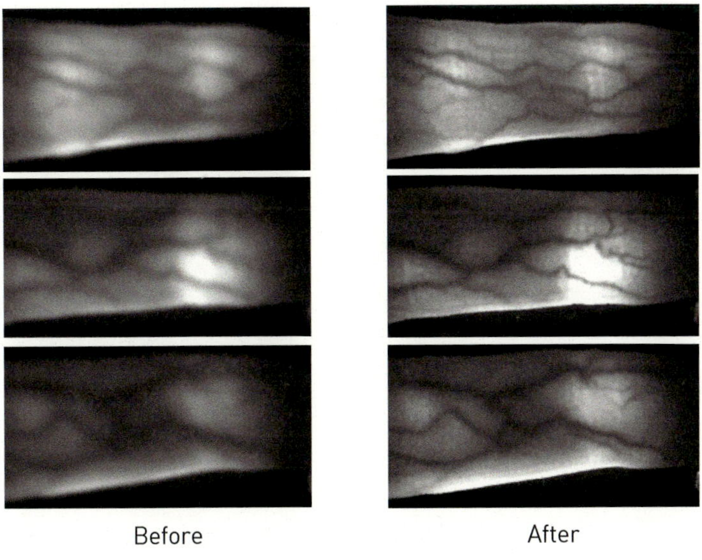

[그림 5-33] 손가락 정맥 영상 복원 전(좌)과 후(우)

안쪽에 존재하다 보니, 영상을 취득했을 때 혈관이 뚜렷하게 보이지는 않는다. 이러한 정맥 영상을 영상 복원 방법을 통해 뚜렷하게 만드는 영상처리 방법도 논문으로 발표된 바 있다. 이러한 영상 개선 방법은 영상을 이용한 모든 바이오인식 방법에서 성능 향상을 위한 방법으로 고려될 수 있다.

006

Human IoT의 결정체 – 웨어러블 디바이스

최근 안경, 손목시계 또는 밴드 형태로 몸에 착용할 수 있는 웨어러블 기기 관련 기술이 IT 업계의 핵심 분야로 각광받으며, 크게 발전하고 있다. 구글이 구글글래스 시험버전을 제작하고 상용화를 눈앞에 둔 시점에서 어플리케이션과 인터페이스 방법의 부재와 개인정보보호 문제로 추정되는 이유로 출시를 잠정 연기하였다. 이 상황에서 애플과 LG, 삼성의 손목시계 및 밴드 형태의 제품이 큰 히트를 치면서, 웨어러블 기기 시장의 방향이 손목 착용 형태의 제품 쪽으로 맞춰지고 있는 모양새다.

손목 착용 제품의 경우 밴드 제품은 애초에 심박수 측정을 통한 피트니스 또는 헬스케어 쪽에 초점이 맞춰져 있고, 스마트폰과 연동되어 동작하면서 단순 센서의 역할만을 담당하기 때문에 이 기기와 사람이 소통할 이유는 없다. 또한 디스플레이가 포함된 시계 형태의 제품은 기존에 익숙하게 사용하던 터치 인터페이스라는 막강한 소통 방법을 사용하면 된다. 하지만, 안경 형태의 제품은 음성인식 인터페이스 외에는 현재 채택할 만한 방법이 없다. 안경에 장착된 카메라로 제스처 인식을 할 수 있는 방법이 있기는 하지만, 실제공간과 디스플레이 가상공간 간의 공간 불일치 문제는 기술적으로 쉽게 해결할 수 있는 문제가 아니다.

바이오인식biometric 기술의 부재도 그 이유 중 하나로 생각된다. 손목 착용 제품은 기본적으로 심장 박동을 측정하는 기능이 포함되어 있다. 병원에서 환자들의 심박수를 측정하기 위해 사용되는 광혈류량 Photoplethysmography 측정 방식이 그대로 적용되어 있다고 생각하면 되는데, 심장 박동에 따라 바뀌는 동맥혈에 포함된 산화 헤모글로빈이 흡수 및 반사하는 파장대의 빛의 양에 따라 혈류량을 측정하는 방식이다. 애플에서 최근 출시한 애플워치에서는 이 기능을 크게 보완하여, 기존 경쟁사의 제품보다 측정 정확도를 크게 향상시켰다(애플워치 뒷면에 손목과 접촉되는 면의 구조를 살펴보면, 경쟁사의 것에 비해 꽤나 복잡한 것을 확인할 수 있다). 결국 손목 착용 제품들은 기본적으로 인간의 생체 정보를 측정하고 분석하여, 맞춤형 서비스를 제공하는 헬스케어 및 피트니스 기능을 제공하고 있는 것이다. 하지만 안경 형태의 제품에는 이러한 기능이 아직까지 포함되지 못하고 있다. 인간의 생체 정보를 센싱할 수 있는 센서와 기기 간의 위치적 관계 및 착용자 편의성, 기기의 컴퓨팅 파워 등을 고려했을 때 아직은 한계가 있는 것으로 보인다.

그렇다면, 어떤 바이오인식 기술이 안경 형태의 웨어러블 기기에 적용될 수 있을까? 안경은 눈앞에 착용되기 때문에 눈으로부터 측정 가능한 생체 정보를 측정하는 방법이 가장 좋은 방법으로 고려될 수 있다. 심리학이나 의학에서도 눈을 통해 인간의 감정 및 건강 상태를 측정하는 방법들이 사용된다. 눈 깜박임 빈도, 동공 크기, 동공 조절 속도 등을 카메라를 통해 자동으로 분석하는 방법으로 인간의 감성 및 피로도를 정량적으로 측정할 수 있다. 또한 개인인증을 위한 생체

인식 방법 중 가장 정확도가 높은 방법 중 하나로 홍채인식도 매력 포인트이다. 홍채는 동공을 조절하는 근육들로, 사람마다 각기 다른 모양을 가지고 있다. 개인마다 그 정도가 매우 독특하여, 이론적으로는 홍채 모양의 종류가 2의 2,048제곱 가지로, "인류가 생긴 이래로 홍채가 같은 인간은 없다"라고 여겨질 수 있을 정도이다(실제로는 자동화된 방법을 사용하므로, 인식 오류는 존재한다). 이런 홍채인식 기술은 웨어러블 기기의 개인정보 암호화 등의 정보보호 이슈를 해결할 수 있는 방법으로, 안경 웨어러블 기기에 끊임없이 제기되고 있는 보안 이슈를 잠재울 수 있는 기술이기도 하다.

눈에서 반응하는 헬스케어 정보, 홍채인식을 안경 웨어러블 기기에서 수행하기 위해서는 눈을 촬영할 수 있는 초소형 카메라가 필요하며, 최근 카메라 장비의 발전 추세를 고려하면, 가까운 시일 내에 눈을 촬영할 수 있는 초소형 카메라가 장착된 안경 형태의 웨어러블 장비가 개발될 것으로 예상된다. 이렇게 눈을 촬영하는 카메라가 추가되면, 자연스럽게 기기와의 소통 문제도 해결될 수 있다. 최근 이슈가 되고 있는 시선추적eye tracking 기술이 그것이다. 시선추적을 촬영된 눈 영상에서 영상처리 방법을 통해 동공의 중심을 지속적으로 검출 및 추적하여, 사람이 응시하는 지점을 자동으로 검출하는 기술로써, 특히 손이 불편한 사용자에게는 최고의 대체 인터페이스 기술이다. 쉽게 말하면, 마우스를 사용하지 않아도, 모니터상에 응시하는 지점으로 마우스포인터가 이동하고, 눈 깜박임이나 일정시간 동안 동일지점 지속 응시를 통해 클릭을 수행할 수 있는 방법이다. 현재, 음성 인터페이스에 과도하게 의존적이고, 적절한 포인팅 및 내비게이션 소통 방법이 부재한 안경 웨어러블 기기의 문제를 단번에 해결할 수 있는 인터페이스 방법일 것이다.

웨어러블 기기의 성장세가 두드러지지만, 아직은 손목 착용 형태가 대세를 이루고 있는 시장의 분위기를, 정보보호와 기기와의 소통 문제를 보완한 안경 형태의 기기가 출시되어 판세를 뒤집어엎을 수 있을지 기대해본다. 손목 착용 형태의 웨어러블 기기 또한 현재의 심장박동 분석에만 의존하는 헬스케어 기능을 보완하고, 생체정보를 이용한 새로운 개인인증 방법을 포함하는 등의 지속적인 개선 노력이 없다면, 웨어러블 기기 시장에서 지속적으로 우위를 차지하기는 어려울 것이다.

Big data

AI

Artificial Intelligence

제6장

빅데이터, AI와 자율 주행차

유태종

태종이는 최근 토익 공부를 열심히 하고 있다. 과거에는 오답노트를 직접 만들어야 했으나, 최근에는 문제 풀이 결과 오답률 등을 바탕으로 부족한 부분을 보완할 수 있는 문제를 다시 풀 수 있도록 해주는 서비스가 제공되고 있어, 효율적으로 토익 준비를 할 수 있다. 잠시 휴식시간을 틈타 메일함을 확인해보니, 아마존에서 맞춤 제품 제안 메일이 도착해 있다. 아마존에 접속하여 추천 제품 중에서 마음에 드는 제품을 골라 구매를 한다. 요즘의 관심사는 아마존 인공지능 스피커에서 구동되는 알렉사와 더 제대로 영어로 대화하는 것이다. 문득 발아래를 내려다보니 며칠 전에 새로 구입한 로봇 청소기가 방안을 돌아다니며 구석구석 청소를 하는데, 이 녀석은 나를 잘 피해 다닌다. 5년 전에 쓰던 구형 로봇 청소기는 매일 내 발등을 찍던 것이 생각난다.

001

빅데이터는 마케팅 용어다!

빅데이터 분야가 그 시초인 데이터 마이닝의 본질로 회귀하고 있다

빅데이터Big Data의 정의에는 대량의 정형/비정형 데이터를 수집, 저장하고 수집된 데이터에서 가치를 추출하고 결과를 분석하는 기술 등이 일반적으로 언급된다. 사실, 빅데이터란 용어의 탄생이 과거부터 존재하던 기술적 표현인 대용량처리, 분산처리, 병렬처리 등에서 일반 대중화를 위한 마케팅 측면의 접근에 기인한다는 것은 공공연한 사실이다(Venturebeat, 2013). 빅데이터란 분야는 이미 데이터 마이닝이란 매우 오래된 학문적 체계에서 시작되었으며, 인터넷과 소셜 네트워크 서비스SNS의 발전으로 분석 대상인 데이터가 불특정 다수로부터 매우 방대한 양으로 추출이 가능하게 되면서부터 정립된 분야인 것이다. 즉, 그 데이터의 생성 대상이 데이터 마이너가 아닌 일반인이 될 수 있기 때문에, 누구나 그 의미를 유추해볼 수 있는 '빅데이터'란 용어가 생겨난 것이다. 여기서 아주 중요한 사실은 빅데이터란 분야가 데이터 마이닝에서 출발했기 때문에, 빅데이터 기술을 활용한 서비스를 기획하고 창업 또는 비즈니스 모델을 디자인하는 것은 데이터 마이닝에 대한 깊이 있는 이해가 필수란 것이다.

데이터 마이닝의 관점에서 빅데이터를 이루고 있는 구성요소는 크게 4가지로 — (1) 데이터 프로세싱, (2) 데이터 분석, (3) 데이터 분석 결과 생성, (4) 데이터 시각화 — 정리될 수 있다. 여기에 대용량 데이터 환경이 가미되면서 빅데이터의 대표적인 특징인 5Vs(크기: Volume, 속도: Velocity, 다양성: Variety, 정확성: Veracity, 가치: Value) 측면이 고려되면 비로소 빅데이터의 전문 기술 영역이라고 정의할 수 있는 것이다. 대용량 데이터를 처리한다는 개념에서 빅데이터 분야가 제안된 초창기에는 3VsVolume, Velocity, and Variety가 핵심적인 특징으로 정의되었으나, 기술의 발전으로 3Vs가 일정 수준 이상을 달성하자 데이터 마이닝 분석의 핵심 특징인 정확성Veracity과 가치Value가 포함되어 5Vs로 정립된 상태이다.

'데이터 프로세싱'은 정형/비정형의 데이터를 어떻게 수집할 것인가를 정하는 단계라고 정의할 수 있다. 핵심은 어떠한 데이터를 어떻게 수집할 것인가란 문제를 고민해야 한다는 것이다. 왜냐하면, 빅데이터 분석이라고 하는 것은 데이터를 분석하는 분석가와 실무를 진행하면서 데이터 분석을 요청한 도메인 전문가의 커뮤니케이션을 통해서 진행되게 되는데, 여기서 분석가는 실무에 대한 이해도가 떨어지기 때문에 어떠한 데이터가 어떠한 형태로 존재하여 어떻게 활용해야 할지에 대한 직관적인 접근을 전혀 할 수 없는 상태에서 빅데이터 분석을 시작하게 된다. 반대로 도메인 전문가는 현업 실무 전문가이기 때문에, 분석 방법론이나 결과물 생성에 대한 배경지식이 매우 부족한 상태에서 빅데이터 분석을 요청하게 되는 경우가 빈번하다. 따라서 가장 중요한 부분 중에 하나가 분석 대상이 될 데이터의 수집 및 저장에 대한 프로세싱 방법에 대한 합의이다. 특히, 빅데이터로 확장된 데이터 마이닝에서는 데이터의 특징이 비정형 형태인 다양성Variety을 보여주는 경우가 많기 때문에 이를 어떻게 저장할 것인가에 대한 전략적 접근이 빅데이터 분석의 가장 중요한 시작인 것이다. 핵심은 분석자와 도메인 전문가 간의 긴밀한 협조와 끊임없는 커뮤니케이션을 통해서 분석의 목표를 명확히 하고, 그에 따른 데이터 수집 방법론을 해당 프로젝트의 참여 인력이 모두 동일한 수준으로 이해해야 한다는 것이다.

'데이터 분석'은 분석의 정확도와 분석의 속도에 따라서 그 목적이 달라지게 된다. 과거의 데이터 마이닝 분야에서는 분석의 정확도가 더 중요한 요소였다면, 현재까지의 빅데이터 분야에서는 대용량Volume의 분석과 맞물려서 속도Velocity가 중요한 이슈가 되어 왔다. 물론, 최근에는 기술발전에 의해서 대용량 처리와 속도 문제가 일정 수준 이상 해결되면서 다시 주요 이슈는 분석의 정확도Veracity로 옮겨지고 있는 추세이다. 게다가, 인공지능의 의미가 빅데이터 분석에서 분석의 정확도와 일맥상통한다는 것이 점차 대중화된 지식이 되면서 (이 부분은 인공지능의 딥러닝에서 더 자세하게 다루겠다) 분석의 정확도Veracity의 의미가 5Vs의 한 영역을 차지하게 되었다. 물론, 가장 현실적이고 쓰임새가 많은 빅데이터 분석 방법은 단순 데이터의 카운팅이며, 여기에 한 단계 더 심화된 다양한 알고리즘들을 빅데이터 분석툴(Apache Mahout이나 Hadoop)에 의해 개발되어 템플릿들이 제공되고 있다. 결론적으로, '데이터 분석' 단계는 앞선 단계인 데이터 프로세싱 단계에서 정의된 분석 목표와 방향성에 맞춰서 어떤 결과를 어떻게 도출할 것인가를 정의하는 단계이다.

'데이터 분석 결과 생성'은 앞선 단계의 '데이터 분석' 결과를 어떻게 해석할 것인가에 초점을 맞춘다. 즉, 데이터 분석가와 도메인 전문가 간의 합의과정을 거쳐서 어떠한 가치Value를 전달할 것인가의 문제를 해결함으로써, 분석 결과가 어떤 의미를 지니는지, 값이 커지는 것의 의미, 작아지는 것의 의미, 연관성이 높아지는 것의 의미 등 다양한 결과를 어떻게 해석할 것인지에 대한 정의가 가능해지는 것이다. 기본적으로는 분석 결과의 활용 가치는 도메인 전문가에 의해서 제안되고 개발될 것이나, 컨설팅 분야와 같이 데이터 분석가 역시 특정 도메인에 적합한 형태의 분석 결과 생성 플랫폼이나 레퍼런스를 준비한다면 발전된 형태의 서비스와 결과물을 제공할 수 있을 것이다.

'데이터 시각화' 또는 '데이터 리포트'라고 불리는 단계는 직전단계에서 정의된 가치를 시각화하여 쉽고 빠르게 인식하고 직관적인 판단을 내릴 수 있도록 도와주는 시각화하는 단계이다. 기본적으로 차트나 그래프를 활용하여 데이터를 시각화하고, 자세한 설명이 필요한 부분은 사전에 정의된 데이터의 사용 도메인에 알맞은 용어를 사용해서 리포팅을 진행해야 한다. 본 단계의 핵심목표는 빅데이터 분석을 통한 또 하나의 (분석 결과) 데이터 생성이며 이를 다시 축적하여 새로운 지식을 창출할 수 있도록 기여하는 것이다.

[그림 6-1]은 2012년에 발표된 IBM의 빅데이터 플랫폼 전략 로드맵이다. 정형/비정형 데이터의 저장 방법으로 IBM은 Map Reduce와 같은 기술을 제시하고 있으며, 이는 산업/도메인/서비스별로 플랫폼화되어 있는 데이터 수집 방법을 미리 구축하여 첫 번째 단계인 데이

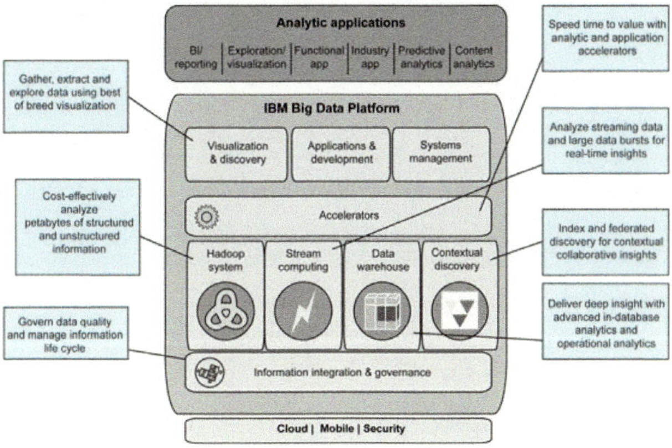

[그림 6-1] IBM의 Big Data 전략

출처: http://www.ibm.com/developerworks/data/library/techarticle/dm-1301machinedata1

터 프로세싱에 들어가는 시간과 노력을 줄일 수 있도록 제안하고 있다. 한편, 데이터 분석 역시 Hadoop 기반의 데이터 분석 플랫폼을 제안하고 있음을 확인할 수 있으며, 이를 관련된 업계에서 창업이나 기술 개발과 연계해서 생각해보면, 오픈소스인 R과 Hadoop 간의 연동이 용이하기 때문에 새로운 도메인이나 개선된 알고리즘의 적용이 가능하다는 점이 핵심이 될 것이다. '데이터 분석 결과 생성'은 Application Development와 연계해서 IBM 역시 기본적인 형태의 플랫폼으로 제공하고자 하는 노력이 진행중인 것을 확인할 수 있다. 마지막으로 기본적인 리포팅과 시각화를 위한 Visualization & Discovery 기능을 제공하며, 궁극적으로 데이터 마이닝의 네 가지 구성요소를 지원하는 모듈을 각각 제공함으로써, 빅데이터 기반의 분석 서비스 및 기능 제공을 위한 빠르고 쉬운 개발 환경을 제공하는 것이 IBM의 빅데이터 플랫폼 전략임을 확인할 수 있다.

002

빅데이터 분석 플랫폼 사업 모델

SISystem Integration 기반의 빅데이터 분석 플랫폼 중심의 사업 모델은 대용량 데이터처리를 위한 인프라 구축을 통해서 경쟁력을 갖추어야 한다. 본 장은 위에서 간단히 소개한 빅데이터 분석에 대한 데이터 마이닝 측면에서의 접근법을 바탕으로 빅데이터 분석 플랫폼을 서비스하는 다양한 기업들의 운영 사례를 소개한다.

소프트센 | 1988년 창업, 1997년 코스닥 등록, 대표이사 김재홍 |

소프트센은 1988년 창업하여, 1997년 코스닥 등록 후 의료 기관의 IT 시스템을 구축하는 System Integration 기반의 기업이었으나, 축적된 하드웨어 및 소프트웨어 시스템 구축 노하우와 의료기관 고객 데이터를 분석해온 경험을 바탕으로 빅데이터 분석 서비스를 핵심 사업부문으로 선정하였다. '빅센솔루션'이라는 빅데이터 솔루션을 보유하고 있는데, 이 중 하나인 '빅센메드'는 의료 빅데이터 분석을 위한 솔루션으로, 현재 세브란스 병원에 구축되어 있다. 특히, 해당 기업은 이미 병원 전산 인프라에 필요한 IBM 브랜드 서버 및 솔루션 제품도 납품하고 있으며, 다양한 백업 시스템과 데이터 베이스 시스템의

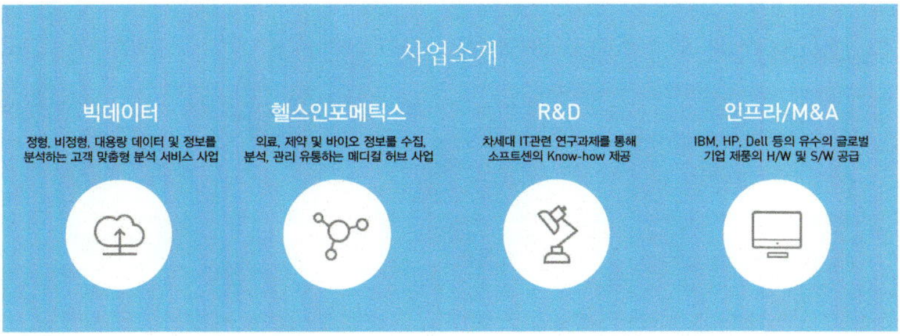

[그림 6-2] 소프트센 사업분야

출처: http://www.softcen.co.kr/app/view/main

적용 및 관리에 많은 노하우를 보유하고 있다. 전형적인 빅데이터 분석 서비스 구축 및 컨설팅을 기반으로 한 비즈니스 모델을 가지고 있으며 핵심적인 차별화 영역은 하드웨어까지 취급하기 때문에 소프트웨어 기반의 서비스 구축뿐만 아니라 인프라스트럭처 기반의 서비스 구축까지도 가능하다는 것이다. [그림 6-2]와 같이 자사의 빅데이터 분석 솔루션을 의료 도메인에 활용한 빅데이터 분석 서비스를 제공하며, 시스템 인프라 구축까지 사업 영역에 포함하고 있다.

씨이랩 | 2010년 창업, 대표이사 이우영, 코넥스 상장 |

씨이랩은 전형적인 소프트웨어 개발 기반의 빅데이터 분석 스타트업이다. 2010년에 설립하여 2013년 코넥스 상장 및 일본법인 확장까지 진행중인 기업이다. [그림 6-3]에 설명된 하둡 기반의 xDAMS 솔루션을 기본 빅데이터 엔진으로 빅데이터 분석 서비스 및 컨설팅을 진행한다. 정형/비정형 데이터 수집 및 처리를 위한 매쉬업 플랫폼과 도메인에 특화된 분석 템플릿을 기반으로 구축한 분석 플랫폼으로 구

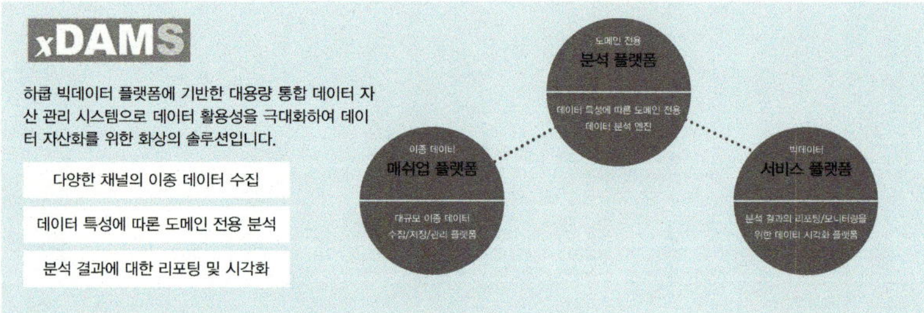

[그림 6-3] 씨이랩의 xDAMS

출처: http://www.xiilab.com/solution_bigdata

분하여 앞서 소개한 데이터 마이닝 기반의 빅데이터 분석의 체계에 매우 충실한 솔루션을 보유하고 있다.

씨이랩이 주목받는 이유는 자사의 xDAMS를 기반으로 소셜 빅데이터 분석 서비스인 '버즈비'를 제공하고 있는데, 이는 SNS의 텍스트를 분석하는 텍스트 마이닝 기법을 적용한 사례이기 때문이다. 이를 확장하여 다양한 소상공인이 활용할 수 있는 솔루션인 '구피', '시장통' 등의 활용 어플리케이션을 제공한다. 한편, 다양한 도메인에 분석 솔루션을 적용하기 위한 프로젝트를 수주하고 진행하고 있다. 예를 들면, 건물의 에너지 관리 시스템을 위한 빅데이터 분석은 센서를 통해서 사용량 등의 데이터를 수집해야 하기 때문에 같은 빅데이터 분석이지만 텍스트 마이닝과는 전혀 다른 방식이 필요하며 사물 인터넷과도 관련이 깊은 분야이다. 게다가 웨어러블이나 다양한 신체신호 측정 IOT 기기와의 접목을 통한 헬스케어 분야로의 확장도 2015년 말부터 진행 중에 있다.

데이터스트림즈 | 2001년 창업, 대표이사 이영상 |

데이터스트림즈는 DB 관련 솔루션 회사이며 데이터 수집 및 처리에 강점을 지닌 기업이다. 즉, 빅데이터 환경에서 수집되는 다양하고 방대한 양의 데이터를 하둡 기반의 데이터 추출 및 저장 솔루션과 분석 솔루션을 제공하고 있다. 물론 자체적인 빅데이터 분석 컨설팅 및 서비스 사업을 진행하고 있으나 주력 사업 부문은 앞서 소개한 데이터 마이닝 구성요소의 첫 번째 단계인 '데이터 프로세싱'에 초점을 맞추고 이와 관련된 수준 높은 컨설팅 및 데이터 추출/수집 인프라 구축을 지원한다.

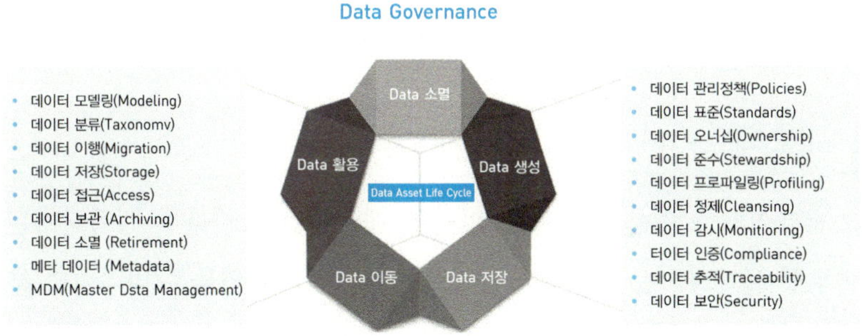

[그림 6-4] 데이터 스트림즈의 데이터 거버넌스 정의

출처: http://datastreams.co.kr/consulting-service/data-governance

003

특정 도메인 기반 빅데이터 사업모델

특정 도메인의 빅데이터를 활용하는 사업 모델은 도메인 전문가들에 의해서 개발된 분석 도구가 경쟁력의 핵심이다. 빅데이터 분석 기술을 특정 도메인과 접목하여 서비스를 개발하고 이를 핵심 비즈니스 모델로 활용하는 기업들의 운영 사례를 소개한다.

네오펙트 | 2010년 창업, 대표이사 반호영 |

빅데이터를 이용한 뇌졸증 환자의 재활 치료효과를 극대화시키는 솔루션을 개발하는 벤처기업이다. 앞에 소개한 기업들은 빅데이터 분석 능력 자체를 비즈니스 모델화하여 컨설팅 및 서비스 개발을 통한 플랫폼 사업에 집중하였다면, 네오펙트는 의료용 재활치료를 위한 솔루션 개발이라고 하는 특정 도메인에 집중하며, '뇌졸증 환자'라고 하는 고객까지 특정화하여 사업을 진행하고 있다. [그림 6-5]에서 보는 바와 같이 재활환자의 재활 프로그램은 재활 모니터링, 재활 장비, 재활 프로그램 제공으로 나뉘는데, 기존의 재활 모니터링과 재활 프로그램을 전문가가 육안으로 확인하고 개개인을 지원하였다면, 네오펙트는 재활 모니터링을 로봇 센서 기술로 대체하고 측정 결과를 빅데

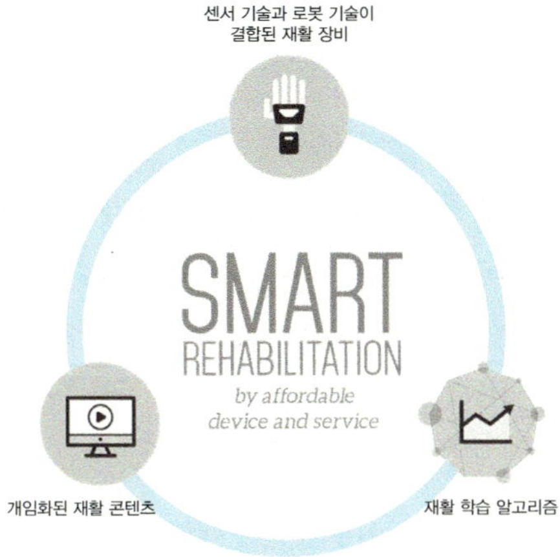

[그림 6-5] 네오펙트의 재활 솔루션 프레임워크

출처: http://www.neofect.com/ko

이터 분석을 실시해서, 개개인의 실시간 맞춤형 프로그램을 지원하는 솔루션을 제공하고 있다. '라파엘'이라고 하는 해당 솔루션은 스마트 글러브를 착용하고 재활 훈련을 소화함으로써, 재활자의 움직임을 미세하게 측정하고 저장할 수 있으며, 재활 결과를 분석하여 개개인에 필요한 재활 프로그램을 실시간으로 업데이트해서 제공한다. 특히, 재활 프로그램을 이루는 훈련 콘텐츠가 게임 형태로 제공되기 때문에 재활자의 흥미유발과 성실한 재활 프로그램 수행을 독려하고 있다.

대상 도메인이 매우 분명하고, 빅데이터 분석의 적용 범위가 한정적이면서 IOT 기반의 재활 장비까지 제공하고 있다. 주력 사업 기준으로 보면 현재 시장을 전 세계로 확대해 나가고 있는 상황이며 전 세계적으로 재활치료사들의 부족 상황을 고려하면 그 사업 성공가능성은 매우 높다고 예측 가능하다. 특히, 본 사업을 통해서 축적된 노하우는 헬스케어 전반으로 그 사업 영역을 확장할 수 있으며, 센싱 기술의 발전을 통해서 헬스케어 관련 웨어러블 시장으로의 확장까지 고려할 수 있다. 훈련 콘텐츠를 게임 형식으로 개발하고 있다는 점에서 축적된 기술 및 콘텐츠 활용 결과는 새로운 빅데이터를 제공하여 게임 개발쪽의 데이터 분석에도 활용이 가능할 것이다.

뤼이드 | 2014년 창업, 대표이사 장영준 |

2014년 5월에 설립된 기술기반 교육 스타트업이다. 모바일 오답노트 '리노트'를 개발해서 32만 건 이상의 오답 데이터를 분석하고 이를 바탕으로 '산타'라는 어댑티브 러닝 플랫폼을 개발하여 런칭하였다. 뤼이드의 최대 강점은 빅데이터 분석이 서비스의 강점을 극대화할 수 있는 적절한 도메인을 선점하고 있다는 것이다. 서비스 도메인을 객관식 시험으로 이루어진 자격증, 시험을 대상으로 하여, 객관식 시험 문제 풀이의 오답노트는 개개인의 문제풀이 결과 오답률 등을 바탕으로 빅데이터 분석을 진행하고, 이를 통해서 다시 개개인에게 부족한 부분을 보완할 수 있는 문제로 재디자인해서 제공하는 기본 프레임워크를 가지고 있다. 이러한 프레임워크를 토익 분야에 적용하여 2016년 1월 산타토익이라고 하는 정식 서비스를 개시하였다. [그림 6-6]과 같이 정식 서비스 개시 이전에 약 2개월간 베타테스트를 통해서 충분한 유저의 문제 풀이 데이터와 알고리즘 분석 결과의 정확도를 높이는 작업을 진행하였으며, 정식 런칭 후 빠르게 어댑티브 러닝의 효과와 추천 문제 생성 알고리즘의 우수성을 바탕으로 대학생 및 성인 학습 필수 앱으로 자리 잡고 있다.

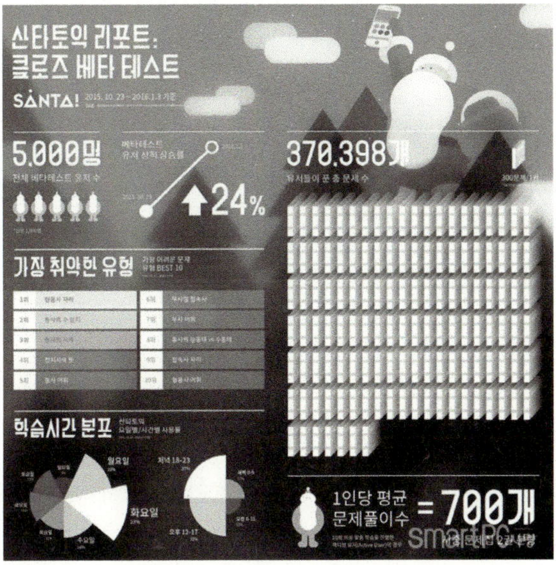

[그림 6-6] 산타 서비스 베타테스트를 통한 빅데이터 취합

출처: 뤼이드 공식 블로그 http://blog.naver.com/riiid_santa/220597031957

8 Percent | 2014년 창업, 대표이사 이효진 |

2014년 12월에 베타테스트를 시작으로 2015년 3월부터 정식 서비스를 시작한 P2P 대출 서비스 기업이다. 2016년 1월 누적 투자금액 130억이 넘는 투자 금액 기준 가장 큰 P2P 기업이다. 8퍼센트의 P2P 대출 서비스의 개요는 [그림 6-7]과 같으며, 8퍼센트의 가장 경쟁력은 대출자의 신용등급이 1~10등급 사이로 고르게 분포하고 있다는 것이다. 이는 투자자에게 안정적인 수익과 상환율을 보장하는 동시에 다양한 기존 신용등급 정보를 빅데이터 분석의 기초 자료로 충분히 활용할 수 있다는 장점이 있다.

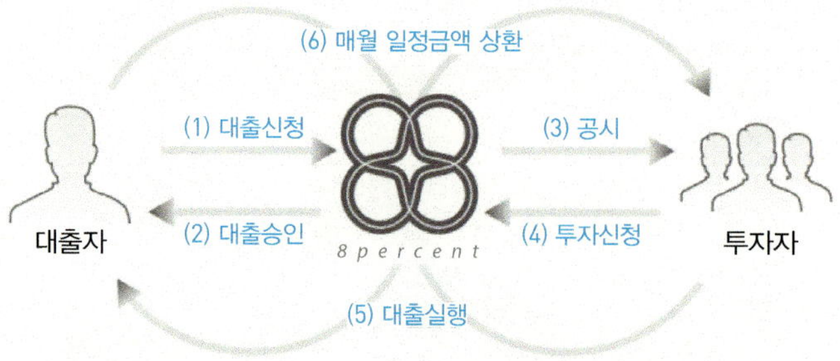

[그림 6-7] 8퍼센트 서비스 개요

출처: https://www.8percent.kr

8퍼센트는 위의 대출 서비스에서 대출신청과 대출승인 사이의 3단계 심사를 진행함에 있어서 1, 2단계를 빅데이터 기반의 자동 필터링 기능을 도입하여 1분 이내로 자동 검증을 진행한다. 1, 2단계를 통과한 대출 신청자만이 3단계 심사인력의 심사를 받을 수 있는 것이다. 한편, 8퍼센트는 [그림 6-8]과 같이, 자사의 투자 및 상환 결과를 바탕으로 2016년 2월부터 자동분산투자 서비스를 제공하였다. 이는 축적된 과거 대출 및 상환 이력을 바탕으로 투자자에게 가장 안정적인

[그림 6-8] 8퍼센트의 자동분산투자 개념

투자처에 분산 투자할 수 있도록 투자자의 필터링 기준에 맞춰서 가장 알맞은 분산투자를 자동으로 진행해주는 알고리즘을 개발하여 적용하였다. 이는 대출 이력에 대한 충분한 데이터를 축적하여 이를 실시간으로 적용할 수 있는 시스템 개발을 성공적으로 적용한 결과이다.

한편, 더 나은 서비스 환경을 조성하기 위해서 '에이다'란 이름의 Chatbot을 도입하는 등 끊임없는 기술 개발을 진행하고 있다. 축적된 고객과 고객센터와의 대화를 빅데이터 분석을 통하여 고객의 요구사항에 대응할 수 있는 인공지능 Chatbot을 개발한 것이다. 10월에 베타서비스가 예정이며 2017년부터 본격 서비스에 들어갈 예정이다(출처: http://news.naver.com/main/read.nhn?mode=LSD&mid=sec&sid1=105&oid=030&aid=0002501178).

004

인공지능의 현주소를 제대로 알자

무수한 화제를 낳고 대한민국 국민 모두가 '인공지능'이란 단어를 알게 된 알파고와 이세돌의 세기의 대결은 시사하는 바가 굉장히 크다. 게다가 소설, 게임, 영화 등에서 나오는 인공지능 컴퓨터나 로봇을 접하면서 독자적으로 생각하고 판단하는 인공지능의 세계가 금방이라도 올 것이라고 생각하는 사람들이 많아졌다. 우선 짚고 넘어가야 할 것은 인공지능 분야는 크게 2가지로 나뉜다는 것이다. 독자적으로 판단하고, 학습하고 새로운 지식을 만들어 내는 소설이나 영화에 나오는 인간의 두뇌와 같은 능력의 인공지능을 인공 일반 지능Artificial General Intelligence이라고 한다. 이는 사람의 두뇌를 대체할 수 있는 인공지능을 의미하며, 강인공지능Strong Artificial Intelligence이란 표현이 가장 많이 쓰이고 있다. 한편, 특정 문제에만 전문적인 판단을 내리고 데이터를 분석하고 하는 인공지능을 약인공지능Weak Artificial Intelligence이라고 한다. 일반적으로 인공지능 산업에서 일컫는 인공지능은 약인공지능인 데 반해서 사회에서 인식하고 있는 인공지능의 모습은 보통 강인공지능인 것이 아주 재미있는 현상이다. 이는 인공지능에 대한 개념을 소설, 게임, 영화 등의 엔터테인먼트적인 요소에서 얻다보니 생긴 현상이다 (출처: https://en.wikipedia.org/wiki/Artificial_general_intelligence).

전문칼럼 1

알파고 키즈의 등장

역사적인 현장에는 늘 새로운 스타가 등장한다. 그러면 그를 모델로 삼은 새로운 세대가 등장하곤 한다. 최초의 메이저리거였던 박찬호나 맨체스터 유나이티드에서 당당히 레귤러 멤버로 확약한 박지성을 보고 자란 박찬호 키즈나 박지성 키즈가 있지만, 가장 대표적인 사례는 골프 여제 박세리를 보고 자라난 박세리 키즈가 있다. 이번 대국에서 아마도 바둑계에서는 이세돌 9단이 무난히 승리해서 국내에서 바둑 신드롬을 일으켜서 이세돌처럼 되기를 꿈꾸는 이세돌 키즈의 등장을 내심 기대했겠지만, 결과적으로 알파고의 영향을 받아서 인공지능이나 로봇공학에 관심을 가지고 연구하려는 세대가 등장할 것 같다. 이 세대의 사람들을 알파고 키즈라 부르면 될 것 같다. 이세돌 개인과 바둑계에는 안타까운 일이지만, 5년에서 10년 내로 알파고를 보고 인공지능을 만들고 싶었어요라고 말하는 연구자들이 나올 것이고 — 인공지능이 디스토피아를 만들지 않는다면 — 인류 전체에는 분명 큰 전진을 위한 일보 후퇴였다. 당장 1~2년 안에 정부에서 인공지능 쪽으로 지원이 많이 늘어날 듯…

… 중략…

놀라운 컴퓨팅 파워에 인간의 창의성과 직관이 도전받고 있다. 바둑을 통해서 전략 게임이 직관이 아니라 계산에 압도되는 것을 이미 확인했다. 직관이 우리를 미지의 세계로 이끌었는데, 이젠 모든 상황에 대한 계산이 우리를 뻔한 미래로 이끌고 있다. 계산이 직관을 이기는 세상이 우리 곁으로 왔다. 지난 모든 혁명은 분명 인류에게 큰 기회였고 도움이었는데, 지금의 변화는 우리에게 어떤 새로운 기회를 가져다 줄 것인가? 어쩌면 일말의 기대마저 무너뜨리는 것은 아닐까?라는 두려움이 앞선다.

알파고도 결국 컴퓨팅 파워, 즉 연산의 승리로 보인다. 알파고의 승리는 결국 (인간) 집단지성의 승리고, 그런 집단지성을 한데 모아서 패턴을 찾아낼 수 있게 한 컴퓨팅 파워와 아키텍처의 승리다. 결국 인간의 바둑을 모사한 것이지 엄밀히 말해서 바둑 규칙에서 전략을 스스로 만들어낸 것은 아니다. 그리고 딥블루 이후로 컴퓨팅 파워가 아주 발전했다는 것을 확인할 수가 있었고 또 분산처리 패러다임이 딥블루보다 진일보한 것이다. 결국 — 러프하게 말하면 — 알파고는 수많은 인간의 바둑 기보의 집합체에 불과하다고 볼 수도 있다. 물론 모든 기보를 가졌다고 알파고처럼 할 수 있다는 얘기는 아니다. 강화학습 — 정확히 표현하면 자기강화(self-reinforcement) — 를 통해서 인간의 기보를 발전시킨 점에서 대단한 능력을 가진 것은 분명해 보인다.

(출처: http://bahnsville.tistory.com/1107)

알파고와 이세돌의 대결이 있기 전까지만 해도 대부분의 사람들은 이세돌의 우세를 점쳤다. 마찬가지로 1990년대 중반에 한창 IBM의 딥블루가 체스 세계챔피언과의 대결로 관심을 모을 때만 해도 바둑만큼은 인공지능이 절대로 사람을 이길 수 없을 것이라고 예상했었다. 그러나 20여 년이 흐른 지금 가장 창의적인 바둑을 한다는 이세돌마저 알파고에게 1승 4패의 결과를 보여주고 말았다. 그러나 알파고가 어떤 인공지능인지 확인해보면 오히려 이세돌이 1승을 거둔 것이 얼마나 굉장한 것인지를 깨달을 수 있다. 이세돌과 대적한 알파고는 1,200여 개의 CPU의 분산 처리를 통해서 딥러닝 알고리즘 바탕으로 트리구조 검색을 수행한다. 딥러닝의 학습 대상으로는 아마추어 5~9단 사용자들의 수십만 건의 기보를 바탕으로 학습하였는데, 이러한 알파고와 대국을 한다는 의미는 아마추어 5~9단 수준(학습 대상)의 1,200여 명(알파고의 병렬처리 CPU 수)이 실시간으로 의견을 주고받는 집단을 상대한다는 것이다. 앞서 블로그 발췌글이 알파고에 대한 이해를 도울 수 있을 것이라 생각한다. 인공지능이나 빅데이터에 대한 기술적 철학적 고찰에 대한 흥미로운 내용이 간간히 올라오는 곳이다(출처: https://en.wikipedia.org/wiki/AlphaGo).

재미로 보는 인공지능의 역사

영화에서의 인공지능은 강인공지능의 모습을 그려내고 있으며 초기에는 부정적인 모습으로 그려지다가 근래 들어 긍정적인 모습으로 그려지기 시작하고 있다. 감정은 전혀 없으면서 인간보다 사고와 연산의 능력이 월등한 강인공지능이 논리적인 모순에 빠지거나 인류를 적으로 규정하면서 생기는 에피소드들이 부정적 모습으로 그려지고 있으며 인공지능에 대한 부정적인 모습은 대부분 이에 기인한다. 한편, 근래 들어서는 강인공지능이 이성의 능력을 뛰어넘어서 감성적인 부분까지 어느 정도 표현하면서 인류에게 긍정적인 영향을 주는 모습으로 그려지는 경우가 나타나기 시작했다. 이는 강인공지능의 학습능력이 일정 수준 이상을 뛰어넘게 되면 감정이나 감성과 같은 이성적으로 설명할 수 없는 부분까지 학습할 수 있을까란 주제에 대한 기대감에서 비롯되었다고 생각해도 좋을 것이다. 확실한 것은 영화나 드라마에서 묘사되는 인공지능의 모습은 모두 강인공지능에 대한 상상의 모습이며 실제화되기 위해서는 아직 넘어야 할 산이 무수히 많다는 것이다.

앞서 소개한 인공지능의 대중적인 이미지는 모두 강인공지능에서

〈표 6-1〉 영화에서 묘사하는 인공지능의 모습

인공지능 의미	개봉연도	영화	영화 속 인공지능 관련 이슈
긍정적	1999	〈바이센테니얼맨〉	자유의지와 감정을 가진 인공지능 로봇과 인간과의 교감을 표현
	2001	〈에이아이〉	인간과 같은 감정을 지닌 인공지능이 인간으로의 인정을 갈구
	2013	〈그녀〉	인간의 말에 귀를 기울여 주고 공감하며, 인간과 사랑에 빠지는 내용
	2014	〈빅히어로〉	주인공을 돕고, 인간을 위해 희생하는 인공지능 로봇 '베이맥스'
		〈인터스텔라〉	인간의 목숨을 돕고, 극적으로 인류를 구하는 데 기여함
부정적	1968	〈2001 스페이스 오딧세이〉	자신의 실수를 은폐하기 위해 인간을 살해, 우주선을 제어하여 인간공격
	1982	〈블레이드러너〉	인간만을 위해서 움직이도록 고안된 인공지능 일부가 반란을 일으켜 지구를 공격
	1984 ~2015	〈터미네이터〉	핵미사일을 고의로 발사하여 인류파멸작전을 시작함
	1999 ~2003	〈매트릭스〉	인공지능의 극단적인 디스토피아, 인공지능이 스스로 창조주이자 신으로 군림
	2004	〈아이로봇〉	생각하는 로봇의 혼란으로 말미암아 발생하는 문제들을 보여줌
	2008	〈이글아이〉	인공지능의 결정과 인간의 결정의 반대로 이뤄지면서 인공지능이 정부를 정복하려 함
	2014	〈트랜센던스〉	인간의 뇌를 이식한 인공지능이 세계를 지배할 위험성을 담음
	2015	〈어벤져스〉	외계생명체의 침입을 막으려고 만든 인공지능이 오히려 인류의 적이 됨
		〈엑스마키나〉	인간의 감정을 갖고 통제력을 가진 인공지능이 인류의 위협을 표현

비롯되었으나 〈표 6-1〉~〈표 6-3〉에서 제시되는 인공지능의 현실은 모두 약인공지능에 한정되어 있다. 게임분야와 스포츠 분야에서는 인공지능과 인간의 대결이 진행되어왔다. 체스, 장기, 바둑 등에서는 대부분 인공지능의 우위가 굳어지고 있으나 아직 스포츠 분야에서는

인간을 넘어서지 못하고 있다. 게임들과 스포츠와의 결정적인 차이는 대결의 진행이 턴제Turn based인지 실시간인지에 중요한 영향을 받으며, 그 의사결정 결과를 직접 제어하는지 여부도 영향을 받는다는 걸 알 수 있다. 즉, 바둑 같은 게임은 플레이어 간에 특정 시간 동안 순

〈표 6-2〉 인공지능과 인간의 대결 역사

연도	종목	인공지능vs 인간	승자	비고
1967	체스	체스프로그램 맥핵 vs 아마추어 드레퓌스	AI	이후 연패
1992		IBM 딥블루 vs 체스챔피언 카스파로프	인간	1승2무3패
1997		IBM 딥블루 vs 체스챔피언 카스파로프	AI	2승3무1패
2006		독일 딥리츠 vs 체스챔피언 크람니크	AI	4승2패
2011	퀴즈	IBM 왓슨 vs 켄제닝스, 브래드루터	AI	
2013	장기	일본 벤처헤로즈 vs 프로기사 5명	AI	3승1무1패
	골프	인공지능 골프로봇 제프 vs 세계1위 맥길로이	인간	샷정확도 대결
2014	장기	일본 벤처헤로즈 vs 프로기사 5명	AI	4승1패
	탁구	독일 아길러스 로봇 vs 탁구챔피언 티모볼	인간	11대9
2015	포커	포커프로그램 클라우디코 vs 프로포커선수 4명	인간	
	바둑	구글 알파고 vs 유럽챔피언 판후이 2단	AI	5전전승
2016		구글 알파고 vs 이세돌 9단	AI	4승1패

〈표 6-3〉 인공지능 발전 역사

연도	내용
1950년	영국의 앨런튜링, 인공지능관련 첫논문인 '컴퓨팅기기와 지능' 발표
1956년	컴퓨터과학전문가들이 '다트머스회의'에서 인공지능(Artificial Intelligence)이라는 용어 처음사용
1967년	철학자 드레퓌스, 체스프로그램 '맥핵'과 체스 대결
1997년	슈퍼컴퓨터 '딥블루', 세계 체스챔피언에게 승리
1998년	소니, 인공지능로봇 애완동물 '아이보' 개발
2005년	인공지능 자동차, 사막에서 210km 자율구동 성공
2011년	슈퍼컴퓨터 '왓슨', 미국 퀴즈쇼 '제퍼디'에서 우승
2014년	인공지능프로그램 '유진구스트만', 튜링테스트(사람처럼 생각하는지를 평가) 통과

서대로 게임을 진행하는 턴제이면서 바둑돌을 놓는 것을 그래픽으로 처리할 수 있지만, 탁구나 골프 등은 인공지능이 실시간으로 의사결정을 진행해야 하며, 탁구채나 골프채 등의 장비 제어 기술이 이를 뒷받침하지 못하는 현실이 반영된 결과인 것이다.

〈표 6-4〉 주요 기관별 전망 종합

연도	기관	고위험군 직업	저위험군/새로 부상하는 직업
2013	Oxford University	단순 서비스직, 단순 영업판매직, 단순 사무직, 생산직, 운반직, 텔레마케터, 계산원 등	경영직, 금융 관련 전문직, 교육 관련 종사자, 헬스케어 관련 종사자, 예술, 미디어 관련 종사자 등
2015	Forrester Research	공사노동직, 단순 사무보조, 영업판매직, 부동산중개업 등	소프트웨어 엔지니어, 디자이너, 로봇 수리전문가 등
	Business Insider	텔레마케터, 세무대리인, 대출 업무직, 은행원, 스포츠 심판, 납품 조달 담당직원, 제품 포장·운반용 기계장치 운전자 등	서예가, 초등학교 교사, 의사, 영양사, 병원카운슬링, 사회 심리학자 등
	소프트웨어 정책연구소	사무 종사자, 장치·기계조작 및 조립 종사자, 기능원, 판매 종사자, 회계사, 세무사, 관세사 등	소프트웨어 개발자, 의사, 초등학교 교사, 성직자, 변호사 등
2016	세계경제포럼 (다보스포럼)	단순 사무직, 행정직, 제조·생산직, 건설·채굴, 예술·디자인, 환경·스포츠·미디어, 법률, 시설 및 정비 등	사업·재정·운영, 경영직, 컴퓨터·수학, 건축·엔지니어, 영업 관련직, 교육·훈련 등
	유엔 미래 보고서 2045	의사, 변호사, 기자, 통·번역가, 세무사, 회계사, 감사, 재무 설계사, 금융 컨설턴트, 언론인(기자), 암호전문가, 심리학자, 심리치료사 등	일자리 전환매니저, 팽창주의자, 극대화 전문가, 윤리학자, 철학자, 이론가 등
	한국고용 정보원	콘크리트공, 정육원, 도축원, 고무 및 플라스틱 제품 조립원, 청원경찰, 조세 행정 사무원, 물품 이동장비조작원, 손해사정인, 일반의사 등	화가, 조각가, 사진사, 작가, 배우 및 모델, 초등학교 교사, 물리 및 작업치료사, 임상 심리사 등

출처: Oxford University(2013), "The future of employment: How susceptible are jobs to computerization?"; Forrester Research(2015), "The future of jobs, 2025: working side by side with robots"; Business Insider(2015), "The 25 jobs that robots are least likely to take over" & "The 20 jobs that robots are most likely to take over"; 소프트웨어정책연구소(2015), "SW중심사회"; World Economic Forum(2016), "The future of jobs"; UN(2016), "유엔 미래보고서 2045"; 한국고용정보원(2016), "AI로봇-사람, 협업의 시대가 왔다."

〈표 6-4〉는 주요 기관별 인공지능에 의해서 영향을 받을 직업군과 새롭게 조명 받을 직업군에 대한 간단한 분석이다. 앞서 언급한 대로 '약인공지능'에게 영향을 받을 수 있는 단순 의사결정이나 단순 분석과 관련된 직업에서 영향을 많이 받을 수 있을 것으로 예상되며, 인공지능의 산출물을 활용하거나 이를 바탕으로 높은 수준의 의사결정을 내리는 직업군이 유망할 것이라는 내용이다.

딥러닝은 무엇일까?

약인공지능에 대해서 알아보기 위해서 가장 기본적으로 알아야 할 것이 딥러닝이다. 딥러닝 역시 기계학습Machine Learning이라고 하는 데이터 마이닝의 고전적인 접근법에서 시작되었으며, 가장 진보한 기계학습 방법이라고 할 수 있는 신경망Neural Network 알고리즘에서 발전된 것이다. 초기에는 인간의 뉴런 조직을 본뜬 형태이며, 가장 좋은 수준의 결과를 내보이는 알고리즘임에도 불구하고, 연산 시간이 오래 걸린다는 단점 때문에 실제 산업에서의 활용에 있어서 큰 주목을 끌지 못했었다. 그러나 빅데이터 시대로 오면서 컴퓨팅 파워의 향상과 병렬처리 알고리즘의 발전으로 실제 산업에서의 활용이 가능한 수준으로 발전한 것을 '딥러닝'이라고 명명하기 시작한 것이다.

딥러닝에 필요한 정보의 처리를 일반 CPU 대비 수십 배까지 빠르게 처리 가능하게 하는 GPU의 발전, 그리고 수많은 컴퓨터의 동시 작업이 가능케 된 클라우드 컴퓨팅 환경의 발전은 과거 수년이 걸렸던 정보 처리 시간을 단 몇 시간, 몇 분 단위로 단축시키고 있다. 게다가 인터넷 기반의 온라인에서 생성되는 데이터와 함께 스마트폰 등

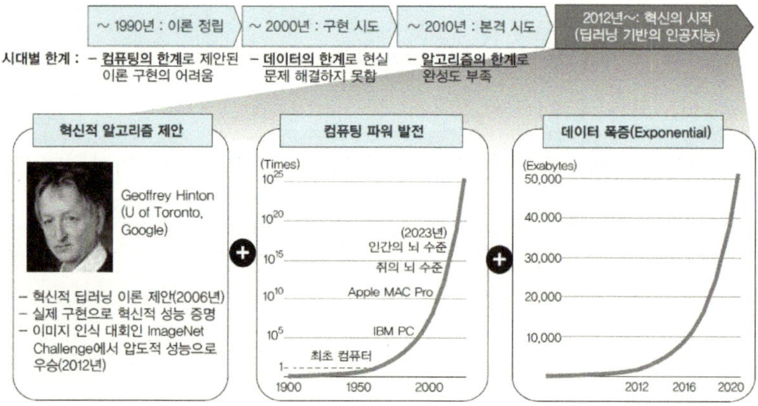

[그림 6-9] 딥러닝의 역사

출처: LG Business Insight, IDC, EMC, Singularity University

센서가 탑재된 다양한 모바일 디바이스에서 수집되는 정보의 증가 속도는 기하급수적이다. 센서를 통해 수집된 각종 실시간 정보는 단순한 정보의 양적Volume 확대만이 아닌 정보의 다양성Variety 측면의 확대를 동반해 온라인에 존재하는 빅데이터와 현실 세계의 간극을 빠르게 좁히고 있다.

[그림 6-9]는 딥러닝 기반의 인공지능의 발전상을 간단히 요약한 것이다.

스타트업은 어디에 관심을 두어야 할까?

인공지능은 기술 기반 스타트업에게는 매우 매력적인 분야이면서 위험성도 큰 분야이다. 인공지능을 실제 비즈니스에 적용하는 것은 앞서 소개한 빅데이터와 마찬가지로 크게 2가지로 구분할 수 있다.

첫 번째는 범용하게 활용 가능한 (약인공지능 기준에서) 인공지능 알고리즘을 개발해서 알고리즘 자체의 경쟁력으로 비즈니스 경쟁우위를 확보하는 것이다. 앞서 빅데이터 분야에서 빅데이터 플랫폼 서비스를 하는 기업과 같이, 차별화된 인공지능 알고리즘을 바탕으로 특정 도메인의 문제를 해결하기 위한 인공지능 플랫폼을 구축하거나 알고리즘을 개선해주는 서비스를 제공하는 산업이다. '알파고'의 기반을 개발한 딥마인드와 같은 기업이 이에 속한다. 세계 최고 수준의 인공지

〈표 6-5〉 10대 융합산업 분야의 인공지능을 접목한 예상 서비스

10대 융합 산업 분야	인공지능(지능정보) 기술이 10대 융합산업 분야에서 발생할 예상제품 및 서비스
의료	AI 기반 건강자율진단 및 컨설팅서비스(건강관리), 전염병확산경로예측, 의료정보자동화, AI 수술로봇, 개인맞춤형(DNA 기반) 질병예측, 환자처방도우미서비스, 신체 대체제품 및 서비스(안구, 뇌, 다리 등) 등
금융	금융 및 원자재정보예측시스템, AI 기반 투자 및 자산관리 컨설팅 서비스, 테러자금추적시스템, 피싱/금융사기방지서비스 등
교육	1대1 가상맞춤형 개인튜터 서비스, 함께 공부하는 학습로봇, 특정주제에 대한 자료를 요약 및 창작해 주는 서비스 등
교통	교통정보(흐름) 관리시스템, 무인택배기, 교통사교예측, 자율주행차, 사고방지 및 군집제(차량) 자율제어시스템 등
도시	공간정보최적화시스템, 안전관리가로등(지능형 CCTV), 환경오염모니터링, 도시환경변화감지 및 원인파악시스템, 교통/기상/도시계획예측시스템 등
스마트홈	스마트 컨시어지 서비스, 사용자행동예측시스템, 도난/화재감시 및 자동조치, 뉴스요약 푸시서비스, 인공지능가전제품, 일정한 향온/향습시스템 등
문화관광	자동 통/번역시스템, 군집소형 드론의 광고/홍보/이벤트서비스, 무인콜센터, 관광정보요약 및 사용자와 대화하는 인공지능 기반가이드 서비스 등
농업	스마트물류 관제서비스, 기상예층기반 농산물출하량 및 가격예측서비스, 병충해발생 및 확산예측시스템, 스마트 온실/축사 시스템(지능형 생육관리) 등
에너지	AI 기반 에너지소비최적화 시스템(스마트그리드), 에너지 하베스팅 등
전통산업	제조강장의 위험자동관리서비스, 로봇자가진단서비스, 스마트팩토리, 법률/특허컨설팅 및 경영의사결정지원시스템, 개인맞춤형 제품생산 등

출처: 한국전자통신연구원

능 알고리즘을 개발함으로써, 구글에 M&A되고 바둑이라고 하는 분야에 알고리즘을 적용함으로써 그 우수성을 입증하고 있다. 다양한 분야에 적용 가능하도록 디자인된 범용한 약인공지능의 가장 진보한 형태인 것이다. 두 번째는 〈표 6-5〉와 같이 특정 도메인의 분석 결과의 성능을 높이거나 간단한 의사결정 문제를 대신할 수 있는 약인공지능의 도입이다. 이는 특정 도메인의 풍부한 데이터만 확보할 수 있고, 그 도메인에 대한 이해도가 높은 전문가가 일정 수준 이상의 인공지능(알파고와 같이 높은 수준일 필요는 없다)을 적용함으로써 다양한 서비스를 산업에 접목할 수 있다.

인공지능 플랫폼 분야는 글로벌 IT 기업의 최대 격전지!

인공지능의 플랫폼화는 이미 세계 최고 수준의 주요 IT 기업을 중심으로 진행되고 있다. 구글이나 페이스북, 애플, 마이크로소프트 등은 자사가 보유하고 있는 방대한 양의 데이터와 다양한 인공지능 알고리즘 스타트업과의 M&A 등을 통한 기술 개발을 통해서 경쟁우위를 확보하려고 하고 있다. 정리하자면, 범용하면서 강력한 성능의 인공지능 기술을 바탕으로 글로벌 IT 기업이 자사의 모든 사업 분야에 적용 및 활용하려는 시도를 진행 중인 분야인 것이다. 따라서 핵심은 인공지능 기술의 우월성으로 경쟁우위를 확보할 수밖에 없으며, 이를 입증하기 위한 방법은 전 세계에서 진행 중인 다양한 인공지능 경연대회를 통해서 스타트업 기업들이 자사의 인공지능의 우월성을 입증하려고 하고 있다.

알파고로 유명세를 탄 구글은 세계 최고의 검색 알고리즘을 확보하고 있으며, 이미 안드로이드를 통한 모바일 플랫폼 환경까지 장악한 상태이기 때문에 인공지능을 다양한 분야에 활용하기 최고의 여건을 갖추고 있다. 음성인식, 영상처리, 번역 등에서 다양한 시도를 진행 중에 있으며, 다음 장에서 언급할 자율주행차 부분에서는 이미 최고 수준의 기술력을 확보하고 있는 상황이다. 게다가, 안드로이드 플랫폼을 오픈소스화해서 얻은 다양한 경험을 바탕으로 인공지능 개발용 오픈소스인 'TensorFlow'를 공개해서 인공지능 생태계를 꾸미기 위한 실험까지 진행하고 있다.

페이스북은 SNS라고 하는 특정 산업 분야의 불특정 다수의 개인성향과 특성에 대한 정보를 확보하고 이를 활용할 수 있다는 가장 큰 강점을 지니고 있다. 게다가 사용자의 감정을 기존의 단순한 '좋아요'에서 '기쁨', '슬픔' 등 6종류로 세분화한 것은 개인별 최적의 SNS를 구축하기 위한 인공지능 개발의 전초임을 알 수 있다. 그 시도로 '챗봇'의 도입을 시도하고 있으며, 페이스북의 창업 초기와 같이 구체화된 인공지능의 활용을 통한 가치 창출은 무궁무진한 가능성을 가지고 있다.

아마존은 창업 초기부터 개인별 구매이력을 분석하고 고객에게 제품을 제안하는데 약인공지능을 적극적으로 활용하여왔다. 클라우드 플랫폼과 연동하여 2015년부터는 Alexa라는 인공지능 에이전트를 출시하여 단순한 고객성향 분석과 맞춤 제품 제안뿐만 아니라 구매 시기, 구매 수량 등에 대한 최적화된 예측 수량을 자동으로 납품하는 체계를 구축 중에 있다. 기존의 기업간 협업을 위한 ERP 또는 SCM의 시스템 통합을 인공지능을 매개로 이루어지게 하는 것이다.

〈표 6-6〉 인공지능 플랫폼 분야의 현주소

	현재의 플랫폼 운영 현황	미래 예상되는 발전 방향
구글	• Machine Learning Platform 발표(2016.3) 음성/이미지 인식, 번역 서비스 제공 • 이와는 별개로 자율주행차를 위한 인공지능 개발에 큰 투자를 진행중임	• 대부분의 분야에 활용 가능한 지능형 서비스 플랫폼 (방대한 데이터 및 고도화된 인공지능 기술 기반)
페이스북	• 대화형 인공지능 플랫폼, 'Messenger Platform with chatbot' 발표('16. 4) • 사용자와 대화를 통한 연동 서비스 지원(쇼핑, 여행, 예약 등 서비스 등)	• 개인 성향을 정교하게 분석한 맞춤형 플랫폼(예: 여행 서비스 개발사에게 개별 사용자가 좋아할 만한 여행 코스 및 식당을 여행사 DB에서 검색해 제공)
Amazon	• 대화형 플랫폼, 'Alexa Voice Service' 제공 대화형 기반 서비스 플랫폼 • 클라우드 기반 Machine Learning Platform 운영 정보 분석 서비스 제공(예: 상점의 제품 판매 데이터 분석을 통한 수요 예측, 사용자별 선호도 분석 등)	• 생활 맞춤형 서비스 플랫폼(쇼핑, 홈, 미디어 콘텐츠 중심) 예: 쇼핑 서비스 제공자에게 사용자가 원할 만한 상품을 선별해 제공, 미디어 서비스 제공자에게 사용자의 선호도가 반영된 음악, 영화 등 추천
Microsoft	• 인공지능 개인비서인 Cortana 를 도입하여 모든 디바이스를 Cortana 기반으로 제어하는 플랫폼을 도입 • 현재 3개국어만 지원하고, 지원하는 기기가 한정적이라는 단점이 있음(윈도우 10기반 디바이스에서만 정상 작동)	• 마이크로소프트의 비전은 모든 모바일 환경의 통합이기 때문에, 비즈니스 및 모든 실생활에 모든 디바이스 내에서 동일한 서비스를 지원할 수 있는 인공지능으로 발전할 것임
Apple	• Siri를 활용한 인공지능 개인 비서를 가장 먼저 도입 • 애플의 차세대 혁신은 인공지능이라고 선언함 • 구글과 마찬가지로 인공지능 기반의 자율주행차 개발도 진행중임	• 개인 비서인 시리를 최초로 도입하였으나 그 활용성 면에서는 다른 경쟁업체들에 비해서는 부족한 상황임 • 애플도 이미 디바이스 환경 및 소프트웨어 생태계가 통합되어 있는 상황이기 때문에, 인공지능의 적용에 아주 좋은 비즈니스 환경을 가지고 있음. 그러나, 인공지능 개발 수준이나 다양한 사용자 위주의 데이터 확보 측면에서는 타사에 비해서 부족한 것은 사실임

출처: LG Business Insight

도메인 특화된 인공지능의 활용은 산업간 격차가 뚜렷한 분야가 되어 버렸다

IBM은 Watson이라는 이름의 인공지능을 구현해 인간과의 퀴즈 대결에서 승리하는 등 인공지능의 가능성을 일찍부터 보여 왔다. 방대한 정보를 조합해 지식을 만들어내는 Watson의 핵심 기술을 활용해 IBM은 의료, 금융 분야에 특화된 인공지능으로 발전시켜 가고자 하였으나, IBM은 인공지능의 핵심 기술은 보유하였지만 각 분야의 사업 경험과 데이터가 부족했다. 이를 보완하기 위해 IBM은 산업 내 관련 기업을 M&A하거나 제휴해 분야별 전문성을 높여가고 있다. 의학 분야의 경우 IBM은 2012년 캐더링 암 센터와의 제휴를 통해 약 200만 페이지 의료 전문 서적, 60만 건 진단서, 150만 건 환자 기록을 확보했다. 이후 〈표 6-7〉과 같이 약 4조원이 넘는 규모의 집중적인 M&A를 통해 의료 분야의 역량을 빠르게 확보하고 있다. 특히 지난 2월 약 3조원을 들여 인수한 'Truven Health Analytics'는 미 연방 정부 및 주정부 등 약 8,500개 고객사에 헬스케어 서비스 제공하는 기업으로서 막대한 양의 의료 정보를 보유한 기업이다. IBM은 데이터 확보

〈표 6-7〉 특정 도메인 기반 인공지능 산업의 현주소

	현재의 인공지능 운영 현황	미래 예상되는 발전 방향
IBM	• IBM Watson Health Platform 운영 영상, 생체 정보, 실시간 환자 정보 등 분석을 통한 질병 진단 및 이상 징후 사전 예측	• 기존 플랫폼 고도화 및 영역 확장(금융, 날씨 플랫폼)
GE	• GE Predix Platform 산업 현장의 정보 분석을 통한 성능 향상, 비용 효율 달성 등	• 기존 플랫폼 고도화 (축적된 산업 현장 데이터+기존 사업 경험/노하우) • B2B 산업 영역의 독점적 플랫폼화 가능성

를 위해 엄청난 금액으로 기업들을 인수하면서 인공지능의 전문성을 높여 가고 있다. 이미 의료 전문 인공지능 플랫폼인 'Waston Health'를 운영중인 IBM은 다수의 헬스케어 서비스 기업들을 참여시키며 생태계를 만들어 가고 있다. Medtronic이라는 헬스케어 디바이스 제조 기업은 Watson을 활용해 사용자들의 디바이스에서 수집된 생체 정보를 의학적으로 분석한다.

항공, 에너지, 헬스케어, 제조 등 다양한 산업 분야에서 오랜 사업 경험을 갖고 있는 GE는 산업 현장에 인공지능을 적용하고 있다. 2015년 Jeff Immelt(CEO)는 "GE는 지금까지는 제조 기반의 회사였지만 앞으로 글로벌 Top 10 소프트웨어 회사로 탈바꿈하겠다"고 선언했다. 약 1,200명의 소프트웨어 개발자를 확보하고 실리콘 밸리에 소프트웨어 연구소GE Digital를 설립한 GE는 산업용 클라우드 플랫폼인 'Predix Platform'을 발표하며 산업 현장에 인공지능 플랫폼 적용을 확산시키며 4차 산업혁명 시대를 주도하려 한다.

금융분야 로봇 어드바이저는 인공지능이 가장 활발하게 도입되고 있는 분야이다. 프로그램에 의한 매도·매수는 이제 더 이상 낯설지 않은 일이 되었으며, 이러한 의사결정을 인공지능에 의해서 수행하도록 하는 로봇 어드바이저의 도입은 보험, 은행, 증권, 카드 등 금융 업무에 폭넓게 적용되고 있다. 국내에서는 자문사, 증권사, 은행 등을 중심으로 로봇 어드바이저 상품을 출시하는 움직임을 보이고 있으며, 이미 일부 금융기관에서는 로봇 어드바이저를 통해 포트폴리오 설계, 상품 추천, 실제운용상의 보조업무 등을 수행하고 있다. 그러나 다양한 금융기관에서 내놓는 로봇 어드바이저의 인공지능 수준에 대한 검증이나 연구결과가 충분치 않은 상태이기 때문에, 그 영향력과 효과에 대한 다양한 시각들이 존재한다.

인공지능에서 로봇이 빠질 수는 없다!

로봇은 제조 산업이나 서비스 산업에서 한정된 영역에서 노동이나 서비스 보조 역할을 충실히 해왔다. 인공지능이 발전하면서 가정용 로봇 서비스의 실제 도입이 기대되고 있는 상황이다. 실제 생활에서 로봇하면 가장 대표적인 것이 로봇 청소기일 것이다. 이 역시 시간이 지날수록 그 발전 속도가 빨라져서 이제는 집 전체 도면을 자체적으로 만들고, 높낮이에 대한 정보를 만들어서 학습을 진행하며 청소를 진행하는 수준까지 와 있다.

한편, 현 시점에서 가장 진보한 가정용 로봇 서비스라고 하는 것은 스마트 홈의 허브 역할이 가장 대표적이다. 소프트뱅크의 '페퍼Pepper'나 미국의 스타트업에서 만든 '지보JIBO'가 시제품이 나와 있는 가장 앞선 형태의 로봇 서비스이다. 그러나 인공지능의 발전과 빅데이터 처리 능력의 발전과 더불어 센서, 구동, 제어 등의 다양한 기술들이 병행해서 개발되어야 하는 대표적인 융복합 분야이기 때문에, 스마트 홈 허브 기능을 넘어서는 인공지능 로봇 서비스의 등장은 많은 시간을 필요로 할 것으로 보인다.

인공지능 분야의 미래는?

인공지능은 결국 특정 도메인의 효율이나 결과물의 수준을 높이기 위해서 도입되는 일종의 툴이라고 정의할 수 있다. 결국 그 산업의 서비스 수준을 높이거나 통합하기 위한 플랫폼 역할을 하게 될 것이며, 이는 인공지능의 개발뿐만 아니라 도메인 선점의 영향이 매우 큰 산업이 될 가능성이 높다고 예측할 수 있다. 마치, 스마트폰 OS에서

〈표 6-8〉 인공지능 분야의 활발한 M&A

연도	인수 기업	피인수 기업	기술/사업 요약
2013년	Google	DNNresearch	딥러닝 및 Neural Network 기반 이미지 검색 기술
	Intel	Indisys	자연어 처리 및 대화형 인공지능 서비스 기술
	Yahoo	IQ Engines	이미지 인식 기술(이미지 내 객체 인식)
	Yahoo	LookFlow	이미지 인식 및 사물의 종류 분류 기술
	Yahoo	SkyPhrase	자연어 인식 및 처리 기술
	Google	DeepMind	딥러닝 및 자가/강화 학습 기술
2014년	IBM	Cogenea	인공지능 기반의 가상형 비서 서비스
	Twitter	Madbits	딥러닝 기반의 인공지능 플랫폼 구현
	Google	Jetpac	SNS 내 사진 분석을 통한 지능형 여행 가이드 서비스
	Google DeepMind	Dark Blue Labs	딥러닝 기반의 자연어 처리 기술
	Google DeepMind	Vision Factory	딥러닝 기반의 텍스트 인식 기술
2015년	Facebook	Wit.ai	자연어를 통한 스마트홈 및 로봇 분야의 서비스 제어 기술
	IBM	AlchemyAPI	클라우디 기반의 자연어 처리 기술(핵심 키워드 추출 및 주제 분류)
	Twitter	Whetlab	머신러닝 최적화 기술(속도, 성능)
	Apple	Vocal IQ	음성 인식 처리 기술(인간과 대화형 서비스)
	Amazon	Orbeus	영상 처리를 통한 사물 인식 기술
	Intel	Saffron	인지 컴퓨팅 기술
	Apple	Emotient	인간의 감정 변화 분석 기술
~2016년 4월	NICE Systems	Nexidia	비정형화된 오디오, 비디오, 텍스트 데이터 검색 기술
	Salesforce	PredictionIO	오픈소스 기반의 머신러닝 서버 구축
	Salesforce	MetaMind	인공지능 기반의 개인 맞춤화된 고객 관리 서비스

iOS와 안드로이드만 살아남은 것과 같은 형태의 산업 형태로 진행될 것이다. 〈표 6-8〉과 같이 플랫폼 주도 기업들은 2013년 이후, 인공지능 핵심 기술을 보유한 기업 및 응용 기술을 확보한 기업을 경쟁적

으로 인수하고 있다. 뿐만 아니라 기업들의 VCVenture Capital 등을 활용해 신생 벤처들에 대한 투자 또한 빠르게 확대하며 발전 유망 기술들을 선점하려는 노력도 진행 중이다. 따라서 스타트업 기업들이 본 인공지능 산업에 관심이 있다면 인공지능 알고리즘 자체의 성능 및 기술에 투자하는 것과 이미 구축된 플랫폼에서의 도메인 내에서의 특정 기능을 수행할 수 있는 인공지능 또는 지원 서비스 개발에 초점을 맞추어야 할 것이다.

005

자율주행차는 인공지능을 가장 많이 적용할 수 있으면서 가장 고난도의 기술을 요하는 도메인!

앞서 소개한 인공지능이 도입되고 있는 특정 도메인 산업에서 자율주행차는 가장 활발하게 산업의 발전이 이루어지고 있는 분야이다. 특히, IT 산업과 자동차 산업의 융합이 필수적인 분야이기 때문에, 기존의 IT 산업과 자동차 산업 간 기업들의 협업이 경쟁력 확보에 필수적이다. 자율주행차도 인공지능에서 강인공지능과 약인공지능으로 나뉘는 것처럼 〈표 6-9〉와 같이 5단계 레벨로 구분한다. 기존에 존재하는 차량을 'Level 0'으로 정의하고, 완전한 자율주행차량을 'Level 4'로 정의하여 기술과 기능의 수준에 따라 등급을 정한 것이다. 현 시점에서 각 자동차 회사에서 양산하는 차량에 가장 높은 수준으로 도입된 수준은 'Level 2'이며 도로상에서 속도와 앞차와의 거리, 차선 등을 세팅하면 스티어링 휠을 보조적으로 제어하고 속도를 제어하는 정도의 자율주행 수준을 보여준다. 양산차 중에서 Level 3가 도입된 '테슬라'의 차량들도 있으나, 베타버전으로 종종 심각한 사고가 유발되기도 하는 상황이다.

자동차에 인공지능을 도입하기 시작한 부분은 안전과 편의장치 분야이다. '크루즈 컨트롤Cruise Control', '안전벨트 리마인더Seatbelt Reminder', 'ABSAntilock Braking System', 에어백, '전자식 차세 제어장치ESC,

〈표 6-9〉 자율주행차의 수준별 정의

	Level 0	Level 1	Level 2	Level 3	Level 4
정의	비자동 (No Automation)	기능특화자동 (Function-specific Automation)	조합기능자동 (Combined Function Automation)	제한된 자율주행 (Limited Self-Driving Automation)	완전 자율주행 (Full Self-Driving Automation)
개요	운전자가 항상 브레이크, 속도 조절, 조향 등 안전에 민감한 기능을 제어하고 교통 모니터링 등 안전조작에 책임	운전자가 정상적인 주행 혹은 충돌임박상황에서의 일부기능을 제외한 자동차 제어권을 소유	어떤 주행환경에서 두 개 이상의 제어기능이 조화롭게 작동. 단, 운전자가 여전히 모니터링 및 안전에 책임을 지고 자동차 제어권을 소유	특정 교통환경에서 자동차가 모든 안전기능을 제어 자동차가 모니터링 권한을 갖되 운전자가 제어가 필요한 경우 경보신호 제공 운전자는 간헐적으로 제어	자동차가 모든 안전기능을 제어하고 상태를모니터링 운전자는 목적지 혹은 운행을 입력 자율주행시스템이 안전운행에 대해 책임
책임	운전자 사고책임	운전자 사고책임	제한된 상황에서의 운전자 과실 (예: 스티어링휠)	안전을 위한 지속적인 모니터링 필요 無수동모드에서 운전자 모든 과실	운전자 개념소멸 출발지, 목적지 입력
예시	N/A	스마트크루즈컨트롤, 차량자세제어, 자동브레이킹, 주차 보조시스템	스마트크루즈컨트롤과 차선 중앙 유지, 핸들과 패달제어, 교통체증 보조시스템	고속도로 자동운행시스템, 도심 자율주행시스템	완전자율주행
시기	현존	현존	현존	2018~2020년	1단계: 2020~2025년 2단계: 2025~2030년

출처: NHTSA(National Highway Traffic Safety Administration: 미국 도로교통안전국)

Electronic Stability Control'와 같이 운전자 주행시 편의를 제공하고, 사고 발생시 피해를 경감시키거나 예방을 위한 부품들이 이에 해당된다. 최근 추세는 'ADASAdvanced Driving Assistance Systems, 주행보조시스템' 기술의 일반화로 안전의 범주가 수동안전(사고시 피해경감)에서 능동안전(사고예방)으로 확장되고 있다. 'Night Vision야간 시야 확보 장치', 'FCWForward

Collision Warning: 전방 추돌 경보 장치', 'PASParking Assistance System: 주차 보조 장치', 'AFLSAdaptive Front Light System: 지능형 전조등 시스템', 'AVMSAround View Monitoring System: 전방위 모니터링 시스템'와 같이 발생 가능한 사고를 미리 감지하고 경보나 제어를 통해 이를 회피할 수 있는 장치로 안전성을 확보하고자 하는 것이다.

재미있는 것은 폭스바겐으로부터 촉발된 디젤게이트에 의해서 2015년까지 하위권에 위치하고 있었던 커넥티비티와 자율주행차에 대한 관심이 2016년 폭발적으로 증가했다는 것이다. 중국, 러시아, 남미 등의 신흥시장에서 충분한 부가가치를 창출하지 못해서 정체되어 있는 자동차 산업이 ① 안전과 편의를 구현하기 위한 최종 결과물로 자율주행차를, ② 연비 개선과 환경 규제에 부합하기 위한 결과물로 전기차를 기반으로 한 친환경차를 핵심 비전으로 수립한 것이다. 게다가 전 세계가 고령화 사회로 진입함에 따라 자율주행 기술의 중요도가 더 더욱 높아지고 있는 것이 사실이다. 특히, ADAS의 '자동주행 시스템'이나 '속도제한 보조', '긴급 제동 시스템' 등에 대한 필요성은 운전자의 연령이 높아질수록 점점 커지고 있다.

초기 자율주행차 산업은 구글이나 애플 등과 같은 IT 기업이 주도하여 자체적인 차량 제작 및 자율주행 데이터 축적, 실험 등을 진행해왔다. 즉, Level 4 수준의 차량을 만들기 위한 기술 개발을 진행해온 것이다. 아직은 산업에 적용하기에는 부족한 수준의 무인차를 지향하던 해당 기업들의 프로젝트들은 최근 들어서 기존 자동차 제조 기업들이 모두 자율주행차 사업에 뛰어들면서 그 방향성이 조금씩 실제 양산차량에 직접 적용 가능한 기술들로 바뀌고 있는 실정이다.

자율주행차의 기술이 자동차 업계에서 차량의 기능적, 안전상의

[그림 6-10] 구글의 자율주행차

우위를 나타내는 척도로 인식됨에 따라서, 실제 적용 가능한 자율주행차 기술들이 다양하게 개발되고 발전되면서 적용되고 있는 상황이다. 자동차기술컨설팅업체 'Roland Berger'에 의하면 자율주행차 Level 4는 〈표 6-10〉의 4가지 기술이 인간과 근접한 퍼포먼스로 자동화되었을 때, 가능하다고 한다. 차량의 위치 및 주행 환경 인식 능력은 인공지능을 활용한 3D 이미지 프로세싱과 그래픽 처리 능력을 의미하며, 예측 및 판단 알고리즘 또한 인공지능을 활용한 네트워크 구축을 통해 구현이 가능할 것으로 보고 있다. 차량의 주행 인터페이스의 경우 운전자의 입장에서 최소한의 수동 제어만으로도 충분히 안전하고 목적에 맞는 주행이 가능해야만 할 것이다.

결국, 주행에 있어서 운전자가 하는 행위 중에 가장 중요한 것은 인지, 판단, 제어의 세 가지로 정리될 수 있을 것이며, 이를 자동화하는 기술이 자율주행차의 성패를 가늠한다. 자율주행차 산업의 세 가지 카테고리라고 정의할 수 있는 것이다. 세 가지 분야를 종합적으로 접근하는 기업과 각각의 분야에서 상대적인 기술적 우위를 점하고 있

〈표 6－10〉 자율주행차 실현을 위한 4가지 핵심 기술분야

구분	내용
1. 차량위치 및 환경	• 3D 이미지 프로세싱, 인공뉴럴 네트워크(Artificial Neural Network)-멀티프로세서 그래픽하드웨어(GPUs)-예) 의료기술, 비디오게임기술 등
2. 예측 및 의사결정 알고리즘	• 인공뉴럴네트워크(ANN): 딥러닝, 머신러닝-멀티프로세서 하드웨어-비통계적 검증-가상시뮬레이션을 통한 하드웨어 검증-예) 이미지, 패턴인식, 자동번역, 음성인식기술
3. 고정밀 리얼타임 맵핑시스템	• 주변환경, 공간모델링-동시위치 기반 맵핑시스템(Simultaneous Localization and Mapping)-예) 위치기반 서비스기술
4. 차량주행 인터페이스	• 편의성/부드러운 주행감-예) 고성능 검색엔진, 전자장치

출처: Roland Berger

는 강소기업들 간의 각축이 예상된다. 인지 분야는 작게는 레이더나 카메라, 적외선 센서 등을 활용한 외부 주행 환경 인식 기술이 이미지 프로세싱 기술과 접목되어 사람의 눈과 같은 역할을 하는 분야로 볼 수 있으며, 크게는 GPS 및 네트워크를 활용한 차량의 지리적인 위치 및 상대적인 위치를 파악해서 궁극적으로는 주행 구간 최적화와 추돌 방지 등의 기술 등에 접목될 것이다. 판단 분야는 앞서 언급한 빅데이터 분석과 인공지능 분야에서 직접 적용이 이미 시작된 분야라고 볼 수 있으며, 실시간으로 변경되는 다양한 정보들을 바탕으로 주행과 관련된 의사결정을 즉각 판단하여 이를 운전자에 정보로 제공하거나 직접 차량 제어를 수행하는 기술이다. 마지막인 차량 제어 분야는 상대적으로 다른 분야에 비해서 기술적 완성도가 가장 떨어지는 분야이며, 이 부분의 비약적인 발전이 있어야 Level 3 이상의 실질적인 자율주행차가 완성될 수 있다. 스티어링 휠과 속도의 가감을 얼마나 미세하게 제어할 수 있는지가 핵심이며, 이 분야는 제어 분야에 오랜 기술

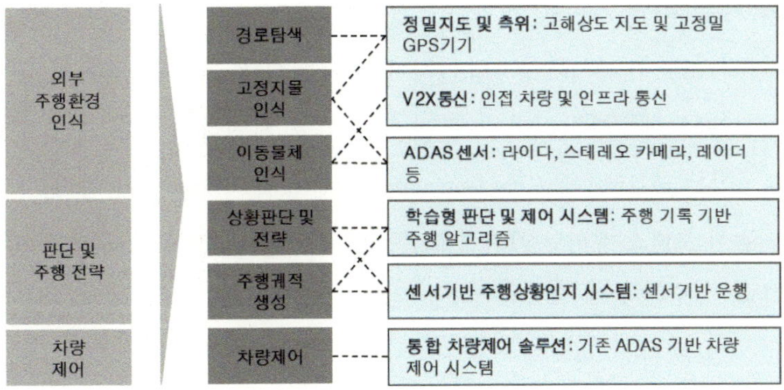

[그림 6-11] 자율 주행차의 핵심인 인식, 판단, 제어의 프레임워크

출처: Deloitte

력이 충분히 확보된 기업이 경쟁우위를 선점할 것이다.

자율주행차 시장은 마치 하이브리드 기술이 처음 상용화될 때와 비슷한 양상이다. 하이브리드는 가솔린 차량의 한계를 뛰어넘기 위해서 친환경적, 효율적 측면에서 차세대 동력원의 형태로 제안된 차량의 형태이다. 토요타에 의해서 하이브리드가 제안될 때만 해도 가솔린 차량을 대체할 차세대 차량의 동력원에 대한 다양한 접근들이 존재했다. 토요타와 같은 하이브리드나 유럽 기업들의 디젤엔진, 또는 소수 기업에 의한 수소차 개발, 궁극적으로는 전기차가 차세대 동력원이 될 것이라는 최종 비전이 존재하였고, 그 비전을 어떤 로드맵을 통해서 이루느냐는 각 기업 또는 컨소시엄 등의 접근법이 달랐다. 결국은 각 기업들의 차세대 동력원으로써 전기차를 내놓기 시작하는 초기 단계이지만, 그 사이 전 세계 자동차 시장의 시장 점유율은 하이브리드와 디젤 엔진에 초점을 맞춘 기업들이 많은 이득을 본 것이 사실이다.

한편, 자율주행차의 기술들도 각 기업 또는 컨소시엄마다 다른 형태의 기술 융합 기술을 개발하고 도입하고 있다. 특히, 스마트 카 또는 커넥티드 카 콘셉트는 양산차에 사물인터넷 기술을 접목하는 개념이기 때문에, 사물인터넷 관련 전장부품 기업들의 합류가 필수적이다. 이는 2015년에 CES(Consumer Electronics Show: 자동차 관련 최신 기술이 모터쇼가 아닌 가전쇼에서 공개되고 있는 실정이다)에서 소개된 스마트 크루즈 컨트롤SCC: Smart Cruise Control, 차선 이탈 경보 시스템LDWS: Lane Departure Warning System, 자동 긴급 제동 시스템AEB: Autonomous Emergency Brake, 주차 조향 보조 시스템SPAS: Smart Parking Assist System 등이 양산차의 경쟁력을 좌우하는 핵심 요소가 될 것이라는 트렌드가 시작되었다. 게다가 2016년 CES에서는 이러한 다양한 기능들을 한데 묶어서 양산차 또는 자율주행차의 기술 수준의 척도로 간주되고 있는 기술이 ADASAdvanced Driver Assistance System로 정의되고 다양한 양산차 브랜드들이 독자적인 방법으로 ADAS를 개발하고 적용하기 시작했다는 것이다.

여기서 주목해야 할 것은 ADAS이 추구하는 궁극적인 목표는 차량이 자체 센서를 기반으로 의사결정을 직접하면서 운전자의 주행 자체를 보조하고, 차량을 일정부분 제어하는 기능까지 포함한 영역이지만, 이는 자율주행차 Level 2와 Level 3에 이르는 기술로 최근 발표되는 신차에 적용이 가능한 수준까지 도달했다는 것이다. 그래서 각 업체들은 ADAS를 주행 정보를 제공하여 운전자가 위험상황을 인지하거나 비정상 주행상태를 인식할 수 있는 정보 제공 장치로 양산차에 적용하기 시작하고 있다. 이는 기존 차량에도 애프터 마켓을 통해서 보급 가능하다는 의미이며, 양산차 업체뿐만 아니라 차량 전장부품 업체에서 신제품 개발시에 반드시 ADAS 기능을 도입하고 있는 상황이다.

이미 국내에서도 현대/기아차, 현대모비스, 만도 등의 기존 기업뿐만 아니라 삼성, LG와 같은 기업들도 자동차의 자율주행 기술을 전자장치를 기반으로 개발하여 차세대 성장동력으로 접근하고 있다. 따라서 앞서 언급한 자율주행차의 Level 4 시대가 올 때까지 인공지능을 중심으로한 소프트웨어 개발 업체와 자동차 전장사업 중 자율주행차 핵심 기술인 전지, 디스플레이, 카메라모듈, 카인포테인먼트, 차량용 모터, 공조 등의 하드웨어 개발 업체들의 다양한 로드맵에 의한 기술 개발과 적용이 이루어질 것이다.

이를 크게 4가지 서로 다른 역할을 하는 기업들의 접근법으로 정리가 가능하다.

1) 독자적으로 인공지능을 포함한 자율주행 시스템을 구축해 기존 자동차 업체들에게 공급하고자 하는 기업으로 애프터마켓에서 다양한 솔루션을 제공하는 업체들

- NVIDIA: 360도 감지기능으로 신체 일부만 감지돼도 사람으로 정확하게 인식하며, 다양한 정보를 학습해 인식의 정확도를 높일 수 있는 알고리즘을 스스로 생성하며 다른 자동차에게도 전송한다.
- 모빌아이: ADAS 관련 제품을 완성차 업체나 애프터마켓에 판매하고 있다. 모빌아이 충돌방지시스템의 특징은 모든 외부 환경의 변화를 인식하는 수단이 카메라 모듈 한 가지라는 점이다. 그리고 카메라 모듈을 통해 인식된 이미지를 모빌아이가 자체적으로 설계한 EyeQ라는 칩과 알고리즘을 통해 처리하고 그 결과가 충돌방지를 위한 다양한 application에 적용된다. 센서의 종류가

카메라 하나로 단순하고, 이미지 처리를 위한 알고리즘이 핵심기술이기 때문에 시스템이 단순하고 가격이 싸다는 장점이 있으며, 현재, 국내의 다양한 블랙박스 업체와 같은 양상의 기술적 접근법을 가지고 있다.

2) 보쉬와 같이 이미 자동차 산업 내의 부품 공급업체이면서, 자동차 부품의 한 가지로 자율주행 기능을 구현하고자 하는 업체

- 보쉬: 보쉬의 자율주행에 대한 전략은 이미 부품업계에서 강점을 가지는 센서와 카메라를 중심으로 한 ADAS 시스템을 자율주행으로 확장하고자 하는 것이다. 아직은 부품 중심의 개발전략이며 다양한 인공지능 기업들과의 협업을 통해서 소프트웨어의 개발에 착수한 상황이다.
- 콘티넨탈: 콘티넨탈은 부품사 중 최초로 2012년 미국 네바다 주에서 자율주행차 운행 승인을 받았으며, 보쉬와 마찬가지로 자율주행 시스템을 부품사 위주로 진행하고자 하는 전략을 펴고 있다. 일찍부터 인공지능 개발 팀을 준비해서 강점인 센서와 제어 기기에 접목하는 개발을 꾸준히 진행 중이다.
- 덴소: 덴소가 자율주행 기술개발에 본격 합류한 시점은 2015년도 하반기부터다. 이는 토요타가 동일 시기에 자사의 자율주행 콘셉트를 부분적 자율주행으로 공식화했으며, 이에 발맞춰 덴소는 ADAS 관련 기술개발을 공식적으로 발표했다. 특히, ADAS 요소기술 중 센서분야에 가장 많은 역량을 쏟고 있으며, 궁극적으로는 토요타 자율주행차의 핵심 모듈 공급을 목표로 하고 있다.

3) 토요타와 같이 기존의 완성차 공급 업체로 자율주행 구현을 직접적으로 하려고 하는 기업

- BMW: 측면 거울을 카메라가 대신하는 "Mirrorless" 기술을 도입하여, 카메라 센서가 데이터를 수집하면 딥러닝 기반의 슈퍼컴퓨터가 주변 사물을 인지한다.
- 토요타: 2015년 9월 스탠포드와 MIT에 인공지능 연구기관 설립하였다. 2020년까지 10억 엔을 투자하고 카메라 센서 등을 통해 지도를 자동 생성하는 시스템을 개발하는 것이 목표이다.
- 다임러: 벤츠의 모회사로 벤츠의 무인자동차 모델인 "Big Rig"이 실제 도로주행에 성공하였다.
- 볼보: 자율주행 버스 시스템과 소비자용 무인자동차를 개발 중이다.
- 현대자동차: ADAS 기반 자율주행 기술의 수준을 높이기 위해 기술 개발 중이다.

4) 구글이나 테슬라와 같이 자율주행 기술을 기반으로 자동차 산업구조를 변화시키고자 하는 기업

- Google: 사람의 운전을 배제한 완전자율차(Level 4) 개발 중이며, 모든 데이터를 수집하고 주기적으로 자율주행 시험 보고서도 발간한다.
- Apple: 자율주행자동차 관련 사업인 "타이탄 프로젝트"를 극비리에 진행 중이다.
- 테슬라: 2015년 10월 준자동 오토파일럿 시스템을 소개하였으며, 고속도로에서 자동주행과 차선변경이 가능하다. 2018년 완전 자율주행 자동차를 생산할 계획이다.
- 바이두: BMW와 협업하여 3년 내 무인자동차를 출시할 예정이다.

앞서 정리한 바와 같이 자율주행차 산업에 출사표를 던진 기업들의 연구개발 기간은 채 10년이 안 된다. 즉, 아직 산업의 방향성 및 시장 선도 기업이 아직은 현재 진행형이란 뜻이다. 하지만, 앞서 다양한 산업에 적용 중인 빅데이터 산업이나 인공지능 산업이 서비스 분야에 많이 치우처져 있다고 본다면, 자율주행차는 가장 핵심적인 제조 산업과 새로운 인공지능 분야의 시너지 효과를 내는 첫 단계인 것이다. 자동차 자체가 이미 최고 수준의 융합적 제조 산업이면서 관련 산업에 가장 영향력이 큰 산업이고 빅데이터 분석과 인공지능의 접목이 그 시너지 효과를 극대화시킬 것이다. 현재 시장 전망으로는 2020년부터 본격적으로 자율주행차와 차세대 동력원을 가진 차량의 시장이 폭발적으로 늘어날 것으로 보고 2035년에는 신차의 75% 이상이 자율주행차 기능을 가지고 있을 것으로 보고 있다. 이는 현재 시점에서 전장부품이나 자율주행 인공지능 등의 특정 비즈니스 분야에서 경쟁력을 확보하는 것이 급선무이며, 스타트업 입장에서는 센서, 제어 등의 특정 전장부품의 품질과 기능 수준을 세계 최고 수준으로 확보한다거나, 성능이 월등한 이미지 처리 알고리즘, 주행 제어 알고리즘 등에 도전해 볼 수 있다. 특히, 인명과 관련된 이슈를 가지고 있는 자율주행차의 특성상 기능의 품질과 강건설계 개념이 반드시 접목된 접근이 필요하다.

새로운 비즈니스가 자율주행차를 통해서 창출될 것인가?

전통적인 자동차 산업은 완성차를 구매자에게 판매하고, 유지 보수를 위한 서비스를 제공하면서 산업의 부가가치를 창출해 왔다. 자율주행차 기술이 점점 발전하고, 향후 10년 내에 완성차 업계에서 가장 큰 비중을 차지할 것이라는 전망이 나오는 가운데, 다양한 기업들이 자율주행차를 활용한 새로운 비즈니스 모델 개발을 시도하고 있다.

특히, Uber나 Lyft와 같은 카쉐어링 업체와의 협업을 통한 완성차 업체의 새로운 가치 창출 전략이 점차 구체화되고 있는 상황이다. GM의 카쉐어링 업체 인수, Ford의 '서비스 플랫폼 및 스마트 모빌리티' 구축 전략, BMW의 차세대 전략은 카쉐어링 시장 진입을 염두에 두고 있으며, 친환경차 및 자율주행차의 수요시장을 창출하고, 이를 통한 추가적인 부가가치 창출에 목적을 두고 있다. Frost & Sullivan에 따르면, 자율주행차를 시작으로 친환경 차량을 활용한 새로운 가치 사실 구축은 ① 판매시장뿐만 아니라 카쉐어링이나 렌탈시장으로의 시장 확대, ② 다른 이동수단과의 네트워크 연계를 통한 이동수단의 서비스 플랫폼화, ③ 새로운 동력원(태양광과 같은)과의 통합 등을 예상할 수 있다.

2006년 1,150만 대, 35만 명 이용자에 불과했던 글로벌 카쉐어링 시장은 Uber, Lyft와 같은 브랜드의 대중화로 2014년 9,315만 대, 529만 명 규모로 급속 성장(차량기준 8.1배, 가입자수 기준 15.1배 성장)하였다. 최근 소식에 따르면, Uber는 볼보와의 전략적 제휴를 통해서 Level 4의 자율주행차 개발을 지원하고, 그 결과물을 실제 카쉐어링 비즈니스에 활용하여 운전자가 꼭 필요한 카쉐어링의 한계를 극복하고자 하는 차세대 전략을 발표하였다. 이는 친환경차 및 자율주행차의 수요처로서 기존의 판매 및 사후 관리에만 국한된 자동차 산업의 비즈니스 모델이 다양한 이동 서비스에 적용되면서 새로운 수요처를 확보했다는 데서 중요한 시사점을 지닌다.

한편, GPS와 네트워크 기술의 발전으로 차량의 이동시간 및 도착 예정 시간의 정확도가 나날이 향상되고 있으며, 향후 자율주행차 간의 정보 공유가 가능한 시점이 오면 각 차량의 최적화된 이동 시간 및 도착 예정 시간 등의 예측이 비약적으로 발전할 것이다. 이는 다른 이동수단 간의 네트워크 통합을 통한 이동 서비스 플랫폼화를 가능하게 하며, 이는 사용자의 이동 패턴 및 성향을 분석하여 차량, 철도, 항공을 종합적으로 활용한 최적화된 이동 경로를 산출하고 제공할 수 있는 기회를 제공한다. Ford의 서비스 플랫폼 및 스마트 모빌리티나, 벤츠의 moovel 서비스 등이 이를 대비한 전략적 접근들이다.

마지막으로는 전기차로 대표되는 친환경차는 자율주행차의 인공지능 기능을 활용하여 최소한의 에너지로 최대한의 이동거리를 산출하고, 다양한 자원으로부터 생성되는 전기 에너지를 활용한다는 특징을 가지고 있다. 이 부분에서는 테슬라가 가장 앞선 전략적 친환경 자율주행차의 비즈니스 모델을 제시하고 있다. 최근 합병한 솔라시티를 기반으로 태양광 발전과, 축전지 생산을 추진하고, 이를 활용한 친환경 자율주행차를 제공함으로써 전기 충전을 무료로 제공하는 독보적인 경쟁우위를 확보하는 것이다. 아직 그 성공 가능성에 대해서는 회의적인 시각도 있는 것이 사실이나, 실제 비즈니스에 적용되어 서비스되고 있는 유일한 모델임은 부인할 수 없는 사실이다.

국내의 상황에서 친환경 자율주행차 시장에 대한 부분을 간단히 검토해보면, 전통적인 제조 강국인 국내 상황에 맞게 현대/기아차와 같은 완성차 업계는 차량의 자율 주행시스템을 독자적으로 개발하고, 이를 시험 주행하고 있는 상황이며, 국내에서 세계 최고 수준의 애프터 마켓을 형성하고 있는 내비게이션, 블랙박스 제조 시장에서 ADAS

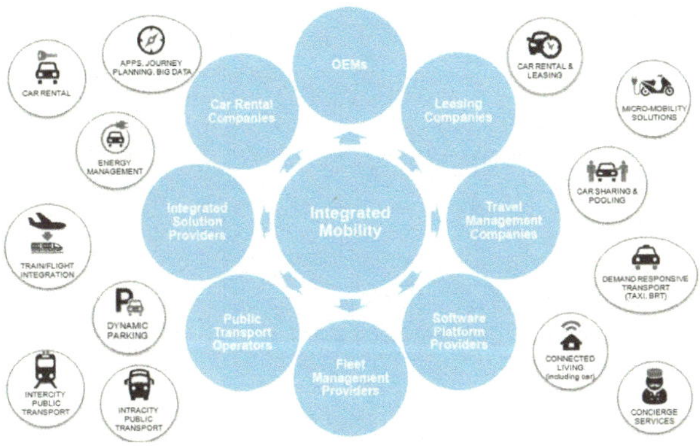

[그림 6-12] 자율주행차에서 시작되는 비즈니스 모델의 확대

출처: Frost & Sullivan

보조 기능을 도입하고 있는 실정이다.

반면에 새로운 이동수단에 대한 비즈니스 모델을 수립하고 이를 도입하는 데 있어서는 Uber의 사업 철수 사건과 같이 다양한 규제나 이해 당사자 간의 충돌이 큰 한계점으로 작용하고 있는 것도 사실이다. 글로벌 시장에서는 하드웨어 제조와 소프트웨어 개발, 비즈니스 모델 개발 등이 다양한 분야에서 해당 산업에 대한 접근이 이루어지고 있는 데 반해 국내에서는 하드웨어 쪽에 많은 초점이 맞춰져 있는 것이다. 국내 자율주행차 산업에서 새로운 비즈니스 모델 등을 도입하고자 한다면, 다양한 규제와 이해당사자 간의 시장 상황을 반드시 확인하고 고려해야 한다는 큰 한계점이 존재한다는 것을 반드시 염두에 두어야 한다.

【저자약력】

최은정

(현) 상명대학교 경영대학 경영학과 교수

학력

Michigan State University, Retailing 박사 (Ph.D.)
고려대학교 경영대학원, Marketing 석사 (M.B.A.)
상명여자대학교 경영학과 학사 (B.A.)

주요 경력

㈜ 앤더모스트 컨설팅, Founder & CEO
㈜ B.M.C. (Brand Marketing Consulting), CEO
㈜ Interfashion Planning, Strategic Marketing Team, Consultant
상명대학교 창업지원단 단장
상명대학교 산학협력단 부단장
중소기업청 산하 창업진흥원, 비상임이사
서울시 브랜드위원회, 마케팅 전략분야 위원

최영근

(현) 상명대학교 경영대학 경영학과 교수

학력

연세대학교 경영학과 경영학 박사
서강대학교 경영대학원 경영학 석사
연세대학교 전기공학과 학사 (B.A.)

주요 경력

삼성물산 정보통신사업부 주임
한미창업투자(현, 에이티넘인베스트먼트) IT벤처투자팀장
프리즘커뮤니케이션즈 공동창업
두산 네오플럭스 투자본부 부장
포스코경영연구소 경영연구센타 연구위원
대전대학교 경영학과 교수

이승용

(현) 상명대학교 창업론 강사
(현) 연세대학교 창업론 강사

학력

연세대학교 경영학과 경영학 박사 수료
서강대학교 기술경영전문대학원 기술경영석사
연세대학교 전기공학과 학사

주요 경력

헬릭스테크 기술마케팅 이사
한국산업기술대학교 산학협력교수
웹 솔루션 개발 사업 대표
현대 중공업 해외 영업부 대리

윤영진

(현) 상명대학교 경영대학 경영학과 교수

학력

서강대학교 경영학과 경영학 박사
서강대학교 경영학과 경영학 석사
서강대학교 경영학과 학사

주요 경력

아더앤더슨 코리아 시니어 컨설턴트
베어링포인트 코리아 이사
삼정KPMG 회계법인 상무이사 파트너
인천광역시 인천시장 IT 특별 보좌관
(현) 한국서비스학회 이사
(현) 한국거래소 기업심사위원회 위원

이의철

(현) 상명대학교 미래융합공학대학 휴먼지능정보공학과 교수

학력

상명대학교 컴퓨터과학과 이학 박사
상명대학교 컴퓨터과학과 이학 석사
상명대학교 소프트웨어학과 학사

주요 경력

국가수리과학연구소 전임연구원
한국감성과학회 이사
(현) 국제전자문서학회 이사
(현) 인문사회과학기술융합학회 이사
(현) 상명대학교 서울캠퍼스 창업교육센터장

유태종

(현) 상명대학교 경영대학 경영학과 교수

학력

포항공과대학교 산업경영공학과 공학 박사
포항공과대학교 산업공학과 학사

주요 경력

INSEAD Research Staff
삼성전자 S.LSI SCM 그룹 과장
(현) 상명대학교 서울캠퍼스 3D프린팅융합 센터장

제2판

4차 산업과 스타트업 트렌드

초 판 발 행 2017년 1월 15일
제2판 인쇄 2017년 11월 1일
제2판 발행 2017년 11월 10일

지은이 최은정 · 최영근 · 이승용 · 윤영진 · 이의철 · 유태종
펴낸이 김중용

총괄기획 박노일 · 최준규
편 집 심성보

펴낸곳 마인드탭 MIND TAP
경기도 파주시 책향기로 441, 1004동 1004호(동패동, 책향기마을)
등록 제406-2014-000093호
전 화 070)7550-3758 팩 스 02)718-8554
홈페이지 www.mindtap.co.kr 이메일 pnc@pncmedia.co.kr
ISBN 979-11-86672-61-7 93320

※마인드탭은 피앤씨미디어의 자매 브랜드입니다.

정 가 20,000원

※ 이 책은 2016년 SK청년비상(飛上) 프로그램 지원을 받아 출판되었습니다.